O Poder de Se Soltar

Patricia Carrington

O Poder de Se Soltar

Uma abordagem prática para você
se livrar das pressões da vida

Tradução
PAULO CESAR DE OLIVEIRA

EDITORA CULTRIX
São Paulo

Título do original: *The Power of Letting Go.*

Copyright © 1984, 1999 Patricia Carrington.

Publicado originalmente na Grã-Bretanha em 1999 por Element Books, Ltd. Shaftesbury, Dorset.

Todos os direitos reservados. Nenhuma parte deste livro pode ser reproduzida ou usada de qualquer forma ou por qualquer meio, eletrônico ou mecânico, inclusive fotocópias, gravações ou sistema de armazenamento em banco de dados, sem permissão por escrito, exceto nos casos de trechos curtos citados em resenhas críticas ou artigos de revistas.

O primeiro número à esquerda indica a edição, ou reedição, desta obra. A primeira dezena à direita indica o ano em que esta edição, ou reedição, foi publicada.

Edição	Ano
1-2-3-4-5-6-7-8-9-10	01-02-03-04-05-06-07

Direitos de tradução para a língua portuguesa
adquiridos com exclusividade pela
EDITORA PENSAMENTO-CULTRIX LTDA.
Rua Dr. Mário Vicente, 368 — 04270-000 — São Paulo, SP
Fone: 272-1399 — Fax: 272-4770
E-mail: pensamento@cultrix.com.br
http://www.pensamento-cultrix.com.br
que se reserva a propriedade literária desta tradução.

Impresso em nossas oficinas gráficas

À memória do
meu queridíssimo
amigo-irmão

Brad Wilson

Sumário

Introdução 9
Como Começar a Praticar a "Libertação" 13

PARTE 1 Aprendendo a Se Libertar 17

   1 O Que é Libertação? 19
   2 Como Libertar-se 26
   3 Uma Amostra da Experiência 36
   4 O Apego às Suas Intenções 41
   5 Como Usar as Táticas de Desbloqueamento 46
   6 Como Se Libertar dos Sentimentos 57
   7 Abertura do Monitor 67
   8 Você Quer Aprovação ou Controle? 74
   9 Como Usar a Libertação nas Discussões 83

PARTE 2 A Libertação em Diferentes Situações da Vida 93

   10 Libertação Para Problemas dos Casais 95
   11 Libertação Para Problemas Sexuais 107
   12 Libertação Para Problemas Entre Pais e Filhos 117
   13 Libertação no Local de Trabalho 135
   14 Libertação na Carreira Profissional 146
   15 Libertação Para Quando Você Estiver Sendo Avaliado 154
   16 Libertação Para os Casos de Dor, Doença ou Morte 167
   17 Libertação nos Momentos de Lazer 183

PARTE 3 Como Adquirir uma Atitude de Libertação 195

   18 Sugestões Úteis 197
   19 Além das Fronteiras 212

Apêndices 227
Tabela de Táticas 233
Fontes 237

Introdução

A o longo da história, os sábios têm nos aconselhado a acompanhar o fluxo da vida, a aceitar as coisas "tais como são" ao mesmo tempo em que trabalhamos diligentemente para melhorar nossa vida.

Em alguns níveis podemos reconhecer a validade desse conselho, e às vezes podemos até mesmo notar o fato irônico de que, quando não precisamos mais desesperadamente de determinada coisa, quando paramos de exigi-la da vida ou de lutar por ela com tanta sofreguidão, essa mesma coisa nos é dada pelo destino. Quando fazemos as pazes com os mandamentos do universo, quaisquer que eles possam ser, então a fortuna pode subitamente nos sorrir e, graciosamente, conceder-nos aquilo que, futilmente, lutamos para alcançar. É como se uma força divina passasse a cuidar de nós quando estamos em harmonia com seus propósitos. Isso não acontece com a mesma facilidade quando estamos lutando contra a maré.

Durante os anos em que tenho trabalhado como psicoterapeuta, encontrei muitos clientes que compreenderam a sabedoria que existe no princípio de "se soltar" e que tentaram sinceramente renunciar à necessidade de controlar o incontrolável. Os poucos que conseguiram fazer isso descobriram que sua vida tornou-se muito mais proveitosa e serena. Para a maioria de nós, porém, renunciar à sensação de urgência que permeia a nossa vida infelizmente continua sendo um ideal a ser perseguido e não uma realidade do cotidiano.

Durante muito tempo, não pude compreender por que era tão difícil colocar em prática o princípio de "se soltar" mas, gradualmente, a resposta chegou até mim. As grandes tradições religiosas e filosóficas que têm defendido a renúncia ao nosso excessivo apego aos resultados, quase sempre deixaram de nos dar instruções claras a respeito de como chegar a esse objetivo. Elas nos proporcionaram um ideal importante mas não as ferramentas práticas para fazê-lo funcionar.

Durante vários anos, busquei uma técnica para transformar essa filosofia em ação e, então, encontrei a resposta no método de "Libertação" que ensino neste livro. Este método não ensina apenas a "se soltar", mas também serve para corrigir um equívoco comum acerca do significado de "aceitação". Na minha vida profissional tenho visto vários clientes tentarem equivocadamente viver uma vida de "aceitação", como se "aceitação" fosse sinônimo de "resignação". Embora essa idéia esteja longe de corresponder à verdade, essas pessoas não compreendiam tais fatos e, por isso, em vez de acompanharem o fluxo da vida, conforme defende a filosofia do "se soltar", elas se resignavam com determinação a um destino indesejável, pouco protestavam contra ele — se é que o faziam (tentando ser estóicas e não desanimar a despeito do que pudesse estar acontecendo) — e, agindo assim, negavam seu desejo de aventura, seu impulso normal para a realização e sua vontade de viver. Uma atitude de resignação efetivamente arrefece o entusiasmo, a empolgação e outros sentimentos que dão cor à nossa vida, podendo criar um ressentimento oculto que leva à depressão. Diferentemente da afável e amorosa transferência, para um poder superior ou para a vida, dos acontecimentos que não podemos controlar, a resignação é o inverso do verdadeiro ato de "se soltar".

A filosofia da Libertação foi idealizada para criar o verdadeiro método de "se soltar". Ele atua no sentido de levar paz interior àqueles que o utilizam, liberando-os para lidar eficazmente com os desafios da vida — em vez de pedir que essas pessoas se resignem à derrota. A Libertação é notavelmente compatível com a noção oriental de ceder com o propósito de atingir uma meta. A idéia de vencer movendo-se no sentido de uma força aplicada contra nós, em vez de nos opormos a ela com uma força no sentido contrário, está implícita em artes marciais como o aikidô, o judô, o caratê e a forma original do tai chi.

Para os estudiosos das filosofias orientais, a natureza paradoxal ou "oposta" da Libertação também parece ser curiosamente semelhante aos princípios dos *koans* ou enigmas zen tradicionais. O *koan* nos confunde com uma pergunta irrespondível — a qual pega de surpresa a pessoa a quem é dirigida, fazendo com que ela deixe de lado suas maneiras usuais de pensar ou agir. Diz-se, então, que o estudioso que foi pego de surpresa passa a ter uma nova perspectiva ou "iluminação". Na Libertação, há também um forte elemento surpresa na medida em que a pessoa que a estiver usando se surpreende com as perguntas que faz a si mesmo. O singular método de questionamento mental empregado na Libertação pode modificar a mente de forma instantânea e levar a efeito uma mudança tão radical, que faz emergir uma visão mais objetiva de qualquer situação.

Achei fácil e natural aplicar o princípio do "se soltar" num método prático e gradual porque, durante muitos anos, trabalhei para fazer com que o aprendizado da meditação fosse algo simples e prático para as pessoas comuns. Hoje, existem à disposição do público algumas formas de meditação modernas e eficazes para quase todas as pessoas, e sinto-me feliz por ter participado do desenvolvimento de uma dessas novas formas, a Meditação Clinicamente Padronizada. Essa forma de meditação tem sido usada com sucesso há mais de vinte anos por médicos e corporações de todo o mundo e por indivíduos de todas as profissões e níveis sociais. Ela atualmente está disponível na forma de um curso para ser usado em casa, o *Learn to Meditate Kit*. No meu livro, *The Book of Meditation*, descrevo a espantosa capacidade de a meditação moderna transformar a vida dos que dela fazem uso. Essa capacidade também é particularmente importante para o método da Libertação.

Em virtude de minha longa experiência com a meditação, foi empolgante para mim descobrir que a sensação de fluir com a corrente, criada pela técnica da Libertação, tem muito em comum com a atitude aberta e receptiva criada pela meditação. Ambas as técnicas foram profundamente eficazes para mim e para aqueles com quem trabalho. Embora na Libertação os meios utilizados para se alcançar um estado de aceitação receptiva sejam muito diferentes dos usados na meditação, as duas técnicas compartilham a mesma meta e, quando usadas para se completarem mutuamente, essa combinação pode produzir uma profunda mudança na maneira de a pessoa encarar a vida. Embora tanto a Libertação como a meditação possam ser — e sejam — utilizadas isoladamente com bons resultados, a combinação das duas técnicas pode produzir efeitos positivos ainda maiores. O Apêndice E apresenta essa combinação.

À medida que continuei a explorar as várias utilidades da técnica de Libertação, descobri que o estratégico expediente do autoquestionamento, utilizado pelas pessoas para efetuar a "libertação", apresentava variações que, inicialmente, eu mal suspeitava que existissem. Usando minha experiência como terapeuta, fui capaz de idealizar diversas estratégias especiais, que chamo de "táticas de desbloqueamento". Elas podem ser utilizadas quando o caminho torna-se demasiado penoso, quando achamos extremamente difícil nos livrar da necessidade de alcançar metas ou de pensamentos muito negativos. As técnicas de desbloqueamento podem libertar a mente de imediato, permitindo que ela possa efetuar uma mudança radical de perspectiva. Ensino essas estratégias neste livro, bem como um método novo e eficaz para lidar com emoções indesejáveis. Também ensino uma técnica para a pessoa apegar-se a metas construtivas ao mesmo tempo que tenta livrar-se de qualquer excesso autodestrutivo no envolvimento com as referidas metas. Todos esses métodos estão apresentados nas páginas que se seguem, prontos para serem colocados imediatamente em uso.

Quando eu estava desenvolvendo o método da Libertação, meu falecido marido, Harmon S. Ephron, médico destacado professor de psiquiatria na Faculdade de Medicina UMDNJ-Robert Wood Johnson, usou extensivamente a Libertação em sua prática clínica e foi um grande defensor do método. Ele descobriu que esse método era extraordinariamente útil para os seus pacientes, e ele e eu logo começamos a reunir informações sobre as aplicações clínicas da Libertação. Nós então compartilhamos essa técnica com outros terapeutas que, por sua vez, a utilizaram com seus pacientes. *Workshops* sobre a Libertação, dirigidos ao público em geral, tornaram-se uma parte regular do meu trabalho na área do combate ao *stress*. À medida que fui coordenando esses *workshops*, tornei-me cada vez mais consciente das diversas implicações da técnica.

Além de estar relacionado com muitas tradições espirituais, o autoquestionamento utilizado para a Libertação também se baseia em trabalhos científicos contemporâneos. Psicólogos, psiquiatras e outros especialistas em comportamento humano muitas vezes têm observado que, para influenciar alguém a fazer determinada coisa, às vezes é útil pedir que a pessoa faça exatamente o *oposto*. Outros têm observado que a mente humana às vezes precisa de distração para livrar-se de seu apego a uma solução improdutiva para um problema. Todavia, nenhuma das técnicas utilizadas atualmente no campo da psicologia é idêntica ao método da Libertação. Este nos proporciona um instrumento muito útil e necessário para colocarmos em prática os princípios inerentemente sensatos que, anteriormente, muitas pessoas não conseguiram traduzir em ação.

Este livro apóia-se fortemente na experiência dos participantes de meus *workshops* sobre Libertação e nas experiências dos pacientes de psicoterapia aos quais ensinei esse método. Como a técnica é fortemente influenciada pela minha experiência anterior como psicóloga, a minha abordagem difere de outros métodos, tais como as abordagens orientadas espiritualmente, por ajudar as pessoas a se livrarem do excessivo apego ou pressão emocional. Quando empregados de forma sensata, porém, esses outros métodos são muito úteis. De acordo com o que eu digo freqüentemente a respeito da meditação, não existe apenas uma maneira de se ensinar um método destinado a promover o desenvolvimento humano. Embora eu de fato considere muito úteis as inovações que introduzi no aprendizado da Libertação, a verdade é que, assim como na meditação, o ato fundamental da libertação pode ser ensinado de várias maneiras. Algumas delas serão mais apropriadas para um dado indivíduo do que para outros e, no fim das contas, todas elas podem nos ajudar a dominar esse princípio fundamental.

Enquanto eu reunia o material para estas páginas, a técnica da Libertação foi continuamente ampliada à medida que recém-chegados emprestaram seu talento e entusiasmo ao trabalho já realizado e novas variações das táticas básicas de desbloqueamento foram desenvolvidas, testadas e colocadas em uso. Incluo algumas delas no Apêndice D e convido você a utilizá-las como valiosos acréscimos à sua coleção de "táticas de desbloqueamento".

Espero que o espírito inquisitivo que marcou a era inicial do método de Libertação continue vivo e que este livro apresente a novos e inovadores usuários as empolgantes possibilidades deste método e permita-lhes experimentar o poder de "se soltar".

Patricia Carrington, Ph.D.
Kendall Park, Nova Jersey, EUA

Como Começar a Praticar a "Libertação"

O Que Você Pode Esperar

Seja bem-vindo a uma nova maneira de encarar a vida — a sua vida!

Você talvez já tenha reconhecido o valor da "aceitação". Você pelo menos já terá ouvido muita coisa a respeito disso. Essa filosofia está por trás de muitos programas bem-sucedidos de autodesenvolvimento e constitui a base do programa de Doze Passos, usado pelos Alcoólicos Anônimos e outros dependentes, os grupos que abordam com sucesso as várias formas do vício. Ela também tem sido um ensinamento fundamental das grandes tradições espirituais da história.

As pessoas com freqüência têm recebido o sábio conselho de RENUNCIAR à necessidade de mudar o que não pode ser mudado e de se concentrar nos aspectos de sua vida que elas podem controlar. Este conselho tem poupado incontáveis pessoas da auto-recriminação e da autocobrança que levam à depressão, às doenças relacionadas com o *stress* e com o comportamento vicioso, entre outros sérios problemas. Ele também tem ajudado muitas pessoas a enfrentar com calma as dificuldades e frustrações da vida cotidiana.

É provável que, no fundo de nosso coração, todos nós saibamos que renunciar à nossa insistência em controlar o que está fora de nosso alcance num dado momento é a chave para a paz de espírito. Todavia, como fazer para alcançar esse estado desejável é outra história. Falar em aceitação certamente é mais fácil do que alcançar esse propósito.

A técnica da Libertação trata da maneira de se alcançar a aceitação. Essa técnica é um instrumento prático e realista para se chegar ao estado de paz interior que todos desejamos.

Sugestões Para Iniciantes

Quando estiver começando a aprender a técnica da Libertação, você será solicitado a selecionar algumas situações simples do cotidiano e, com elas, treinar a "libertação". Esses serão os seus primeiros passos, como molhar os dedos do pé antes de pular na água e sair nadando. Embora mais tarde você vá aprender a livrar-se com sucesso dos grandes problemas de sua vida, cada coisa tem a sua hora e não se deve colocar o carro na frente dos bois.

Para ajudá-lo a começar, reuni a seguinte lista de problemas que as pessoas comumente enfrentam. Como essas situações frustrantes respondem prontamente à técnica da Libertação, sugiro que você leia toda a lista antes de iniciar o método. Isso irá ajudá-lo a desenvolver uma atitude favorável à "libertação" e, quando você começar a ler este livro, lhe dará muitas idéias com as quais trabalhar.

Lista de Frustrações Comuns das Quais Você Poderá Libertar-se:

copiadora sem papel
espera em fila
falta de dinheiro
a máquina de que você precisa não está funcionando
roupa que se rasga no último minuto
mau investimento
bagagem danificada
não conseguir encontrar os ingressos
impostos que vencem amanhã
multa por excesso de velocidade
vizinhos barulhentos
contrato de serviços que expirou sem que você esperasse
risco no pára-lama do carro novo
não obter um aumento
telefone que só dá sinal de ocupado
não conseguir encontrar os óculos ou lentes de contato
contas a pagar se acumulando
extravio de mensagem importante
guichê de caixa fechado
sinal vermelho em cada cruzamento
prazo final se aproximando
mais uma multa por estacionamento em local proibido
colegas de trabalho pouco razoáveis
cunhados(as) e sogras(os)
computador fora de ação pelo restante do dia
corte de cabelo horroroso
carteira de motorista com prazo de validade vencido
ficar sem pasta de dente de manhã
aeroporto interditado por nevoeiro
cheque devolvido por falta de fundos
rodovia em construção no seu caminho
fumantes sem educação
não conseguir desatar o nó
café derramado
perda do último ônibus

Por mais surpreendente que isso possa parecer, depois que tiver aprendido a "libertar-se", você poderá livrar-se facilmente do *stress* relacionado com situações como as mencionadas acima, e isto lhe permitirá lidar com elas de forma muito mais eficaz. Tudo o que você precisa fazer para alcançar esse estado desejável é seguir as instruções deste livro. Eu desejo que esta nova maneira de encarar as coisas seja para você uma experiência agradável!

Parte 1
Aprendendo a Se Libertar

Quando tiver terminado de ler a Parte 1 deste livro, você saberá como "libertar-se" — mas só se você reconhecer um ponto essencial.

A Libertação é uma experiência e não uma teoria. Você não saberá o que ela é se você mesmo não passar por todos os passos do processo. Tentar compreender a Libertação pela leitura de uma descrição é o mesmo que tentar descobrir como é praticar *jogging* (ou tocar piano, cantar, meditar ou o que for) lendo um livro que trate dessas coisas. Simplesmente não funciona.

Este livro não é *sobre* Libertação — ele lhe oferece a oportunidade de experimentar este método em primeira mão. Portanto, ele deve ser lido de uma forma especial. Você precisará tornar-se um participante do processo e dar a si mesmo a oportunidade de realizar os exercícios para descobrir como ela é. Depois disso, você poderá decidir como vai querer usá-la. Você já saberá por experiência própria como ela é e poderá formar um juízo a respeito.

Capítulo 1

O Que é Libertação?

Há uma história zen sobre dois monges devotos que, ao fazer sua peregrinação anual através das montanhas, viram uma jovem à margem de um regato. Ela havia caído do cavalo e machucado o pé. Depois, o animal andou ao léu, cruzou o regato por si mesmo e pôs-se a pastar indiferente na margem oposta.

Ao ver os dois monges, a jovem fez sinal para eles e pediu que a carregassem para o outro lado do curso d'água, que ela não poderia cruzar sozinha por causa do seu ferimento. Ela estava ansiosa por voltar a montar no animal e cavalgar até um lugar seguro antes do anoitecer.

Apesar das súplicas da jovem, o monge mais novo recusou-se a ajudá-la por causa de seu voto de castidade, que o proibia de tocar em uma mulher. O monge mais velho reagiu de forma diferente. Percebendo que poucos viajantes percorriam aquele caminho e consciente dos perigos que a jovem estaria correndo depois que a noite caísse, ele rapidamente carregou-a para a outra margem do riacho, colocou-a em seu cavalo e esperou até que ela iniciasse com segurança sua viagem de volta para casa.

Os dois monges, então, retomaram sua peregrinação. Quando já haviam percorrido um bom trecho, o mais jovem, tornando-se a cada momento mais incomodado com aquilo que tinha acabado de testemunhar, não conseguiu mais se conter e exclamou: "Não consigo acreditar no que vi! Você quebrou o seu voto de castidade carregando uma mulher em seus braços!"

O monge mais velho voltou-se para ele e, com um sorriso tranqüilo, replicou: "Só que eu, meu jovem irmão, a deixei dez milhas atrás!"

Essa, em certo sentido, é a história da espécie humana. Assim como o monge mais velho, às vezes conseguimos reagir a um problema deixando de lado rígidas regras de comportamento para podermos resolver o assunto e seguir em frente. Muitas vezes, porém, nós nos comportamos como o monge mais jovem — ficamos presos a idéias inflexíveis e somos torturados pela angústia. Essa reação pode destruir a nossa paz de espírito e nos prejudicar a eficácia. O propósito deste livro é ensinar as pessoas a se livrarem dos sentimentos negativos que as atormentam e incapacitam.

Às vezes você pode livrar-se desses sentimentos opressivos por causa de uma mudança de circunstâncias. Suponha que você saiba que o seu dia vai ser particularmente difícil. Alguém que trabalha com você é uma pessoa irritadiça que exige muito de você — muitas coisas deram errado e não existe mais ninguém que seja capaz de lidar com elas. Embora anteriormente você estivesse de bom humor, agora você se encontra aborrecido. Você se sente irado, ansioso, deprimido ou tenso.

Ocorre então um acontecimento inesperado. No meio desse dia difícil, você recebe um telefonema que lhe traz alguma boa notícia. Você descobre que alguma coisa que você realmente deseja aconteceu. Durante alguns minutos, você interrompe o trabalho para desfrutar o prazer dessa agradável novidade e, então, se acalma e retoma o que estava fazendo.

A situação e as pessoas à sua volta são as mesmas. Você enfrenta as mesmas circunstâncias frustrantes e exigências excessivas de antes. Agora, no entanto, problemas que dez minutos antes pareciam insolúveis subitamente tornam-se administráveis. O mau humor das outras pessoas não o afeta mais e, à medida que as pessoas à sua volta percebem que você está agindo de forma diferente, começam a modificar o próprio comportamento, tornando-se mais afáveis.

Essa mudança no caráter do dia deve-se a uma única coisa. Você agora vê, ouve e experiencia as coisas ao seu redor de forma diferente. A única coisa que precisou ser modificada para que você se tornasse mais efetivo foi a sua percepção.

Embora uma surpresa assim tão agradável vá ajudá-lo a melhorar o seu estado de espírito, obviamente não é nada prático ficar esperando que alguma boa notícia o ajude a resolver os seus problemas. Você precisa de algo — algum expediente — que possa fazer isto por você exatamente quando mais precisar de ajuda. Você quer um método confiável para sair de um círculo vicioso e dar início a um círculo virtuoso.

É exatamente com esse objetivo que a técnica da Libertação foi desenvolvida. Ela é um método para uma mudança rápida e imediata. Trata-se de um método simples, que pode ser aplicado em questão de segundos e que pode facilitar a resolução dos problemas em sua vida à medida que eles forem surgindo.

A técnica funciona assim porque corrige uma distorção comum em nosso pensamento. Diante da frustração, freqüentemente nos sentimos levados a lutar — para solucionar um problema rapidamente e a qualquer custo. Se o problema não é resolvido com esse esforço inicial, nós então presumimos que a solução está em nos esforçarmos *ainda mais*.

Infelizmente, esforçarmo-nos mais intensamente pode contribuir para o nosso próprio fracasso. Quando nos empenhamos dessa forma, vemo-nos presos em um esforço desesperado para consertar algo com uma marreta, ao passo que um suave toque com o dedo mínimo seria uma intervenção muito mais eficaz.

Curiosamente, quando *paramos* de nos esforçar excessivamente, novas opções se descortinam e a situação torna-se controlável. O procedimento é semelhante ao método usado por um motorista experiente para impedir que o carro derrape. A maneira mais eficaz de fazê-lo é girar o volante *no sentido da derrapagem* — e não lutar contra ela. Da mesma forma, um ciclista aprende quase instintivamente que, quando começa a perder o equilíbrio e a bicicleta se inclina perigosamente, o veículo imediatamente se endireita quando o guidão é virado na direção para a qual ele está se inclinando. Tal como acontece com o motorista e com o ciclista, a Libertação nos estimula a acompanhar o curso do problema para recuperar o equilíbrio emocional.

Isso, obviamente, é o inverso do que nos foi ensinado a fazer em face de dificuldades. Você só compreenderá isso perfeitamente depois que tiver lido os capítulos seguintes e tiver aprendido a libertar-se — ainda que essa abordagem possa ser comparada às estratégias das artes marciais do Oriente. Ao empregar a Libertação, você poderá dar um passo para o lado a fim de evitar uma força de oposição sem ter de desperdiçar energia, contrapondo-se desnecessariamente a essa força. Em conseqüência, os que dominaram a arte da Libertação e a utilizarem durante uma discussão acabarão, sem alarde, por assumir o controle das coisas. Essa abordagem assemelha-se ao que acontece nas artes marciais do aikidô, judô, caratê e à forma original do tai chi. Tais métodos nos ensinam a nos contrapormos a uma força física direcionada contra nós por meio de uma manobra que inicialmente parece ceder ao golpe mas que, na verdade, é um expediente protetor que serve para desarmar o adversário. Quando você aprende o método da libertação é como se tivesse desenvolvido uma forma de "judô mental" que lhe permitisse se manter firme e equilibrado num embate.

Os seguintes exemplos servirão para lhe dar uma idéia de como isso funciona.

Exemplo 1

Você perdeu o avião e teve de mudar os seus planos, fato que lhe causou grandes inconveniências. Em vez de ficar zangado ou frustrado, você faz uso imediato da nova técnica que aprendeu — a Libertação. Tão logo você deixa de se bater mentalmente com as inconveniências envolvidas, torna-se capaz de lidar com o problema com facilidade e eficácia.

O que aconteceu é semelhante ao que às vezes ocorre quando as pessoas sentem que estão se afogando. Se elas se debaterem, esse esforço pode fazer com que elas se afoguem. Mas se elas pararem de se esforçar tão desesperadamente para se salvar, poderão boiar até um lugar seguro ou, até mesmo, descobrir que estiveram nadando o tempo todo num lugar onde a água é rasa o bastante para dar pé.

Exemplo 2

Você volta para casa de bom humor porque teve um dia incomumente agradável. Você então descobre que uma pessoa da casa está aborrecida com você por causa de alguma coisa que acontecera anteriormente. Esse mau humor poderia estragar o seu dia.

Você não quer que isso aconteça e, portanto, usa a técnica da Libertação para "amenizar" o incidente. Você não se sente mais como um robô forçado a reagir automaticamente quando há alguém que está apertando o botão que o faz sentir raiva. Agora, livre para considerar a situação com objetividade, você pode perceber que a outra pessoa está sob pressão e resolve fazer algumas perguntas a respeito de como foi o dia *dela*. Como você pergunta com serenidade, sem forçar a situação, o clima começa a se desanuviar. Tendo efetuado a libertação, você consegue aguardar que a situação se resolva, em vez de ser dominado por ela. Você não se rendeu à outra pessoa nem se mostrou hostil — mas conquistou a cooperação dela.

Exemplo 3

Você está trabalhando para fazer com que um projeto particularmente "importante" seja levado a cabo de uma forma que você realmente considera digna do seu esforço. Quer você esteja se preparando para oferecer um jantar, terminando algum trabalho criativo, ajudando alguém a resolver os seus problemas ou empenhado em alguma tarefa que tenha um significado especial para você, os seus objetivos são tão elevados que você percebe estar ficando tenso.

Logo que você aplica a técnica da Libertação a tal estado de coisas, deixa de se esforçar em excesso e, ao fazê-lo, sua perspectiva se modifica. Você agora se vê executando uma tarefa até o fim e com um nível de concentração cuja ausência era evidente apenas alguns minutos atrás. Antes, sua atenção era desviada por pensamentos a respeito de possíveis conseqüências negativas. Agora você não é mais distraído por esses pensamentos, e sua capacidade de lidar com as tarefas melhora sensivelmente. Você se vê em sua melhor forma.

Quando estão sob pressão, as pessoas freqüentemente tornam-se ansiosas e começam a pensar no que poderia acontecer se as coisas dessem errado. Esses tipos de pensamento as distraem da tarefa que estiverem executando. Depois de se libertarem, elas podem se concentrar nas tarefas mais eficientemente porque, tendo deixado de lado os pensamentos negativos, a mente fica livre para concentrar-se no que *fazer* e não no que pode dar errado. Paradoxalmente, eliminar o excesso de pressão para completar um trabalho com êxito pode ter como resultado uma realização ainda mais significativa!

Exemplo 4

Alguém próximo de você fica doente num fim de semana, quando é difícil encontrar assistência médica. Você fica assustado com o problema ainda sem diagnóstico que aflige essa pessoa. Para lidar com sua ansiedade, você se liberta da excessiva pressão que impõe a si mesmo no sentido de tentar ajudar essa pessoa, e isso lhe permite perceber a realidade de seu estado com maior clareza. Agora você reconhece mais alternativas. Existem maneiras de encontrar ajuda que não lhe haviam ocorrido antes, quando você estava dominado por seus sentimentos. Agora você poderá ajudar a pessoa enferma com mais eficácia e sua calma recém-descoberta se estenderá a ela, que também se beneficiará com a sua libertação.

Sua Capacidade de Se Libertar

Antes de começar a aprender a estratégia da Libertação, talvez lhe interesse saber que você provavelmente já passou pela experiência da Libertação em algum momento de sua vida. Talvez você se lembre de estar no meio de uma discussão quando, subitamente, parou e pensou: "Espere um minuto. *O que estou fazendo? Isso não é assim tão importante!*"

Se você alguma vez já passou por isso, então sabe que a sua perspectiva fez um giro de 180 graus. Foi como uma lufada de ar fresco. Daquele momento em diante, você foi capaz de encarar o incidente com lucidez e, conseqüentemente, adquiriu mais capacidade para lidar com o seu adversário. *Você tinha se libertado.*

Ou então você talvez se recorde de alguma ocasião em que teve de cumprir um prazo final. Quanto mais próximo do final, mais tenso e menos eficiente você se tornava. Então, você talvez tenha dado meia-volta. "Ei, o que está acontecendo aqui?", perguntou você a si mesmo. "Por que estou trabalhando tanto?" Se você fez isso, então provavelmente se lembra de que a sensação de urgência diminuiu e você se tornou capaz de mobilizar suas energias mais eficazmente. Você tinha se libertado.

Num ou noutro momento, muitos de nós encontramos maneiras de deixar de lado um esforço vigoroso e excessivo quando estávamos diante de algum tipo de dificuldade. Tão logo pudemos fazer isso, nós nos sentimos melhor e passamos a funcionar melhor.

Todavia, há um inconveniente nesses métodos de libertação criados pelo próprio indivíduo. Como todas as reações intuitivas não estão sob o nosso controle, não sabemos como criar essas libertações espontâneas quando precisamos delas. Além do mais, quando um acontecimento é emocionalmente importante para nós, a libertação espontânea tem menos probabilidade de ocorrer. Nessas ocasiões, podemos estar tão perturbados que não pensamos em deixar as preocupações de lado.

Libertação e Clareza

A libertação nos permite alcançar uma lucidez de pensamento que, para algumas pessoas, é inédita. Ao usarmos essa técnica, um ponto de vista equilibrado surge tão naturalmente quanto o reflexo das árvores nas águas tranqüilas de um lago de montanha. Quando estamos emocionalmente perturbados, é como se as águas desse lago estivessem agitadas por causa de uma tempestade. Fustigadas pela tormenta, as imagens das árvores quebram-se em milhares de fragmentos. Brilhos de cores súbitos e passageiros dardejam através da água e temos sorte se conseguimos vislumbrar uma folha aqui, um galho ali ou mesmo a sombra de uma árvore, pois essas imagens logo se dissolvem no caos. Mas quando a tempestade passa e a chuva deixa de cair no lago, surge uma imagem clara e nítida. As árvores e a imensidão do céu podem agora ser vistos *com absoluta clareza* diante de nós.

É exatamente isso o que acontece quando a turbulência das nossas emoções é desfeita através do simples expediente da libertação. O ato de libertação deixa a mente clara, equilibrada e com uma visão extremamente ampla e eficaz. Nós agora conseguimos perceber a natureza do problema que está diante de nós e estamos livres para adotar o curso de ação adequado.

Em suma, nós nos libertamos para ter mais prazer e eficácia nas coisas que fazemos.

Um Processo Duplo

Existem duas considerações a serem feitas acerca do método que você está prestes a aprender. Primeiro, a Libertação é uma técnica específica a ser usada quando você opta por lidar com um problema ou melhorar a qualidade de sua vida. Segundo, trata-se também de um meio de criar uma mudança em sua reação habitual de longo prazo a situações estressantes.

Uma vez aprendida, a Libertação pode exercer uma forte influência sobre a sua vida, independentemente de você optar ou não, de forma consciente, por colocá-la em ação. A prática recondiciona os seus reflexos, de modo que agora você passa a reagir ao *stress* de uma forma diferente daquela através da qual costumava reagir anteriormente.

Um exemplo de como esses dois aspectos da Libertação podem operar é ilustrado pela experiência de um executivo de uma grande empresa de comunicações que tinha pego um dos primeiros vôos para chegar a uma outra cidade às onze horas a fim de participar de uma importante reunião. O aeroporto dessa cidade tinha ficado encoberto pelo nevoeiro e, por causa disso, o seu avião aterrissou em outra cidade. Ele não tinha como chegar a tempo de participar da reunião.

Esse executivo relata que, se o incidente tivesse acontecido antes de ter aprendido a técnica da Libertação, ele teria sido dominado por grande agitação. Agora, no entanto, ele fez calmamente uma chamada telefônica transferindo a reunião para outro horário e passou a ocupar a mente com outras questões. Ele ficou impressionado porque, antes mesmo de começar a libertar-se conscientemente, ele já estava muito menos perturbado pelo incidente do que estaria antes de ter aprendido a técnica da Libertação. Quando ele conscientemente renunciou ao desejo de modificar o fato de que havia perdido o seu compromisso, o problema deixou de incomodá-lo.

Desse modo, no decorrer do processo, você pode esperar a ocorrência de algumas mudanças fundamentais em suas reações habituais ao *stress*. Uma atitude de Libertação irá tornar-se uma parte regular da sua vida.

O Próximo Passo

Agora que já falamos sobre a Libertação, o próximo passo é aprender a colocá-la em prática.

A Parte 1 deste livro irá ensiná-lo a libertar-se, e ela apresenta as táticas especiais de que você necessita em situações difíceis. Você não precisa decorar essas estratégias à medida que forem sendo apresentadas, porque elas estão sumarizadas na Tabela de Táticas, no final deste livro. Essa tabela irá ajudá-lo a identificar de imediato uma estratégia apropriada para qualquer problema com o qual você se defrontar.

A Parte 2 descreve pessoas que usaram a Libertação para lidar com muitos tipos diferentes de problemas. As experiências amplamente diversificadas dessas pessoas darão a você uma idéia clara acerca do funcionamento do processo de Libertação e lhe proporcionarão muitas oportunidades para colocar em prática essa técnica.

A Parte 3 irá lhe oferecer sugestões práticas. Essa é uma seção fundamental para a aplicação dos ensinamentos contidos neste livro. Aí você irá aprender a usar a Libertação tanto para resolver problemas como para o seu crescimento pessoal.

Agora você está pronto para aprender a se libertar...

Capítulo 2

Como Libertar-se

A Libertação é facilmente aprendida, de modo que muitas pessoas se libertam na primeira vez em que experimentam a técnica. Outras demoram mais tempo, mas todas acabam aprendendo.

No começo, você vai usar a técnica da Libertação para situações muito simples. Esses são os primeiros passos — como aprender a engatinhar antes de andar. Com o tempo, você passará a usar o método para problemas mais complexos.

Agora, vamos considerar duas palavras importantes. A técnica de Libertação baseia-se no uso de perguntas que você fará mentalmente a si mesmo. Antes de chegarmos às perguntas, consideremos essas duas palavras especiais.

A Palavra "Poderia"

Como a maioria das outras palavras, *poderia* é usada de muitas maneiras diferentes. Eis alguns exemplos.

- Um chefe passa uma fita cassete com um ditado para sua secretária e diz: "Você poderia terminar isso às três da tarde..." Observe que não existe ponto de interrogação nessa oração. Ele *não* está fazendo uma pergunta. O que ele está dizendo é "Termine isto até as três da tarde". Aqui a palavra *poderia* é uma forma polida de dar uma ordem. Nesse exemplo, a palavra *poderia* é usada para controlar outra pessoa.
- A mãe pergunta a um filho que está entrando em casa: "Será que ao menos uma vez você poderia pendurar seu casaco no armário, que é o lugar dele, em vez de jogá-lo no chão?" Aqui também não se trata de uma pergunta e sim de uma forma de sarcasmo. Esse *poderia* talvez seja o golpe inicial de uma batalha prestes a ocorrer.
- Um homem tentando erguer um móvel fora de lugar volta-se para um amigo que está por perto e pergunta: "Você poderia me ajudar com isto?" Este *poderia* significa *por favor*. Ele está pedindo que seu amigo o ajude. Dependendo de seu tom de voz, sua frase poderá ser de natureza controladora (neste caso, o tom de voz será um tanto brusco e peremptório), ou poderá ser apenas moderadamen-

te controladora (uma tentativa de, delicadamente, convencer o amigo a ajudá-lo) — ou poderá não ter nenhum elemento de controle e ser realmente uma indagação, um homem tentando descobrir se o amigo está disponível.

- Um casal está considerando a possibilidade de instalar um sistema de filtragem de água em sua casa. Eles perguntam ao vendedor: "Esse sistema poderia processar toda a água que usamos em um dia?" Aqui o *poderia* é usado para uma verdadeira pergunta. O casal está perguntando se é *possível* para o sistema de filtragem processar a necessária quantidade de água. Assim, não existe intenção de controlar; as pessoas que estão fazendo a pergunta simplesmente querem mais informações.

Você provavelmente já ouviu a palavra *poderia* ser usada de todas as maneiras exemplificadas acima e também de algumas outras maneiras, de sorte que, para você, o termo possui muitas associações. Por isso, é duplamente importante que você saiba o significado do *poderia* usado no método de Libertação.

Na técnica de Libertação, o *poderia* é usado no quarto e último sentido descrito — simplesmente para fazer uma pergunta. Ao aplicar essa técnica, você estará perguntando a si mesmo se tem como fazer alguma coisa — ou seja, se você seria *capaz de fazê-la*, se assim o quisesse. É importante lembrar que esse *poderia* apresenta para você mesmo uma simples pergunta acerca de uma possibilidade — e só.

Intenção *vs.* Querer

A palavra *querer* é a segunda palavra especial usada no método da Libertação. Essa palavra em geral também é usada com mais de um sentido, de modo que precisamos deixar claro qual é o seu significado aqui. Na fala cotidiana, freqüentemente usamos as palavras *querer* e *pretender* mais ou menos como sinônimos. Na técnica da Libertação, fazemos uma clara distinção entre elas.

Uma *intenção* é uma idéia que serve para orientar os nossos atos. Ter uma intenção faz com que seja possível organizar o nosso comportamento de maneira eficiente, para que possamos seguir rumo às nossas metas. As intenções em geral são guardadas no fundo da mente, uma vez que, depois de definidas, não precisamos mais prestar atenção a elas.

Querer, por outro lado (no sentido em que usaremos esta palavra ao efetuarmos a libertação), é uma reação emocional. Quando *queremos* alguma coisa, nós ansiamos por ela, necessitamos dela, desejamos que ela se transforme em realidade. Esse tipo de *querer* tem pouco que ver com os tipos de desejos razoáveis que nos moldam as intenções. Ao passo que sermos orientados por uma intenção pode ser um processo fácil e eficiente, *querer* envolve luta e emoção e pode produzir muito *stress*. Ironicamente, *querer* pode na verdade impedir a consecução das próprias metas pelas quais lutamos.

Eis aqui um exemplo.

Imagine que você esteja prestes a fazer uma viagem de automóvel. Você está indo para uma cidade a alguns quilômetros de distância (Albany, por exemplo). Você entra em seu carro e parte em direção a seu destino. O carro está em bom estado e a estrada está bem conservada, embora o tráfego seja um tanto pesado — você está dirigindo num dia de semana e no horário comercial.

Como você tem uma intenção razoável em mente (ir para Albany), você não tem de pensar muito sobre o lugar para onde está indo. Você certamente não fica pensando vezes e vezes seguidas enquanto dirige: "Estou indo para Albany... Estou indo para Albany!..." É simplesmente sua intenção ir para lá. Em conseqüência, você se sente livre para observar a estrada, os outros motoristas, a paisagem ou para ocupar a mente com pensamentos interessantes. O tipo de querer envolvido aqui é tão razoável que você nem mesmo toma consciência dele; trata-se simplesmente de algo que serve para orientá-lo.

Agora imagine uma cena diferente. Em vez de ter a simples intenção de dirigir até Albany, você sente uma forte compulsão de chegar lá. Você realmente *quer* chegar a Albany. Desta vez, enquanto dirige, você pensa consigo mesmo: "*Quero* chegar a Albany. *Tenho* de chegar a Albany!..." (Talvez você não use estas palavras ao pensar consigo mesmo, mas elas correspondem aos seus sentimentos.) Em vez de simplesmente pretender, o *querer* ocupa por completo a sua mente. Ele toma conta do palco. Ele o instiga e não deixa que você ponha o seu destino no fundo de sua mente.

Todas as suas ações e reações são agora determinadas pelo *querer*. Todo carro da estrada tornou-se um obstáculo potencial obstruindo o caminho que conduz à sua meta. Você amaldiçoa (interna e externamente) os outros motoristas que não estão se movendo suficientemente rápido, e tenta manobrar o seu carro para ultrapassá-los. Você está furioso com os pedestres que, impensadamente, insistem em atravessar a rua nas interseções. Você se sente desesperado quando tem de esperar o sinal vermelho ou chega em uma encruzilhada que exige uma redução de velocidade. Você olha incessantemente para o seu relógio, como se prestar atenção a ele pudesse acelerar o seu progresso.

Em conseqüência do *querer*, agora você está dirigindo de forma menos segura do que poderia porque está concentrado apenas num pequeno seguimento da realidade — aquelas coisas diretamente relacionadas com chegar (ou não chegar) a Albany. A sua percepção do mundo e da estrada está reduzida à visão de um túnel. O pensamento produtivo sobre outras questões de sua vida cessa completamente.

Dentro de pouco tempo, você deixa de considerar os muitos atrasos cuja ocorrência é razoável esperar neste horário do dia ou o seu nível de segurança ao ultrapassar os outros carros. Você começa até mesmo a imaginar conseqüências exageradas de alguns minutos de atraso (perder uma conta importante, perder o seu emprego ou, então, acontecer da pessoa com quem está indo se encontrar ir embora sem esperar por você).

Finalmente, você chega a Albany. Você pode na verdade ter ganho alguns poucos minutos com as ultrapassagens ou o seu julgamento equivocado pode ter feito você perder tempo na estrada. Como quer quer seja, você pagou um alto preço por *querer*. O *stress* físico (tensão muscular, aumento de pressão arterial, aceleração dos batimentos cardíacos) deixa você sem fôlego. O *stress* emocional deixou você tão esgotado que, agora, pouco importa se você chegou ou não a tempo. Para coroar tudo isso, você está em má forma para qualquer coisa que aconteça em Albany (incluindo o seu importante dia de negócios).

Tudo isso faz sentido. Poderíamos dizer que *querer* chegar a Albany fez com que chegar a Albany se tornasse um tipo de fracasso. Nesse meio-tempo, enquanto estava dirigindo, você perdeu a oportunidade de usar o tempo para planejamento produtivo ou pensamentos agradáveis. Nesse caso, *querer* produziu ineficiência e inquietação.

Um outro exemplo. Imagine-se *querendo* pegar no sono à noite e pensando consigo mesmo: "*Preciso* ter uma boa noite de sono!" Se o seu desejo de dormir for suficientemente forte, ele pode efetivamente bloquear o sono, conforme muitas pessoas descobriram na véspera de algum acontecimento importante. Ter a *intenção* de dormir é diferente. A intenção pode levar a passos práticos, como ir para a cama, desligar as luzes, fechar os olhos e relaxar. Esses passos (se não sofrerem a interferência de um esforço interno excessivo) podem nos conduzir à meta desejada — pegar no sono.

É útil ter em mente essa diferença entre as intenções e o *querer* improdutivo porque, quando sugiro (e o farei em breve) que você pergunte a si mesmo se pode desistir de querer modificar alguma coisa, não o aconselho a renunciar à sua *intenção* de realizar a sua meta original. Ao deixar de querer mudar a matéria em questão, você pode (se assim o desejar) permanecer fiel à sua meta. Renunciar ao *querer* (o excesso de esforço) irá clarear a sua mente para que você possa encarar a questão de forma objetiva e decidir qual é a melhor maneira de alcançar a sua meta. Se depois de ter aplicado a técnica da libertação você ainda desejar a sua meta original (às vezes, isso não acontece), você então será capaz de procurar alcançá-la de forma mais eficaz.

É mais fácil começar a libertar-se usando o método com um objeto inanimado do que com uma pessoa. Para fazer isso, olhe ao seu redor e encontre alguma coisa em seu ambiente imediato que você gostaria de mudar — mas não muito. Talvez você preferisse que algum objeto do quarto estivesse num local diferente ou que alguma coisa fosse reorganizada ou endireitada. Talvez você gostasse de se livrar de uma mancha, ter algum objeto consertado ou que alguma coisa tivesse uma cor diferente. Ou talvez você desejasse que o tempo fosse mais quente ou mais frio, os seus sapatos mais confortáveis ou que a sua cadeira se adaptasse melhor às suas costas. Ou, ainda, que o cachorro da casa ao lado parasse de latir ou que o rádio do vizinho, um cortador de grama, condicionador de ar ou lareira fossem desligados.

Tente escolher alguma coisa que você queira mudar *um pouco*, mas não demasiadamente, um objeto ou situação que não tenha um papel central em sua vida. Se o seu vizinho o vem aborrecendo há meses por colocar o aparelho de som no volume máximo quando você está tentando dormir e isso está acontecendo agora, não procure aplicar a técnica da libertação a *isso* — sua importância será por demais elevada!

Por enquanto, tente escolher alguma coisa que realmente não lhe seja demasiado importante. Despeje a cesta de papéis e espalhe o conteúdo. Deite uma cadeira de lado. Remova a cobertura do abajur, de modo que o brilho da lâmpada incomode os seus olhos. Assuma uma posição contorcida. Ligue uma máquina de lavar louças, um ventilador elétrico ou alguma outra máquina que produza um ruído desagradável. *Faça* acontecer alguma coisa que você venha a querer modificar — mas não com demasiada urgência. Então, dê os passos seguintes.

Agora que você fez a sua escolha, anote num papel aquilo que você gostaria de mudar.

Eu gostaria de mudar_____

Então, pense consigo mesmo ou diga em voz alta (se estiver sozinho):

"Será que eu poderia renunciar ao desejo de mudar isto?"

Resposta: _____

(Faça essa pergunta como se você estivesse pensando consigo mesmo, "Eu me pergunto se me é *possível* deixar de querer mudar isto")

Então, sem pensar mais no assunto, simplesmente deixe isso de lado com a mesma facilidade com que você deixaria um objeto cair de suas mãos.

Muitas pessoas acham isso fácil. Às vezes, uma ou outra pessoa descobre que não tem êxito na primeira tentativa. Uma excelente maneira de demonstrar o processo de Libertação para si mesmo é fazer o seguinte.

Selecione um pequeno objeto que você possa segurar facilmente em sua mão; ele deve ter peso suficiente para cair rapidamente ao chão quando você o soltar. Uma bola de tênis ou outro objeto comum irão servir, ou então você pode colocar feijões (ou sal, areia, etc.) dentro de um saco plástico e fechá-lo. O importante é que você possa *sentir* esse objeto cair de sua mão quando você o soltar.

Agora, segure o objeto em sua mão *dominante* (a mão direita, se você for destro; a esquerda, se for canhoto) e, com a outra mão, dê o sinal de Libertação. Você pode fazer isso juntando o polegar e o dedo mínimo de sua mão não-dominante, de modo que os coxins dos dois dedos se toquem. Como esse é um gesto incomum, ele é útil para você lembrar a si mesmo da sensação especial da Libertação.

Agora, pratique diversas vezes esse toque entre polegar e dedo mínimo. Em seguida, deixe os seus dedos relaxarem e continue preparado para fazer esse sinal.

Depois, aperte com sua mão dominante o objeto que você selecionou *ao mesmo tempo que* continua pensando consigo mesmo (ou dizendo em voz alta) a frase "Eu poderia *largá-lo?*" No exato momento em que usar o termo largá-lo, você solta *fisicamente* o objeto de modo que ele caia ao chão e, simultaneamente, com a *outra* mão, faz o sinal polegar-dedo mínimo.

Vamos recapitular o procedimento:

Passo 1: Aperte o objeto com a mão dominante (a outra mão permanece relaxada).

Passo 2: Diga para si mesmo: "Eu poderia *deixá-lo cair?*"
Passo 3: No exato momento em que você diz a expressão *deixá-lo cair*, você solta *fisicamente* o objeto, deixando-o cair ao chão.
Passo 4: Junto com a expressão *deixá-lo cair* e a queda do objeto, use o seu sinal polegar-dedo mínimo.

Você provavelmente vai precisar fazer esse exercício pelo menos cerca de dez vezes para fixar o seu sinal de Libertação e, então, você estará pronto para testar o sinal. Faça isso simplesmente juntando o polegar e o dedo mínimo para executar o sinal de Libertação (desta vez, sem segurar ou deixar cair nenhum objeto). Agora o contato entre os dois dedos deve automaticamente trazer de volta a tranqüila sensação de que alguma coisa está sendo solta. Se isso não acontecer, continue a praticar o exercício e renuncie ao desejo de apressar o processo de aprendizado.

Quando esse simples contato polegar-dedo mínimo lhe proporcionar a sensação de estar soltando alguma coisa, você estará pronto para usar o seu sinal recém-criado para ajudá-lo a libertar-se. Neste ponto você vai voltar à sua questão original e perguntar a si mesmo **"Eu poderia deixar de lado o desejo de querer mudar (o que quer que você queira mudar)?"**

Desta vez, porém, ao pensar nas palavras *deixar de*, use o seu sinal polegar-dedo mínimo *ao mesmo tempo*. Você ficará surpreso ao descobrir como esse sinal pode ser eficaz para dar-lhe uma sensação de libertação exatamente quando você quiser que isso aconteça. Posteriormente, à medida que você for se familiarizando com o processo de Libertação, pensar apenas na expressão *deixar de lado* provavelmente bastará para produzir o efeito, sem que você tenha de encostar o polegar no dedo mínimo. Você talvez queira usar o seu sinal de Libertação em circunstâncias estressantes, especialmente se a libertação tornar-se difícil. Mais tarde discutiremos essa possibilidade.

Se a essa altura você ainda estiver tendo alguma dificuldade com a Libertação, isso pode simplesmente significar que você escolheu para sua primeira tentativa de libertação algo que é demasiado importante para você. Se for esse o caso, escolha alguma coisa com menor carga emocional e repita os mesmos passos novamente. Se depois disso você ainda estiver tendo dificuldade para libertar-se, não force a situação. Você pegará o jeito dentro em breve. Por enquanto, você pode simplesmente relaxar, ler mais e absorver a idéia de Libertação à medida que vai progredindo.

Se ao fazer a si mesmo a pergunta da Libertação você respondeu que *poderia* renunciar ao desejo de querer mudar o objeto ou situação, o próximo passo é retroceder e verificar se você *realmente* renunciou ao desejo de modificá-los. Considere o seu objeto ou situação e veja agora como você se sente em relação a ele.

Então, registre por escrito como lhe parece essa situação e como você a sente a partir da perspectiva atual: _____

No futuro, não haverá necessidade de anotar as libertações que você executar. Isso será feito apenas no primeiro capítulo para ajudá-lo a aprender. Quando você estiver se virando sozinho, a libertação será um processo mental imediato.

O objeto ou situação lhe parece de alguma maneira *diferente* de antes (ainda que ligeiramente)? Se a sua resposta for positiva, isso significa que o seu "monitor" — a parte de sua mente que faz a avaliação — abriu-se um pouco mais porque você deixou de querer modificar este objeto ou situação. Quando você descobrir que a experiência do "soltar-se" resulta numa mudança de perspectiva, você saberá que conheceu a Libertação. Isso é assim tão simples quanto parece.

OBSERVAÇÃO: *Quando você tiver aplicado a técnica da libertação a alguma coisa, a questão sempre lhe parecerá "diferente" quando você voltar a ela.*

Se você não perceber nenhuma mudança na situação que você escolheu para essa sua primeira tentativa de "libertação", isso talvez tenha acontecido porque se tratou de algo tão pouco importante que a mudança não foi notada. Posteriormente, quando você aplicar a técnica da Libertação a questões mais importantes, você notará as mudanças.

O segundo passo é o mesmo que o primeiro. Execute outra libertação. Para isso, selecione um outro objeto ou situação em sua vizinhança imediata que você gostaria de mudar (mas em relação à qual você não sente uma necessidade demasiado intensa de efetuar uma mudança) e pergunte a si mesmo se você gostaria de mudar *isso*. Se a resposta for "sim", então pense consigo mesmo ou diga em voz alta:

"Eu poderia renunciar ao desejo de querer mudar isso?"

Resposta: _____

SUGESTÃO: *Adapte-se ao seu próprio ritmo. Você talvez se veja efetuando a libertação ao fazer a pergunta. Posteriormente, você poderá se ver realizando a libertação simplesmente ao pensar na palavra* "poderia". *Mais tarde ainda, você poderá se ver libertando-se simplesmente ao pensar em* libertar-se, *ou poderá se ver libertando-se automaticamente sem ao menos pensar nisso!*

Você poderá ficar surpreso ao descobrir que a Libertação é divertida. Como nunca sabemos de antemão exatamente o que vai acontecer quando deixamos de querer mudar alguma coisa, a aplicação da técnica da Libertação, mesmo a questões triviais, pode nos trazer surpresas. Renunciar ao desejo de querer mudar alguma coisa modifica o nosso relacionamento com o objeto em questão — descobrir *como* ele será mudado é uma aventura.

Se você de fato "se soltou" (mesmo que apenas um pouco) quanto a querer mudar esse segundo objeto ou situação, execute a seguir o importante passo de voltar atrás para verificar como esse objeto ou situação lhe parece agora. Isso é como usar uma bússola. A verificação lhe diz exatamente onde você está. Você talvez queira anotar por escrito as suas observações.

Como vejo essa situação(ou objeto) no presente momento:

_____

Ao fazer a verificação, você poderá sentir uma mudança em seu humor como um todo, bem como em sua atitude para com o objeto ou evento em questão.

Libertar-se quanto a querer mudar até alguma coisa aparentemente sem importância pode aliviar o fardo emocional que carregamos. A cada experiência de "se soltar", liberamos determinada quantidade de energia que esteve presa a essa questão (ou a questões semelhantes) e certa quantidade da nossa energia é restaurada para que a usemos de forma criativa. Agora, essa energia liberada vai para o nosso reservatório de energia, aumentando um pouco mas de modo saudável toda a energia que está a nossa disposição para outras tarefas na vida.

Agora chegamos a um outro princípio.

A Libertação é bloqueada instantaneamente se for efetuado algum esforço. Para nos libertarmos, tudo o que precisamos fazer é "soltar-nos" — isso é tudo o que precisamos fazer.

SUGESTÃO: *Nunca se obrigue a "se soltar". Se, ao perguntar a si mesmo se você é capaz de deixar de querer alguma coisa, você descobrir que não quer renunciar a ela, simplesmente aceite o seu sentimento de não querer abrir mão dela e não tente modificá-lo! "Não querer" significa que você não está pronto para renunciar a isso no momento presente. Sempre haverá uma outra maneira de realizar uma libertação. Com esse método, "Todos os caminhos levam a Roma". Mais adiante, você aprenderá mais a respeito disto.*

Se, ao tentar as suas duas libertações, você respondeu afirmativamente à questão da renúncia, então você tem de "abrir mão" dos dois sentimentos ou esforços. Talvez você pense que isso é algo trivial porque as situações que você escolheu eram triviais. Nem sempre! O mundo e a própria vida são constituídos de pequenas coisas — pequenos momentos e o modo como nos relacionamos com eles. Quando abrimos mão de querer modificar alguma coisa (por mais insignificante que ela possa nos parecer no momento), nós simultaneamente renunciamos a todo um conjunto de acontecimentos relacionados que armazenamos em nossos bancos de memória. A menor libertação deflagra uma reação em cadeia que reverbera através de todo o nosso ser e nos deixa em uma condição muito diferente daquela que tínhamos antes da libertação.

Existe um ditado antigo: Em cada gota de chuva vemos todo o céu.

O pequeno contém o grande. Nosso relacionamento com as coisas sem importância reflete o modo como nos relacionamos com as coisas importantes. Se nos libertarmos de querer mudar as coisas, situações ou objetos menos importantes, teremos nos libertado para alcançar um novo tipo de relacionamento com todas as coisas que fazem parte da nossa vida. Isso acontece quer estejamos pensando nisto ou não. Simplesmente acontece.

Máxima: Quer percebamos ou não, uma pequena libertação é sempre uma grande libertação.

SUGESTÃO: *Quando estiver às voltas com um "grande" problema, aplique a técnica da libertação a algum detalhe "pequeno" e pouco importante de sua vida que você gostaria de mudar — deixe de querer mudá-lo — e o problema grande lhe parecerá diferente.*

EM CADA GOTA DE CHUVA, VEMOS TODO O CÉU.

Princípios Gerais

1. *Querer* pode ser controlado com a vontade. É como soltar um lápis e deixá-lo cair ao chão. Tudo o que precisamos fazer para deixar cair um lápis é abrir os dedos.
2. Nossa sensação de *querer* não nos mantém sob seu controle; nós a controlamos. Por isso, podemos optar por não nos apegarmos a ela — podemos abrir os nossos dedos e deixá-la para trás. Podemos libertar-nos.
3. Quando abrimos mão de *querer*, desaparece o controle que isso possa ter sobre nós. Se você aplicou a técnica da Libertação a duas situações simples por você escolhidas, então você conhece essa sensação por experiência própria.
4. É muito mais produtivo abrir mão de querer do que apegar-se a isso — o "apego" enfraquece as nossas energias; o "desapego" faz com que essa energia volte para nós.
5. Sempre temos uma sensação agradável ou de alívio quando abrimos mão de querer mudar alguma coisa; depois de aplicarmos a técnica da Libertação, nós nos sentimos livres.
6. O desapego quanto a querer mudar alguma coisa não nos torna passivos nem nos reduz a motivação. Ao contrário, a renúncia nos deixa livres para realizar as nossas metas de forma mais eficaz ou para modificá-las da maneira que melhor atenda aos nossos interesses. Agora, temos liberdade de escolha. Esta é a diferença.

Até este momento, você teve duas experiências de Libertação. Isso significa que você aprendeu o método básico que estará usando de agora em diante. Se você "se desapegou" ao menos um pouquinho, você sabe que isso pode ocorrer e qual é a sensação produzida. Se você ainda não conseguiu libertar-se, dentro em breve será capaz de fazê-lo.

A essa altura, se você se libertou ao menos *uma vez*, está pronto para praticar a Libertação por conta própria. Você talvez queira passar os próximos dias ou semanas simplesmente acostumando-se com a Libertação. Essa é uma idéia muito boa. Se você for capaz de executá-la lentamente, de deixar este livro de lado e experimentar o prazer de libertar-se em questões de pouca importância, esta sua maneira despreocupada de aprender irá libertá-lo. Você pode absorver os princípios da Libertação simplesmente pegando este volume a cada dois ou três dias e lê-lo até terminar um exercício; depois, você pode "esquecer" do próprio livro durante algum tempo.

Dessa maneira, você irá estabelecer o ritmo do livro. Você seguirá em frente apenas quando quiser, e o seu aprendizado irá se desenrolar num ritmo correspondente às suas necessidades.

Para praticar a Libertação por conta própria, selecione a cada dia algumas situações relativamente pouco importantes e aplique a técnica a elas, tal como fizemos aqui. Faça isso em qualquer hora do dia e tantas vezes quanto quiser. Apenas certifique-se de lembrar que, a essa altura, as situações devem ser relativamente pouco importantes para você — apenas objetos ou acontecimentos que você gostaria que fossem um pouco diferentes do que são. Se um aparelho não funciona, liberte-se do desejo de querer modificá-lo. Se as condições do tempo não lhe agradam, liberte-se do desejo de querer mudar isso. Você pode fazer a mesma coisa com a temperatura, a comida de um restaurante, as condições do tráfego, elevadores, metrôs — existem infinitas possibilidades.

Durante essa fase da sua experiência, simplesmente evite praticar a Libertação com situações que envolvam relacionamentos importantes ou emocionalmente carregados com *outras pessoas*. Complexas situações interpessoais requerem técnicas especiais de libertação que você irá aprender mais tarde. Conquanto algumas das situações que você irá selecionar envolvam pessoas de uma forma incidental (como motoristas dirigindo carros ou garçons em restaurantes), já que essas pessoas não são fundamentais em sua vida, já que você não as conhece muito bem, nem gosta ou desgosta muito delas — será fácil lidar com a libertação. Simplesmente, concentre-se em querer mudar as situações propriamente ditas e não as pessoas que aparecem nelas incidentalmente.

SUGESTÃO: *Deixe que a Libertação seja um jogo. Teste as suas capacidades. Experimente.*

Quando estiver praticando sozinho, identifique aquilo que você quer mudar e, então, pergunte a si mesmo:

"Eu poderia abrir mão da vontade de querer mudar isto?"

E, então, renuncie a isso... mas só se estiver se sentindo à vontade para fazê-lo. Dê a si mesmo o direito de responder honestamente a quaisquer perguntas que você fizer a si mesmo — de dizer "não" a si mesmo, se precisar fazê-lo. Você está aprendendo a liberar suas energias.

Se você estiver tomando medicamentos, a Libertação poderá produzir algum efeito sobre a quantidade de medicamento de que você necessita, e você vai querer verificar isso (ver na página 232, a seção intitulada "Para as Pessoas que Estão Tomando Medicamentos Prescritos por um Médico"). No momento em que você estiver pronto para o próximo passo em seu processo de aprendizado, você terá feito muitas observações por si próprio e, portanto, estará em uma posição diferente quando começar o próximo exercício. Você terá tido uma oportunidade de experimentar a libertação em questões de pouca importância e descobrir como é agradável a sensação de renunciar aos seus desejos. Quando você estiver pronto para aprender mais sobre este método, nós nos encontraremos no próximo capítulo.

Capítulo 3

Uma Amostra da Experiência

A esta altura, será útil para você aprender como é o seu estilo pessoal de libertação, de modo que você possa fazer uso desta informação quando quiser aplicar a técnica numa situação particularmente difícil. Muitas vezes você será capaz de libertar-se automaticamente com a simples lembrança de *como* é a sensação de se libertar.

Para descobrir como é o seu estilo de libertação, selecione alguma situação relativamente simples para libertar-se e, então, observe exatamente de que modo você experiencia o processo.

Você *sente* a libertação acontecendo? Você a *imagina* acontecendo? Você a *ouve* acontecer? Ou será que você experimenta uma combinação dessas coisas?

Para mim, a libertação é experienciada como: _____

_____

Para algumas pessoas, a libertação é uma sensação física. Ela pode lhe dar a impressão de que alguma coisa em sua cabeça ou no peito deixou de concentrar a tensão, como se tivesse sido purificada ou se tornado mais leve, ou alguma outra sensação corporal agradável. Em um de meus *workshops* sobre a Libertação, uma mulher descreveu a sua sensação corporal da libertação como uma "sensação súbita e muito agradável — uma sensação doce. Trata-se de uma deliciosa sensação de alívio, positivamente uma *sensação física*. Depois ocorre uma mudança de perspectiva e sinto-me relaxada. Posso olhar para fora de mim e sinto-me feliz e tranqüila".

Outras pessoas conhecem a libertação como uma mudança *visual*. Elas podem imaginar uma lousa sendo apagada, uma imagem entrando em foco, ou uma outra experiência que envolva a formação de uma imagem na mente.

Outros, ainda, "ouvem" a libertação ocorrer. Ela pode lhes dar a impressão de assemelhar-se a um som de alguma coisa que está se encaixando. Ou, então, eles podem notar uma súbita interrupção de sua própria tagarelice interior (pensamento), como se um rádio tivesse sido desligado de repente.

É importante lembrar-se de que as pessoas vivenciam o processo de libertação da sua própria maneira.

Os Efeitos Tardios

Assim como você vivencia a libertação à sua própria maneira, você também irá notar certos efeitos tardios característicos que ocorrem pouco tempo após a sua libertação. É útil identificar esses efeitos tardios porque eles lhe permitirão saber quando você alcançou uma libertação completa.

Para descobrir quais são esses efeitos, selecione alguma situação para libertar-se, para abrir mão do desejo de querer mudá-la e veja como você se sente *depois* de ter renunciado a esse desejo. Como você reage fisicamente a seu ambiente agora? Como você vê o mundo à sua volta depois de ter efetuado a libertação? Como você tem a experiência dos sons após ter-se libertado?

O que você quer identificar é a experiência que se segue imediatamente após a libertação:

Imediatamente após a libertação, eu sinto: _____
_____
_____
_____

Os efeitos tardios da libertação diferem de pessoa para pessoa. Algumas sentem mais distintamente o ar no rosto ou a temperatura do dia. Outros enxergam com mais clareza — os objetos parecem mais iluminados ou mais nítidos, as cores mais vivas. Outros experimentam uma sensação de silêncio interior. Para outros, ainda, a libertação traz relaxamento muscular, riso, uma sensação de alívio ou um sentimento de expansividade.

Suponha, porém, que a essa altura você ainda não se tenha libertado nem uma vez. Talvez você tenha tentado mas não esteja seguro de ter conseguido. Se for esse o caso, você talvez se tranqüilize ao saber que cerca de metade das pessoas que estão lendo este livro também *ainda* não realizaram a libertação. Se você estiver entre elas, simplesmente tente abrir mão de querer mudar o fato de que você *ainda não realizou a libertação*. Isso deve aliviar a pressão sobre você.

Embora seja importante reconhecer as características especiais da sua própria experiência de Libertação, você na verdade está aprendendo a usar a Libertação com o propósito de melhorar a sua capacidade de lidar com situações difíceis. Eis aqui alguns dos efeitos gerais mais comumente relatados por pessoas que efetuaram a Libertação:

Uma Mudança de Ponto de Vista

O modo como você reage à situação que gerava apego costuma sofrer uma acentuada mudança depois que você se libertou. A situação parece diferente, causa-lhe uma sensação diferente. Um membro de um *workshop* sobre Libertação, após libertar-se de algo que o vinha aborrecendo, passou por uma mudança interessante.

Ele vinha observando, através da janela, um tanque num jardim oriental, onde uma mancha avermelhada, na superfície da água, tinha atraído sua atenção. Embora ele apreciasse olhar o tanque e as árvores ao seu redor, seus olhos voltavam para aquela marca de aparência ferruginosa. Isso o aborrecia porque prejudicava a tranqüilidade do cenário. Ele, então, abriu mão de querer mudar a mancha na água. Quando o fez, notou imediatamente alguma coisa no cenário que não havia atraído sua atenção antes. *Algumas das folhas de uma árvore próxima ao tanque tinham uma cor vermelho-ferrugem que era idêntica à cor da mancha no tanque.* A mancha de ferrugem e as folhas pareciam ter a mesma cor. Ao notar isso, ele descobriu que poderia olhar diretamente para a marca avermelhada sem que seus olhos fossem *atraídos* por qualquer outra coisa. Ele agora estava livre para apreciar o jardim de uma forma diferente. A linha ferruginosa havia se fundido com um padrão mais amplo de cores assemelhadas.

A experiência vivida por este homem — descobrir que, após a libertação, o objeto que ele tinha desejado modificar passara a fazer parte de um conjunto harmonioso — não é incomum. Quando estamos envolvidos com o desejo de modificar alguma coisa, podemos nos concentrar tanto em nosso desejo de mudança que o objeto propriamente dito torna-se relativamente pouco importante para nós — apenas nos preocupamos em fazer com que ele mude. Quando abrimos mão do desejo de modificar alguma coisa, passamos a ser livres para apreciar suas genuínas qualidades. Isso pode ser comparado com ter uma venda removida de nossos olhos.

Uma Mudança de Atitude

Quando nos libertamos, nossa atitude relativa à situação ou objeto em questão passa de negativa para menos negativa ou torna-se neutra ou positiva. Depois de nos libertarmos do desejo de modificar um objeto que antes nos parecia inútil, podemos ficar menos incomodados com sua "inutilidade", tornarmo-nos comodamente indiferentes a ele ou, de forma espontânea, tomar consciência de utilidades inesperadas para ele. Depois de nos libertarmos em relação ao comportamento de alguém, os atos dessa pessoa podem simplesmente nos incomodar menos, não nos incomodar absolutamente ou então, subitamente, podemos descobrir *vantagens* no comportamento dessa pessoa.

Uma mulher que tinha aprendido a técnica da Libertação contou a respeito de uma reação negativa que se tornou positiva após a Libertação. Ela crescera com a superstição de que, se um pássaro tentasse entrar em sua casa, um desastre iminente iria atingir algum membro de sua família. Pouco depois de ter adquirido a capacidade de libertar-se, ela acordou uma manhã e encontrou um passarinho bicando a janela de seu quarto. Um calafrio percorreu-lhe o corpo enquanto ela pensava em seus dois filhos através da ótica da superstição. Então, ela libertou-se, pedindo a si mesma para deixar de querer mudar o fato de que o pássaro estava tentando entrar em sua casa. Ao fazê-lo, ela subitamente sentiu um fardo ser-lhe tirado dos ombros e um novo pensamento ocupou-lhe a mente.

"Oh!", pensou ela. "Que bom! O pássaro gosta tanto de mim que quer entrar na minha casa — incrível ele ter encontrado a minha janela!" Ela sentiu-se próxima do pássaro, como se ele tivesse ido acordá-la pessoalmente para receber o alimento que ela costumava dar todas as manhãs aos pássaros da vizinhança. Ela então saiu para o quintal, atirou comida para o passarinho e ficou observando-o enquanto ele comia avidamente. Ela teve um dia agradável e sua família continuou saudável e feliz. Ela me disse que, se não tivesse se libertado do incidente, teria carregado sua ansiedade consigo o dia todo.

A mudança do negativo para o positivo, após a libertação, pode assumir muitas formas. Suponha que você esteja num teatro, sentado em uma cadeira que lhe pressiona as costas, causando-lhe desconforto. Para libertar-se dessa situação, você poderia desistir de mudar o modo como a cadeira foi construída. Suponha que, tão logo o faça, pensamentos positivos sobre a cadeira lhe ocorram. Você poderia pensar: "Esta pressão contra as minhas costas está me dando algum apoio para a coluna." Ou, então, você poderia concluir que a pressão o está ajudando a permanecer alerta diante de um espetáculo um tanto tedioso, ou ter algum outro pensamento positivo.

Esta mudança em sua forma de pensar não significa que você encontrou racionalmente uma forma de escapar daquilo que o incomodava mas sim uma mudança genuína de perspectiva que ocorreu *após* ou, quem sabe, no momento em que você abriu mão de querer modificar a situação. Embora pensamentos lógicos possam ocorrer juntamente com uma libertação, essa técnica *não* é uma maneira de encontrar uma saída fácil para os nossos problemas. Ao contrário, trata-se de um processo que altera o modo como *experienciamos* as coisas.

Embora considere útil compreender o que é uma libertação, você nunca deve tentar forçá-la. Deixe que ela aconteça naturalmente. Uma mudança importante só acontece quando a sensação de "se soltar" é vivida.

Com relação à cadeira incômoda, após libertar-se do desconforto, você poderia resolver sentar-se num lugar mais confortável; todavia, o ato de passar para uma outra cadeira será agora uma experiência diferente daquela que teria ocorrido antes de você ter se libertado. Agora, você não se sentiria compelido a procurar um novo assento por não suportar mais o antigo. Em vez disso, você estaria livre para mudar ou não de assento, conforme preferir. Ter uma escolha faz com que a situação deixe de gerar angústia.

Uma Mudança no Estado Físico

A Libertação pode produzir mudanças benéficas em seu estado físico. Um homem que assistia a uma palestra sobre a Libertação havia desenvolvido uma reação alérgica ao cheiro de mofo do auditório. Pouco depois de se sentar, seu nariz começou a escorrer e os olhos a lacrimejar. Durante a palestra, sugeri que cada pessoa do auditório desistisse de querer mudar alguma coisa de seu ambiente imediato. Ele resolveu que iria abrir mão de querer mudar o fato de sentir cheiro de mofo no ar. Quando o fez, ficou surpreso ao descobrir que naquele momento, ao tentar sentir o tal cheiro, era incapaz de fazê-lo! Ainda mais impressionante, para ele, era o fato de sua reação alérgica ter desaparecido. Ironicamente, quando renunciamos ao desejo de mudar alguma situação, ela pode mudar — à sua própria maneira. O resultado final pode ser a própria meta que originalmente desejávamos alcançar!

Quando você abre mão de querer mudar alguma coisa, você permite que ela mude.

Se você tem problemas emocionais que requerem psicoterapia, você desejará considerar o modo como a Libertação insere-se em seu plano terapêutico. Se for esse o caso, passe para a página 232, na seção do final deste livro intitulada "Para as Pessoas que Necessitam de Psicoterapia".

Agora você está pronto para dar o próximo passo no aprendizado da libertação, um passo que irá garantir que, ao praticar a Libertação, você não acredite, equivocadamente, ter renunciado a suas metas e intenções. Saber como lembrar a si mesmo desse fato irá facilitar em muito a prática da Libertação.

Capítulo 4

O Apego às Suas Intenções

Que pessoa sensata não quer que sua angústia se torne prazer? Quem não quer pôr fim ao sofrimento? Quem não quer encontrar uma solução para um problema incômodo? Para libertar-se com sucesso, você deve saber que a técnica de Libertação reconhece como desejáveis os anseios humanos normais, como estes acima mencionados. Não só ela não sugere que essas metas sejam abandonadas como também lhe oferece maneiras mais eficazes de alcançá-las.

Existem diversas maneiras de nos lembrarmos desse fato no momento em que tal lembrança é mais importante — no momento da Libertação.

A Frase Esclarecedora

A primeira forma é acrescentar uma frase no autoquestionamento que você faz mentalmente, a qual orienta você a apegar-se às suas intenções mesmo que, ao mesmo tempo, você abra mão de *querer*. Muitas frases diferentes podem ser usadas. Vou citar algumas das que eu uso mas você pode pensar em outras que funcionem mais com você.

Depois de ter identificado uma situação que você gostaria de mudar, pense consigo mesmo ou diga em voz alta:

"Certamente seria razoável mudar isto... mas será que eu poderia abrir mão da vontade de querer fazer a mudança?"

Ou:

"Está tudo bem querer mudar isto... mas será que eu poderia abrir mão da vontade de querer fazer a mudança?"

Ou:

"Seria bom se tais e tais coisas fossem diferentes... mas será que eu poderia abrir mão de querer mudá-las?"

Ou:

> "*Considerando quanto seria bom (conveniente, útil, divertido) se tais e tais coisas fossem diferentes... será que eu poderia abrir mão da vontade de querer mudá-las?*"

Conforme você vê, um novo elemento foi acrescentado. Uma curta afirmação precede a pergunta. Ela serve para lembrá-lo que é razoável, desejável e que está tudo bem desejar que a situação em questão fosse diferente. Em outras palavras, está tudo bem apegar-se às suas razoáveis intenções. De você, pede-se apenas que renuncie a *querer*.

A frase esclarecedora é extremamente valiosa quando estamos aplicando a técnica da Libertação a uma situação difícil. Ao começar por pensar nessa frase, você está lembrando a si mesmo que não está sendo solicitado a renunciar a desejos razoáveis nem a metas práticas mas sim a um excesso de empenho que pode vir a lhe causar problemas.

Dramatizando o Apego

Você pode também achar útil lembrar a si mesmo que pode apegar-se às suas intenções ao demonstrar esse fato a si mesmo. Para dramatizar o apego a uma intenção, depois de você ter identificado a situação que você gostaria de mudar, escreva num pedaço de papel ou numa ficha de arquivo:

"Posso conservar a minha *intenção* de (descrição da intenção)."

Quando você tiver feito isso, leia a ficha para si mesmo; então, segurando-a diante de você, deixe de lado seu sentimento de *querer*.

Se você não tiver uma ficha de tamanho apropriado, imagine essa sentença escrita em um grande quadro-negro, ou procure ouvi-la em sua mente como se estivesse sendo repetida várias vezes em um alto-falante.

A título de exemplo, suponha que você estivesse aborrecido por alguém estar requerendo sua atenção enquanto você está ocupado, trabalhando. Para libertar-se disso, você escreveria a frase:

"Posso *manter* a minha intenção de não ser interrompido."

Mantendo a ficha na sua frente, você poderia, então, ler esta afirmação diversas vezes enquanto pensa consigo mesmo:

"Eu poderia abrir mão da vontade de querer que esta pessoa pare de me interromper?"

O cartão poderia servir como um lembrete de que você está permitindo a si mesmo conservar a sua intenção bastante razoável de não ser interrompido. O gesto concreto de escrever num papel a sua intenção fez uma importante distinção entre manter-se fiel à sua intenção e, ao mesmo tempo, abrir mão de *querer*. Uma vez feita essa distinção, virtualmente toda libertação torna-se fácil.

Perceber que você pode apegar-se à sua intenção ao mesmo tempo que abre mão da vontade de querer é em si mesmo uma libertação!

Tabela de Libertação

Uma outra maneira de lembrar a si mesmo o fato de que a meta que você deseja pode ser mantida ao mesmo tempo que você abre mão do *querer* improdutivo é através do uso de um instrumento conhecido como Tabela de Libertação. Esse instrumento freqüentemente é do agrado das pessoas que gostam de anotar as coisas de forma metódica. No Apêndice A, você encontrará instruções a respeito de como usá-la.

Como se Libertar do Passado

Boa parte da libertação em nossa vida cotidiana precisa ser feita após a ocorrência do fato (muitas vezes, é difícil encontrar tempo para realizar a libertação quando o acometimento ainda está em curso), de modo que você vai querer saber como libertar-se após a fumaça ter se dissipado. Eis a técnica para fazer isso.

Selecione um acontecimento passado durante o qual você teve alguma dificuldade com um objeto inanimado ou com uma pessoa que não era fundamental para a sua vida. O acontecimento deve ser suficientemente incômodo para lhe causar certo — mas não muito — mal-estar.

Imagine agora essa situação, permitindo a si mesmo vê-la, senti-la e ouvi-la quase tão claramente como se estivesse lá. Em seguida, tome nota do que você gostaria de mudar na situação exatamente da forma como você faria se o passado *fosse* o presente.

"Eu gostaria de mudar _____."

Suponha, por exemplo, que um funcionário de um caixa de supermercado tenha empacotado descuidadamente os seus produtos comestíveis, esmagando alguns mais frágeis, como os ovos. Para libertar-se disso posteriormente nesse dia, você iria imaginar essa situação passada tão vividamente quanto possível, como se ela estivesse ocorrendo no presente, e pensar consigo mesmo:

"Eu poderia deixar de lado o desejo de mudar o fato de que ele/ela *está socando* (tempo presente) minhas compras dentro da sacola?"

Em outras palavras, você iria agir como se tivesse voltado no tempo, de modo que a situação estivesse acontecendo naquele exato momento. Então você iria perder todo tipo de apego quanto a querer mudá-la da mesma maneira como você abriria mão de querer mudar uma situação do presente.

Agora, lembre-se de um acontecimento do passado recente que você gostaria de mudar e pense consigo mesmo ou diga em voz alta:

"**Eu poderia abrir mão de vontade de querer mudar o fato de que (tal e tal coisa)** *está acontecendo?*"

Depois de você ter renunciado a querer mudá-la, verifique como você está experienciando essa mesma situação. Ela passou de negativa para menos negativa, neutra ou positiva? Se a sua resposta for positiva, então houve uma libertação. Caso contrário, lembre-se dessa situação específica para utilizá-la no futuro. Ela será útil quando você chegar ao seu próximo exercício de libertação.

Libertando-se ao Reescrever a História

Como muitas das metas que estabelecemos para nós mesmos em situações emocionalmente carregadas são metas localizadas no *passado*, isso significa que, para realizá-las, teríamos literalmente de reescrever a história. As metas do passado podem evocar os sentimentos mais fortes e direcionar parte de nossas melhores energias para um propósito impossível — fazer com que *não* aconteça alguma coisa que já aconteceu.

"Se ao menos eu tivesse feito tal e tal coisa!"
"Se ao menos eu pudesse fazer tal e tal coisa novamente!"
"Por que eu não pensei em fazer *isto* em vez daquilo?"
"Por que esta pessoa não agiu da maneira como eu *gostaria* que tivesse agido?"

Seriam necessários vários volumes para registrar todos os nossos desejos urgentes de reescrever o passado. Tentar mudar o passado é algo tão comum que, na verdade, em geral não reconhecemos que esteja acontecendo.

Uma boa estratégia a ser usada quando percebemos que estamos empenhados nessa tentativa sobre-humana de reescrever o passado é nos libertarmos diretamente do problema de "querer reescrever o passado". Para fazer isso, pense consigo mesmo ou diga em voz alta:

"**Eu poderia abrir mão da vontade de** *querer reescrever o passado?*"

Essa pergunta muitas vezes gera uma libertação completa sem que seja necessário fazer mais nada.

Libertando-se no Futuro

Como muitos dos nossos medos também estão relacionados a acontecimentos do futuro que antecipamos, a libertação no futuro também é uma manobra valiosa. Para fazer isso, selecione um acontecimento vindouro com o qual você esteja preocupado. Represente mentalmente esse acontecimento tal como se ele estivesse ocorrendo no presente — e liberte-se do desejo de querer mudá-lo. Desse momento em diante, aja exatamente como você agiria se estivesse numa situação do presente. Você irá descobrir como esse método é útil quando, na Parte 2 deste livro, estiver lendo sobre pessoas que usaram a Libertação antecipatória para lidar com dificuldades futuras.

Agora, estamos prontos para abordar um aspecto crucial da técnica de Libertação — encontrar maneiras de efetuar a libertação em circunstâncias nas quais, à primeira vista, a aplicação da técnica seria impossível, pelo fato de a situação envolver emoções fortes.

Capítulo 5

Como Usar as Táticas de Desbloqueamento

Na maior parte do tempo, você conseguirá libertar-se facilmente sempre que quiser fazê-lo. De vez em quando, você se verá incapaz de fazê-lo. Saber como libertar-se quando você *não* consegue fazer isso prontamente é uma habilidade essencial. É exatamente nos momentos em que é mais difícil libertar-se que você talvez necessite mais da Libertação.

Este capítulo apresenta táticas de "desbloqueamento", instrumentos simples mas muito eficientes, que podem ajudá-lo a se libertar em *qualquer* situação.

Neste momento, você está em uma dentre duas condições: ou você ainda não conseguiu libertar-se — nesse caso, você vai querer aplicar de imediato as técnicas de desbloqueamento — ou então você já se libertou pelo menos numa situação simples e precisa escolher um tipo de situação mais difícil para realizar os exercícios deste capítulo.

Se você precisar de um acontecimento que implique um desafio maior, para com ele praticar a Libertação, entregue-se ao devaneio, até que lhe ocorram diversas situações emocionalmente negativas. Tente livrar-se delas, uma de cada vez, e continue fazendo isso até encontrar uma situação que *resista* à libertação, que lhe dê a sensação de algo que está "preso". Quando tiver descoberto uma, você estará pronto para usar as táticas de desbloqueamento.

Vou relacionar as táticas de desbloqueamento uma a uma, de modo que você possa experimentá-las separadamente. Quando uma dessas se constituir em "desbloquear" uma libertação, você talvez queira descansar um pouco antes de passar para uma outra situação envolvendo algum bloqueio.

A maioria das pessoas acha interessante tentar essas estratégias. Você precisa dar a si mesmo a oportunidade de experimentar todas elas. Cada uma dessas táticas representa um acréscimo ao seu repertório de táticas, formando um grupo de auxiliares da Libertação que você pode manter convenientemente à sua disposição para lidar com situações de muita tensão.

A Solução do 1%

Quando você localizar uma situação envolvendo a sensação de "bloqueio", à qual você não consegue aplicar prontamente a técnica da Libertação, pense consigo mesmo ou diga em voz alta:

"Eu poderia renunciar a *apenas* 1% do desejo de mudar (esta situação)?"

Você irá descobrir que abrir mão de 1% do *querer* freqüentemente é muito mais fácil do que abrir mão de todo o *querer*. A aplicação da solução do 1% em geral produzirá pelo menos uma libertação parcial. Às vezes, isso basta para dar origem a uma libertação plena.

Se você pode abrir mão em alguma medida... você pode abrir mão.

Há também um acréscimo útil que você pode fazer à solução do 1%, em situações fortemente travadas. Observe para si mesmo que você pode *apegar-se* a 99% do *querer*. A questão agora é formulada nos seguintes termos:

"Eu poderia abrir mão de *apenas* 1% do desejo de mudar (tal e tal situação) e apegar-me aos outros 99% do desejo de mudá-la?"

O acréscimo da frase sobre os "99%" destaca o fato de que você não está sendo solicitado a abrir mão de nenhuma porção do *querer* à qual você não esteja pronto a renunciar. *Nunca force nada quando estiver efetuando uma libertação.* O ato de abrir mão deve ser executado sem nenhum esforço e você deve sentir-se perfeitamente confortável ao fazê-lo. Todavia, você também não deve tentar *não* usar a força.

Tentar não fazer um esforço é fazer um esforço.

Não adianta forçar uma libertação. A solução do 1% — abrir mão de apenas 1% e também lembrar a si mesmo que você pode continuar apegando-se a 99% do querer — elimina do processo o caráter de coisa forçada.

Outra maneira de usar a solução do 1% é inverter a frase de libertação de modo que você não tenha de pedir a si mesmo para abrir mão de 1% do querer — em vez disso, você pergunta a si mesmo se pode *aceitar* 1% da situação. A frase agora fica assim:

"Eu poderia *aceitar* 1% (de determinada situação)?"

Algumas pessoas acham particularmente atraente essa aceitação de 1% do que está acontecendo (afinal de contas, é fácil aceitar uma quantidade tão pequena de coisas desagradáveis, mesmo em circunstâncias adversas), e, dessa forma, conseguem uma libertação imediata. Sugiro que você experimente ambas as formas de expressar a solução do 1% — a abordagem de abrir mão e a de aceitar. Você provavelmente descobrirá que uma delas funciona mais para você em determinada situação do que em outra, mas que a abordagem oposta poderia ser adequada em circunstâncias diferentes. Experimente!

Vamos agora considerar o que você faz quando já se libertou parcialmente usando a solução do 1%, de modo que parte da pressão diminuiu na situação, mas uma parte ainda continua.

A esta altura, você pode prosseguir usando essa estratégia de "dividir para conquistar". Você abriu mão de parte do *querer* (ou aceitou uma minúscula parte da situação). Agora, peça uma vez mais a si mesmo, usando as mesmas palavras, para fazer exatamente a *mesma* coisa novamente:

"Eu poderia abrir mão do mesmo 1% do desejo de mudar (esta situação)? Será que eu poderia aceitar o mesmo 1% (da situação)?"

Lembre-se de que você não está pedindo para si mesmo abrir mão de *mais* 1% (nem aceitá-lo). Você não está aumentando a sua porcentagem para libertar-se de 2%. Está duplicando a sua pergunta original. Se você ainda não puder alcançar uma libertação plena, então simplesmente continue abrindo mão da mesma porcentagem mínima de *querer* — ou aceitando a mesma porcentagem — até sentir que a situação foi neutralizada.

Um integrante de um dos meus *workshops* sobre a Libertação queixou-se de um clarão produzido por uma janela, o qual estava interferindo na sua capacidade de se concentrar no *workshop*. Pedi a ele que abrisse mão do desejo de mudar o clarão. Como ele não podia fazer isso prontamente, sugeri-lhe que abrisse mão de apenas 1% do desejo de mudar o reflexo e se "apegasse" aos outros 99% do desejo de mudá-lo.

Depois de uma pausa de alguns segundos, ele conseguiu abrir mão de 1%, "porém não mais que isto". Na verdade, isso foi o suficiente. Quando verificamos como estavam os seus sentimentos a respeito do assunto, o clarão não lhe pareceu algo importante. Ele então conseguiu abrir mão uma vez mais do mesmo 1% do *querer* e, a essa altura, não estava mais sendo incomodado pelo clarão.

Você terá amplas oportunidades de observar a solução do 1% quando ler sobre as pessoas que aplicaram a Libertação a problemas mais sérios. Se no momento você não compreender plenamente o modo como ela funciona, simplesmente abra mão de querer mudar o fato de que você não a compreende! Essa é uma maneira de "libertar-se enquanto está se libertando", um dos procedimentos mais bem-sucedidos que conheço.

A Porcentagem Cumulativa

Uma maneira de aumentar a eficácia da solução do 1% é começar abrindo mão de 1% do seu *querer*. Então, depois disso, se você descobrir que ainda restou parte do problema original (ou seja, se nesse ponto você obteve apenas uma libertação parcial), abra mão de mais 1% (ou de mais 5% ou 10%) do *querer*. Repita esse processo mais ou menos a cada minuto, até conseguir abrir mão de 100% (ou de quase 100%) do seu *querer*.

Com esse método, a espera entre as libertações é importante e, nesse ínterim, pode ser útil distrair-se com alguma coisa não relacionada com a Libertação. Enquanto estiver esperando, evite pressionar a si mesmo, o que pode criar resistência. Você precisa dar a si mesmo tempo para assimilar o fato de que tem de abrir mão de, digamos, 40% do *querer* antes de passar a abrir mão de 45 ou 50% dele, ou de qualquer outra quantidade que você tenha em mente.

Depois de algum tempo, você vai descobrir que pode alcançar uma alta porcentagem de libertação. Muitas vezes, você conseguirá abrir mão de 100% do querer... Todavia, nunca se obrigue a alcançar os 100%. Tente isso apenas se, ao fazê-lo, você estiver se sentindo confortável.

A Tática da Suspensão

Quando você se vir preso a uma situação e for incapaz de libertar-se, o desafio consistirá em convencer a si mesmo de que você consegue "se soltar". Em 99% do tempo, você terá esquecido esse fato, e é por isso que você não está conseguindo avançar.

Eis uma tática de desbloqueamento para lidar com isso.

Identifique uma situação em relação à qual você não consiga libertar-se prontamente; em seguida, pense consigo mesmo ou diga em voz alta:

"Eu poderia abrir mão — apenas por dois segundos — da vontade de querer mudar (esta situação)? ... e, depois, *retomar* o *querer*.

Isso cria uma suspensão temporária do *querer*, a qual lhe permite experienciar a sensação de abrir mão desse desejo. Entretanto, você está tentando fazer isso apenas em parte e, como essa decisão não envolve nenhum compromisso seu quanto a conseguir abrir mão completamente do querer, a tarefa acaba tornando-se mais fácil do que uma libertação plena. Se preferir, você pode usar a seguinte frase:

"Eu poderia *adiar* o desejo de mudar (esta situação) *apenas por dois segundos?*"

Quando você se sentir bloqueado, poderá repetir esse procedimento diversas vezes, em cada uma delas suspendendo o *querer* por apenas um ou dois segundos. Isso deverá bastar para você poder vivenciar a experiência de uma libertação parcial. Você poderá perfeitamente conhecer uma libertação plena.

Se você pode abrir mão em alguma medida, você pode abrir mão.

Quando você perceber que pode livrar-se de uma situação, você *já* terá se livrado dessa situação!

Um membro do *workshop* estava descontente com a localização de sua cadeira na sala. Ele havia tentado livrar-se disso mas fora incapaz de fazê-lo. Perguntei-lhe se ele conseguiria abrir mão, *apenas por dois segundos*, de querer mudar a localização de sua cadeira e, então, *voltar* a querer. Ele descobriu que poderia fazer isso facilmente e repetimos o processo. Depois de ter-se libertado dessa maneira, ele agora estava muito menos incomodado com a localização de sua cadeira. Ele também pôde colocá-la num lugar mais confortável, coisa que ele acabou resolvendo fazer, mas de uma forma tranquila, sem pressões.

Depois de você ter conseguido abrir mão do querer, mesmo que apenas por uma fração de segundo, você deixou claro o fato de que tem a capacidade de abrir mão do querer...e, portanto, você pode abrir mão.

Dividir e Conquistar

A maioria das situações que envolvem a sensação de "bloqueio" têm um alto impacto sobre nós e, às vezes, nossos sentimentos a respeito disso são tão fortes que não conseguimos conceber a hipótese de *não* fazer um esforço para modificá-las ou de não *querer* modificá-las. Tentar libertar-se totalmente delas em tais circunstâncias é como enfrentar todo um exército ao mesmo tempo, em vez de atacar soldados isolados — uma tarefa muito mais complicada.

Uma maneira eficaz de lidar com o problema é "dividir e conquistar". Já mencionei alguns métodos relacionados — dividir o *querer* total de modo que, em cada tentativa, você possa renunciar a apenas 1% do seu *querer*, e dividir o fator tempo para que você possa abrir mão durante apenas dois segundos de cada vez. Uma outra tática eficaz é dividir a própria situação em pequenas porções para que, aos poucos, você possa libertar-se facilmente de cada uma delas.

Suponha que você viu alguém com cabelo desgrenhado e se sentiu incomodado por isso. Você tentou libertar-se de querer mudar o aspecto do cabelo dessa pessoa mas viu-se tolhido por causa do sentimento forte a respeito disso. Para usar a tática de dividir e conquistar, você poderia selecionar *um único fio* do cabelo dela — um fio que você consiga enxergar facilmente — e libertar-se apenas em relação a ele. Você poderia isolar mentalmente esse fio do restante do cabelo dela e, então, abrir mão de querer mudá-lo:

> "Eu poderia deixar de querer mudar o modo como *este fio está especificamente* em desalinho?"

É considerável a diferença entre libertar-se de toda uma situação e de libertar-se de apenas uma pequena parte dela. Geralmente, não existe nenhuma razão para você recusar-se a abrir abrir mão de querer mudar algum aspecto secundário de uma situação (tal como um único fio de cabelo), embora você sempre consiga pensar em muitas razões para não abrir mão de querer mudar a situação como um todo. De fato, o bom senso sugere que abrimos mão de querer mudar detalhes sem importância!

Todavia, a utilização dessa tática pode ser surpreendente porque, uma vez que você tiver conseguido se libertar de uma parte (ou de várias partes) da situação, o seu sentimento a respeito de toda a situação possivelmente terá se modificado.

Uma pequena libertação é sempre uma grande libertação.

Uma mulher que estava participando de um de meus *workshops* queixou-se de dor nas costas. Embora a dor estivesse prejudicando sua capacidade de concentrar-se no *workshop*, ela se sentia incapaz de libertar-se em relação a isso. Sugeri a ela que dividisse a sua sensação total de mal-estar em áreas distintas, tornando-as tão pequenas quanto fosse possível. Ela seria capaz de apontar dez centímetros quadrados de mal-estar em alguma parte de suas costas?

Ela ficou surpresa com essa solicitação, mas acabou se mostrando capaz de localizar "dez centímetros quadrados de dor" um pouco abaixo da cintura e um pouco à direita da coluna. Eu então pedi-lhe que abrisse mão de querer mudar o fato de que *esses dez centímetros quadrados* de suas costas estavam doendo. Ela conseguiu fazer isso porque a área em questão era bastante pequena; para sua surpresa, porém, ela descobriu que, depois de ter se libertado em relação a esse pequeno quadrado, as suas costas como um todo deram-lhe a impressão de não doer tanto.

Quando você divide e conquista, raramente é necessário libertar-se de todas as partes da experiência original. Muitas vezes, para mudar toda uma situação, você precisa libertar-se em relação a apenas um ou dois componentes menores.

Em cada gota de chuva, pode-se ver todo o céu.

Um outro exemplo de dividir e conquistar foi demonstrado por um participante de um *workshop* que se sentiu incomodado com o ruído do condicionador de ar. Como ele estava tendo dificuldade para libertar-se em relação a isso, pedi-lhe que isolasse um elemento específico do ruído do condicionador de ar — talvez um tom agudo ou grave, ou um clique, ou uma pulsação rítmica, mas um elemento apenas.

Ele identificou um "rangido engraçado" que parecia pulsar sob o forte ronco do aparelho. Quando sugeri-lhe que abrisse mão de querer mudar esse rangido, ele não conseguiu fazê-lo porque, agora que havia conseguido isolá-lo, o rangido lhe parecia a parte mais incômoda do ruído.

Para ajudá-lo a dividir a situação em fragmentos ainda menores, pedi-lhe que abrisse mão de querer mudar o fato de que o rangido *pulsava* — que ele parecia sumir e voltar. Isso ele conseguiu fazer e, depois de libertar-se, ele descobriu que toda a situação havia mudado. Agora, para sua surpresa, ele estava *gostando* do modo como o ruído estava pulsando! Quando ele fez uma nova verificação para avaliar como estava se sentindo em relação a todo o ruído do condicionador de ar, ele descobriu que, agora, também estava gostando desse ruído — exatamente o mesmo que antes o havia incomodado. Depois da libertação, pareceu-lhe que todos os componentes desse som se combinavam como se fossem uma orquestra, e que eram vibrantes e cheios de energia.

Quando abrimos mão de querer modificar alguma coisa, conhecemos a sua verdadeira qualidade. A maioria das coisas são interessantes, depois que nos tornamos capazes de experienciá-las.

A tática de dividir e conquistar pode ser usada tanto para situações importantes como para coisas secundárias, e é uma das formas mais eficazes de lidar com situações extremamente resistentes a outras abordagens. Quando usada em uma situação muito difícil, a divisão é feita de uma forma excepcionalmente detalhada.

Às vezes, chamo essa tática de "dividir o que foi dividido". Você terá uma oportunidade de ver como isso funciona um pouco mais adiante, na Parte 2 deste livro, quando estiver lendo sobre pessoas que aplicaram a técnica da Libertação a situações sérias.

Relembrando o Sentimento

Quando você estiver bloqueado em uma situação da qual você não consegue se libertar prontamente, há uma estratégia excelente e sempre disponível em qualquer circunstância — *você pode lembrar-se de como foi a sensação produzida pela libertação no passado*. Sua experiência da Libertação é uma grande tática de desbloqueamento. É por isso que, no capítulo 3, reservamos algum tempo para fazer com que você identifique essa experiência. No futuro, a simples lembrança dela pode ser suficiente para desencadear uma libertação completa.

Para evocar essa lembrança quando você tiver a impressão de estar bloqueado, pense primeiramente na resposta "sim" à pergunta de Libertação ("Eu poderia abrir mão?... Sim!"). Faça isso automaticamente quer você sinta ou não que a resposta é realmente um "sim" — em seguida, recorde-se da exata sensação (impressão, imagem) que *você* tem quando se liberta — ou, então, se você tiver definido um sinal de Libertação, use-o para trazer de volta essa sensação.

Lembre-se de que a sensação de libertação pode ser um eficiente método de Libertação.

Use um Sinal de Libertação

Se você tem conseguido se libertar com facilidade desde o início e não precisou criar um sinal de Libertação, agora você talvez queira fazê-lo para uso futuro em situações difíceis. Para criar um sinal de Libertação você pode usar a técnica do polegar-dedo mínimo, descrita anteriormente, ou escolher algum ponto de fácil localização em sua pele (como o lóbulo da orelha direita, o nó do polegar esquerdo, etc.) para usar como uma âncora ou lembrete para sua libertação. Simplesmente certifique-se de ter escolhido um ponto que você poderá voltar a localizar com *exatidão* e, então, pressionar novamente no futuro, quando assim o desejar.

Quando tiver feito isso, liberte-se em alguma situação simples. No exato momento em que você se sentir libertando-se, pressione de leve o ponto que você selecionou. Segure o seu dedo sobre esse ponto por cerca de três a cinco segundos; em seguida, esqueça o assunto.

Posteriormente, ao pressionar exatamente esse mesmo ponto (mais ou menos com a mesma pressão), você irá evocar a experiência da libertação de uma forma irresistível e muito vívida. Você terá "associado" o sentimento de libertação com o toque do seu dedo; agora, um evoca o outro. Essa tática de ancoramento muitas vezes poderá desencadear uma nova libertação — imediatamente.

Abrindo Mão "Por Enquanto"

Ao perguntar a si mesmo se pode abrir mão de querer mudar alguma coisa "apenas por enquanto", você freqüentemente dá a si mesmo a liberdade necessária para criar uma libertação. A questão é mais ou menos esta:

> "Eu poderia abrir mão da vontade de querer mudar (tais e tais coisas) *apenas por enquanto?*"

A expressão "por enquanto" diminui o seu compromisso.

O Efeito do Exagero

Quando éramos crianças, meu irmão e eu costumávamos fazer uma brincadeira em que a regra era olhar nos olhos um do outro pelo maior tempo possível sem rir. Por mais que tentássemos não rir, sempre acabávamos rindo tanto, que lágrimas rolavam pelo nosso rosto e nosso estômago doía. Adorávamos essa brincadeira porque ela sempre nos fazia rir.

Tente não rir. *Tente* não pensar em um elefante branco. *Tente* não libertar-se... O que acontece?

Esse aspecto da natureza humana de "ir em sentido contrário" constitui a base de dois métodos muito eficazes de desbloqueamento — o "efeito do exagero" e a "tática da proibição".

Ambos os métodos são úteis quando a situação requer reações tão fortes que as táticas normais de desbloqueamento não funcionam. Nessas ocasiões, alguma coisa em nós pode resistir com teimosa insistência. Quando sentimos esta resistência, é como se uma pequena voz dentro de nós gritasse "Nunca!"

Se você desenvolver esse tipo de resistência e se vir prisioneiro de sua própria determinação de vencer a todo custo (mesmo que isso o prejudique), *apegar-se* à resistência, exagerá-la, pode ser a melhor estratégia. Em uma daquelas situações do tipo "Não posso... Não vou libertar-me", tente pensar consigo mesmo ou dizer em voz alta para si mesmo, com voz *imperativa*:

> "*Aumente* o desejo de mudar (a situação, o sentimento)!...
> *Aumente-o* mais... *aumente-o* mais... *aumente-o* ainda mais!..." (e assim por diante)

Ou diga para si mesmo:

> "*Apegue-se* ao desejo de mudar (a situação, o sentimento)... Apegue-se com mais intensidade... *apegue-se*... continue querendo mudá-la... Aumente o desejo de mudá-la... Apegue-se ainda mais intensamente..., etc."

As palavras exatas que você usa não são importantes. A questão é ir até os seus limites, continuar querendo alguma coisa que você deseja e continuar querendo-a cada vez mais até que, por fim, como uma bolha de sabão que se encheu de ar até estourar, o problema subitamente desaparece.

Isso não é muito diferente da nossa brincadeira infantil de um olhar nos olhos do outro com extrema seriedade até que ambos riam. Existe humor em alguma parte do universo. Quando ele o atinge, a crise está terminada.

O efeito do exagero às vezes termina em riso e às vezes não. De uma forma ou de outra, ele restaura rapidamente a nossa perspectiva e é disso que trata a Libertação.

A Tática da Proibição

Existe uma outra maneira de "capitalizar" a nossa tendência de "ir em direção contrária". Ela consiste em impormos a nós mesmos a *proibição* de nos libertarmos!

Para isso, pense consigo mesmo ou diga em voz alta:

"Eu *não vou* me libertar (em relação a esta situação ou sentimento)... não vou permitir que eu me liberte em relação a isto!... *Não vou* permitir que a libertação aconteça!..." (e assim por diante)

Tente dizer a alguém que ele não poderá fazer alguma coisa *em nenhuma circunstância*, e nem mesmo *pensar* nisso. O que acontece?

Da mesma maneira, ao usar a tática da proibição, você está se motivando a fazer exatamente o que você está dizendo a si mesmo para *não* fazer — isto é, libertar-se. Embora isso possa lhe dar a impressão de estar fazendo um jogo consigo mesmo, o fato é que a tática funciona (os jogos podem ser a sério). Tanto o efeito do exagero como a tática da proibição levam-nos ao nosso limite. É difícil utilizar indefinidamente qualquer dessas manobras sem perder o gás. Quando isso tiver acontecido, você automaticamente terá se libertado.

Uma participante de um *workshop* relatou que o marido, contra a vontade, havia cortado uma linda árvore do jardim da casa onde moravam. A mulher estava muito aborrecida com isso porque havia-lhe dito muitas vezes que a árvore era importante para ela e achava que ele havia feito isso apenas para irritá-la. Ela estava tão incomodada que não conseguia libertar-se do incidente.

A meta dessa mulher era ter a árvore de volta "no lugar onde ela estava" e fazer com que o marido "respeitasse a sua vontade" — duas metas razoáveis, porém ambas localizadas no passado, o que as tornava impraticáveis, para dizer o mínimo, já que, para realizá-las, teríamos que reescrever a história.

Para ajudá-la a alcançar a libertação, pedi que *aumentasse* sua sensação de querer a árvore de volta ao jardim. "Torne mais forte o seu desejo de querer a sua árvore de volta", aconselhei a ela. "Agora, faça um esforço *maior* de *querer* a árvore de volta ao jardim!... Continue apegada ao desejo de querer a árvore de volta ao jardim... Continue querendo controlar a volta desta árvore ao jardim... Continue querendo trazer essa árvore de volta para o jardim!...Faça com que o seu desejo de trazer a árvore de volta ao jardim torne-se *cada vez mais forte*.

Ela seguiu a minha orientação de exagerar o seu *querer* e, por fim, tornou-se capaz de continuar com o processo em silêncio e sozinha. Ela esforçou-se para fazer com que o seu sentimento de querer a árvore de volta ao jardim se tornasse cada vez mais forte. Ela empenhou todas as suas energias para querer mudar a situação. Depois de cerca de trinta segundos desse esforço intenso, ela abriu um largo sorriso.

"Não consigo mais fazer isto!", exclamou ela. "Aquela árvore nunca vai voltar para o jardim!"

Quando verificamos o modo como a mulher se sentia pelo fato de seu marido ter cortado a árvore, ela relatou que ainda achava que ele havia feito uma coisa um tanto estranha, mas isso não a incomodava mais. Agora ela sentia que o importante era trazer uma outra árvore para o local, uma árvore nova, plantá-la e deixá-la crescer. Ela achou que o marido talvez pudesse ajudá-la com isto e acrescentou que, por ela, o assunto agora estava encerrado.

Mudando de Marcha

Quando nos vemos bloqueados, muitas vezes podemos começar a nos libertar de novo passando a uma atividade inteiramente diferente. Não faz nenhuma diferença a atividade que venhamos a escolher. Podemos fazer exercícios físicos, cuidar de uma pequena tarefa, ouvir música, conversar com um amigo, ler um livro ou nos ocuparmos com alguma outra coisa — exceto com a libertação. Isso serve para nos distrair e romper com os "bloqueios". Quando posteriormente voltamos à situação original, muitas vezes conseguimos nos libertar sem dificuldade.

Uma outra maneira de passar a uma atividade diferente foi mencionada no capítulo 3. Quando você tiver a sensação de estar "bloqueado", passe para uma situação em relação à qual você sabe que será fácil libertar-se e deixe de lado a vontade de mudá-la. Depois disso você poderá libertar-se em relação à situação difícil sem nenhum problema. Libertar-se plena e facilmente de *qualquer coisa* ajuda a lubrificar as engrenagens do processo de libertação.

Libertação Física

Se você demonstrar para si mesmo que consegue libertar-se no nível físico, isso freqüentemente serve para fazer fluir de imediato o processo de libertação. Dois excelentes exercícios com esse objetivo estão incluídos no Apêndice D. Use-os liberalmente sempre que você se vir "bloqueado" e incapaz de se libertar.

Quando Usar as Táticas de Desbloqueamento

Todavia, um importante ponto a ser lembrado acerca das táticas de desbloqueamento é que elas são indicadas apenas para as situações de bloqueio. Muitas vezes não será preciso nada além de uma simples libertação para obter todo o efeito que você deseja. Ao começar a libertar-se em alguma situação, tente primeiro libertar-se *na sua totalidade*. Se isso não funcionar, então use uma ou várias táticas de desbloqueamento, até conseguir a libertação.

Embora você vá aprender algumas outras táticas de desbloqueamento ao longo deste livro, você já sabe o suficiente para lidar com muitas situações difíceis. A essa altura, você poderá notar alguns dos benefícios proporcionados pela prática da Libertação. Quando isso acontecer, provavelmente se verá querendo compartilhar esta sua nova habilidade com seus familiares, amigos e outras pessoas. Embora essa seja uma atitude construtiva, é importante perceber que não é fácil ensinar a Libertação. Muitos mal-entendidos podem ocorrer na transmissão dos princípios básicos e de detalhes da prática. Infelizmente, se a pessoa que estiver aprendendo interpretar de forma equivocada o espírito ou o propósito da Libertação, ou se ela ficar confusa quanto à tática a ser utilizada, isto poderá produzir sérios erros quando ela for posta em prática.

Se você quiser ajudar alguém a aprender a libertar-se, a maneira apropriada de fazê-lo é levar a pessoa a ler este livro. Depois de ter executado os exercícios passo a passo apresentados aqui, essa pessoa poderá aprender a natureza da libertação e como aplicá-la adequadamente. Você e ela poderão praticar a Libertação juntos, se assim o quiserem. Esse poderá ser um passatempo útil e agradável, o qual iremos abordar posteriormente quando estivermos discutindo a questão dos Parceiros na Libertação.

Agora você talvez queira deixar este livro de lado e dar a si mesmo uma chance de testar suas habilidades de Libertação em problemas de natureza um pouco mais séria. A vida lhe oferece muitas oportunidades de libertação, e você pode beneficiar-se com elas descobrindo maneiras de libertar-se sob pressão que se mostrem particularmente úteis para você.

Ao fazer isso, lembre-se de que você está determinando o seu próprio ritmo neste processo de aprendizado. Quando sentir que está familiarizado com as táticas de desbloqueamento, você estará pronto para tentar dar um dos passos mais úteis — aprender a se livrar das emoções indesejáveis.

Capítulo 6

Como se Libertar dos Sentimentos

Quando você tiver dificuldade para se libertar, tendo ou não consciência do problema, isso estará acontecendo porque os seus sentimentos acerca do assunto são tão fortes que você não vê como poderia "deixá-los para trás". Basicamente, são as reações emocionais que bloqueiam a libertação. Por este motivo, uma importante tática de desbloqueamento consiste em buscar diretamente a fonte da dificuldade e libertar-se desse sentimento. Você aprenderá a fazer isso neste capítulo.

Inicialmente, o processo de Libertação dos sentimentos poderá lhe parecer surpreendente. Você será solicitado a deixar que o sentimento desagradável "permaneça ali", em vez de simplesmente afastá-lo. Isso pode parecer ilógico, a menos que você esteja consciente de uma coisa sobre a natureza das emoções que não é percebida pela maioria das pessoas.

A crença geral é de que a maneira adequada de lidar com sentimentos desagradáveis é suprimi-los. Infelizmente, porém, conforme um amigo meu costumava dizer, "ao enterrar um sentimento, você o enterra vivo". O sentimento sempre retorna de alguma outra forma para causar-lhe problemas. Ao suprimir um sentimento, você na verdade o está fortalecendo. Em conseqüência, ele se torna profundamente arraigado, difícil de lidar e dura mais tempo. O dilema é semelhante ao de um candidato a cargo político que é difamado pela oposição. Se o candidato entrar em conflito com os seus críticos, tentando suprimir suas críticas ou provar que eles estão errados, isso serve apenas para fortalecer a oposição. O mesmo acontece com os sentimentos.

A técnica da Libertação é eficaz para lidar com sentimentos difíceis porque ela não os suprime nem se opõe a eles. Em vez disso, ela lida com esses sentimentos de uma forma realista que reduz ou dissolve os bloqueios.

Como Aprendemos a Controlar Nossos Sentimentos

Quando crianças, todos experimentamos livremente os sentimentos, sem combatê-los ativamente. Quando nos sentimos angustiados, choramos abertamente. Quando ficamos irritados, nosso corpo se contrai de raiva. Quando estamos felizes, nos contorcemos de prazer. A partir dessa fase, porém, a maioria de nós começa a lutar sutilmente contra os próprios sentimentos.

Essa luta começa para nós no início da vida, quando descobrimos que não é aceitável expressar abertamente tudo o que sentimos.

Quando ficamos irritados com uma pessoa, por exemplo, não se supõe que iremos partir para cima dela desferindo socos e pontapés. Esse geralmente é um conselho sensato a não ser pelo fato de que — embora não por culpa dos nossos pais, que provavelmente também não tinham essa capacidade — não fomos ensinados a parar de agir de acordo com os nossos sentimentos (partir para cima da outra pessoa dando socos e pontapés) e, *simultaneamente*, continuar tendo os nossos sentimentos tal como fazíamos quando éramos crianças.

Isso, todavia, é possível. O método de Libertação nos oferece uma forma saudável de exercer controle sobre os nossos sentimentos — uma maneira que tem origem na aceitação e não na oposição.

Ao observar o que você faz atualmente quando tem um sentimento negativo forte — medo, raiva, tristeza, frustração ou o que seja — você provavelmente descobrirá que julga automaticamente esse sentimento e, então, toma uma decisão. Você pensa consigo mesmo, "Eu não deveria ter esse sentimento" ou "Está tudo bem ter este sentimento *porque ele é justificado*".

Embora não seja verdadeiro, você poderá pensar que, ao justificar um sentimento, você o estará aceitando. Sempre que tiver de justificar um sentimento, você pode ter certeza de que *não* o está aceitando.

Voltemos à criança. Quando ela grita de raiva, dá urros de prazer ou chora de fome, ela *aceita* totalmente o seu comportamento; ela não faz nenhum julgamento sobre aquilo que está fazendo. Ela sente o que sente e isso é tudo.

Imagine agora uma criança de três anos que fica zangada quando um companheiro de folguedos pega um de seus brinquedos. Ela foi ensinada a não agredir outras crianças quando elas fizerem isso e, dessa forma, à sua maneira de pré-escolar, ela agora julga a sua própria raiva. Ela talvez pense mais ou menos assim: "Estou com raiva... Não, mamãe não gostaria disso... Ainda estou com raiva!... Bem, não está errado ter raiva porque ele pegou o meu brinquedo e isto é *injusto!*"

Primeiro, essa criança (já um pouco crescida) luta contra os próprios sentimentos ("Mamãe não gostaria que eu me sentisse assim"). Então ela os justifica ("Não está errado ter raiva porque ele foi injusto"). Agora ela está livre para atacar o colega e talvez o faça com palavras, se já tiver aprendido a usá-las suficientemente bem. Ela poderá até mesmo retomar o seu brinquedo. Mas sua raiva não é tão simples e inocente quanto foi em seu tempo de bebê. Ela agora está contaminada por suas justificativas.

Quando temos de justificar um sentimento, ele não é mais um sentimento puro. Quando justificamos um sentimento, a inocência e a simplicidade se foram.

Sentimentos puros e que não precisam de justificativas podem ser considerados inocentes e administrados como tais — com honestidade, simplicidade e com respeito por sua verdadeira natureza. Sentimentos colocados na defensiva se manifestam como qualquer outra coisa que esteja sob ataque. Eles são teimosos, defensivos e podem recorrer à dissimulação. Se os combatemos com excessiva rudeza, eles podem tornar-se monstruosos. Na melhor das hipóteses, deixam de ser nossos amigos.

Para lidar com nossas emoções com facilidade e coragem precisamos aceitá-las *sem nos deixarmos levar por sua influência*. Então (e apenas então), poderemos deixar para trás esses sentimentos, permitindo que eles se afastem de nós ou que sejam transformados. Quando não é obstruído (mas, ao mesmo tempo, não dirige o nosso comportamento), um sentimento, assim como a água, rapidamente encontra o seu próprio nível. Ele rapidamente começa a mudar, tal como acontece com os reflexos na água — movendo-se, transformando-se e dissolvendo-se. Se deixarmos os nossos sentimentos em paz, sem nos opormos a eles *mas* sem nos guiarmos apressadamente por eles (isso é importante), esses sentimentos irão transformar-se de uma forma positiva e sem nenhum esforço da nossa parte.

Libertar-se dos Sentimentos

Uma tática muito eficiente de desbloqueamento, que pode ser usada quando estamos bloqueados e não conseguimos nos libertar, consiste em identificar o *sentimento* que temos acerca da situação e nos libertarmos primeiramente desse sentimento. Quando permitimos que os nossos sentimentos simplesmente "existam", eles trabalham para nós. Sentimentos amistosos não bloqueiam a Libertação e, ao contrário, impulsionam o processo para a frente.

Toda situação de bloqueio envolve pelo menos um sentimento "puro". Uma boa regra prática é a seguinte: Quando você se vir preso a uma situação, identifique o sentimento mais puro e mais intenso associado a ela. É a raiva? O desespero? A vergonha? A culpa? A tristeza? A frustração? O medo? Alguma outra coisa?

Quando tiver identificado esse sentimento, tente apresentá-lo a si mesmo da forma mais vigorosa possível, dando-lhe um nome que soe forte. Sentimentos puros são intensos; não podemos nos referir a eles de forma diplomática. A raiva é um sentimento puro mas, quando parcialmente encoberta, torna-se "irritação". Medo é um sentimento puro mas, parcialmente encoberto, transforma-se em "inquietação" — e assim por diante. Procure identificar o sentimento puro (se lhe for possível) e use a palavra *mais forte* que couber. Isso ajuda. Se isso não lhe parecer correto, porém, procure identificar o sentimento encoberto e diluído e liberte-se em relação a ele. Isso também irá funcionar. E se você não conseguir identificar nenhum sentimento específico (mas simplesmente souber que tem sentimentos intensos acerca de alguma coisa), abra mão de querer mudar "esse sentimento" sem chegar a dar-lhe um nome. Isso também funciona. Qualquer forma de libertação sempre é útil.

Quando você tiver identificado o sentimento que está lhe causando problemas (mesmo se ele não tiver nenhum nome), pense consigo mesmo ou diga em voz alta:

> "Será que eu poderia abrir mão da vontade de querer mudar (esse sentimento)... *sem me deixar guiar por ele* de forma alguma?..."

Ou, se você não quiser mudar o sentimento, pense consigo mesmo:

"Eu poderia abrir mão da vontade de querer *justificar* (esse sentimento) e simplesmente deixá-lo lá... *sem me deixar guiar por ele* de forma alguma?..."

Então, deixe que o sentimento exista dentro de você, intensamente e sem precisar ser justificado. Não pense nas razões pelas quais você tem esse sentimento; simplesmente sinta-o em todo o seu corpo, experimentando-o fisicamente. Deixe o sentimento simplesmente "ficar lá" por cerca de trinta segundos (ou por algum outro período de tempo que lhe pareça confortável). Se depois disso a natureza do sentimento não mudar ou se ele não se enfraquecer gradualmente, então você não terá se libertado dele. Nesse caso, livre-se da vontade de querer libertar-se e adote outra tática de desbloqueamento.

Vamos agora rever o que você acabou de fazer. Você *não* pediu a si mesmo que abrisse mão de seu sentimento ou que o sufocasse. Ao contrário, você pediu a si mesmo que abrisse mão de querer mudar esse sentimento ou de querer justificá-lo. Em certo sentido, então, você pediu a si mesmo que se apegasse a esse sentimento. Isso, obviamente, é o inverso daquilo que a maioria de nós comumente faz!

Isso significa que, se você estiver zangado e quiser libertar-se da sua raiva, você não deve tentar livrar-se desse sentimento e, ao mesmo tempo, não deve deixar-se guiar por ele. Você não enterra a raiva nem se esconde dela — mas você tampouco agride uma outra pessoa, grita com ela, chuta objetos ou arranca os próprios cabelos. Tudo o que você precisa fazer para se libertar da raiva é deixar que a raiva *fique ali, por inteiro*.

Ao libertar-se de uma emoção, não se deixe guiar pelos seus sentimentos. Em vez disso, comporte-se como o capitão de um veleiro que decide fazer meia-volta e navegar diretamente em direção ao vento. Se você voltar-se diretamente para um sentimento, caminhar em direção a ele e atravessá-lo de lado a lado, haverá uma libertação.

Para se libertar de um sentimento, localize algum acontecimento recente que o tenha feito sentir-se constrangido, identifique o sentimento envolvido e, então, tente *apegar-se* a esse sentimento pelo maior tempo possível... Conserve esse sentimento no centro da sua consciência, mas sem alimentá-lo com quaisquer pensamentos ou imagens que possam justificá-lo... Simplesmente apegue-se ao sentimento *físico* puro.

Se puder fazer isso, o sentimento irá mudar. Os sentimentos têm de ser alimentados para poderem continuar fortes e nós geralmente os alimentamos com pensamentos a respeito das razões pelas quais os temos (cenas que os explicam). Quando deixamos que um sentimento simplesmente exista, sem alimentá-lo, ele acaba por se extinguir gradualmente, como uma fogueira que não é alimentada.

Uma mulher, membro de um *workshop* sobre libertação, queria — mas não podia — libertar-se em relação ao comportamento do zelador de seu prédio. Fazia mais de uma semana que ele estava para ir consertar um vazamento no teto de sua cozinha, período em que foi obrigada a ficar pondo e tirando baldes debaixo das goteiras. O vazamento estava piorando, mas nem o zelador nem o senhorio tinham respondido às suas urgentes solicitações. Sua reação era de fúria impotente.

Sugeri que ela abrisse mão de querer mudar ou justificar seu sentimento de raiva e simplesmente a deixasse "existir" durante trinta segundos. No início ela ficou perplexa com a minha solicitação. Ela disse que passara a semana toda zangada com o zelador e que isto não tinha ajudado em nada. Expliquei-lhe que eu não estava pedindo que ela *ficasse zangada* com o zelador (isto é, deixar-se guiar pelo sentimento) mas simplesmente sentir a raiva propriamente dita, sem pensar em quaisquer razões para justificá-la. "Simplesmente sinta a raiva pura e intensa. Sinta-a fisicamente por todo o seu corpo."

Na verdade, ela estivera tão freneticamente ocupada tentando mudar o vazamento do teto, o zelador e o senhorio, que não havia tido tempo para sentir plenamente a sua raiva. Agora ela estava apta a esquecer essas pessoas e o comportamento que tiveram, esquecer também o vazamento no teto e, durante pelo menos meio minuto, permitir-se sentir a raiva em todo o seu corpo — sem precisar justificá-la ou explicá-la. Ela podia deixar que a raiva simplesmente existisse.

Ao fazer isso, os músculos de suas bochechas e em torno de sua boca relaxaram, e sua respiração tornou-se mais lenta e profunda. Ela relatou que sentiu a raiva "vacilar" e que não estava mais dominada por esse sentimento. Ela nem sequer tinha certeza de ainda estar com raiva. Era um alívio, contou ela, simplesmente poder sentir a raiva sem ter de explicá-la. A essa altura, ela chegou à conclusão de que poderia cuidar do que precisava ser feito acerca do vazamento no teto sem aborrecer-se.

Quando paramos de fazer imagens mentais da situação que nos perturba e aceitamos os nossos sentimentos em sua forma pura, vivemos a libertação.

Lembro-me de uma experiência que tive. Eu estava dirigindo um *workshop* previsto para durar o dia todo e que estava transcorrendo extremamente bem. Membros do grupo que nunca haviam se visto antes estavam trabalhando juntos como se fossem velhos amigos, e me vi relaxada e na minha melhor forma.

Então fizemos uma pausa de dez minutos durante a qual, como de costume, fui checar minha maquiagem diante do espelho. A luz do hotel onde eu havia passado a noite não era boa e, ao olhar-me no espelho, percebi que, sob aquela luz inadequada, eu havia passado ruge demais e tinha ficado excessivamente maquiada durante toda a manhã!

Como o meu estilo é o de um *look* natural, senti-me extremamente constrangida por ter conduzido a sessão da manhã com um visual totalmente diferente de mim mesma. "Poderia haver algo pior do que *eu* estar com a maquiagem excessivamente carregada?" Durante alguns momentos, meu embaraço foi tão doloroso que não fui capaz de imaginar-me encarando novamente o grupo. Então, enquanto removia o excesso de cor das minhas bochechas, ocorreu-me a idéia de me livrar desse constrangimento.

"Eu poderia abrir mão de querer mudar o constrangimento e simplesmente deixar que ele exista?" Tão logo pensei nisso, meu constrangimento tornou-se ainda mais forte e minhas bochechas começaram a queimar. Em seguida, o sentimento começou a mudar. Resolvi incorporar plenamente o constrangimento. Foi como ser levada por uma onda de oceano que se encapelava e depois refluía. Enquanto eu vivia essa experiência durante cerca de trinta segundos, senti um grande alívio fluindo através de mim. Eu pensei: "Que incrível! Posso me sentir assim, tão constrangida, e ainda sobreviver! O constrangimento não é tão difícil como eu pensava!"

Durante a hora seguinte, a sensação de constrangimento voltou a me assaltar diversas vezes, porém agora com menos intensidade. Minha mente simplesmente estava revivendo a situação de ter conduzido o grupo durante toda a manhã sem estar com o meu melhor visual. Foi mais ou menos como pressionar um dente dolorido para verificar se ele ainda doía. Cada vez que eu me lembrava da cena eu me libertava uma vez mais de querer mudar o constrangimento. À medida que, repetidamente, eu deixava o sentimento permanecer lá, ele tornou-se progressivamente mais fraco. Por fim, o constrangimento desapareceu por completo. A essa altura, mesmo quando eu representava intencionalmente a cena em minha mente, eu não conseguia recuperar o sentimento.

Foi então que percebi o aspecto mais importante dessa libertação. Percebi que eu nunca mais iria ter medo do constrangimento da mesma forma como havia feito. Eu iria dar o melhor de mim para evitá-lo no futuro — quem não faria o mesmo? — mas a essa altura, eu sabia que, sempre que me encontrasse novamente numa situação constrangedora, iria me libertar e o embaraço seria suportável. Eu havia conquistado uma liberdade permanente.

Desde essa época, sempre que me vi ameaçada pela sensação de constrangimento, tenho automaticamente me libertado da situação. Isso ocorre instantaneamente quando penso: "É só constrangimento! Posso suportar *isso*. Lembra-se da ocasião em que você passou ruge demais?"

Como Abrir Mão dos Sentimentos

Existe outra maneira de nos libertarmos das emoções, a qual consiste em abrirmos mão *diretamente* do sentimento que está nos incomodando. Embora eu, pessoalmente, não ache que os efeitos desse método sejam tão profundos quanto os da libertação obtida quando deixamos que o sentimento permaneça "inalterado e injustificado", algumas pessoas acham que libertar-se diretamente dos sentimentos funciona ainda melhor para elas do que a primeira abordagem. Você irá decidir por si mesmo e, portanto, deve experimentar ambas as maneiras. Eis aqui como abrir mão diretamente de um sentimento:

Quando você estiver incomodado por um sentimento desagradável, pense consigo mesmo ou diga em voz alta:

"Eu poderia deixar que ele (o sentimento) se vá?"

Então, simplesmente, "abra mão do sentimento". Não se obrigue a fazê-lo; apenas deixe que ele se vá. Para ilustrar o que eu quero dizer, tente a seguinte experiência.

Pegue um lápis, segure-o diante de você e diga em voz alta, com determinação na voz:

"Vou *tentar* me livrar deste lápis!"

Depois, tente livrar-se dele!

Você está confuso? Você realmente sabe como "se livrar" de um lápis? Você esconde o lápis? Passa-o para uma outra pessoa? Quebra-o em pedaços? Joga-o numa cesta de lixo? Enterra-o no chão? Ou usa algum outro meio para livrar-se dele? Tudo o que realmente sabe é que, como você está "tentando" livrar-se dele, você tem de fazer um esforço. Caso contrário, você ficaria confuso.

Agora, faça uma outra experiência.

Pegue o mesmo lápis novamente, segure-o diante de você e diga em voz alta, de uma forma tranqüila e natural:

"Vou soltar este lápis."

Então, simplesmente, solte-o. O lápis irá cair, graças à força da gravidade.

Para libertar-se diretamente de um sentimento, você simplesmente "deixa que ele se vá", com a mesma leveza e facilidade com que abriria os dedos e deixaria um lápis cair ao chão. Somente quando você tenta livrar-se de um sentimento é que você fica preso a ele. Assim como a água transforma-se em gelo, os sentimentos que tentamos manipular se congelam de forma permanente. Quando ajudamos os nossos sentimentos (ou simplesmente deixamos que eles vão, sem estardalhaço), permitimos que eles voltem a fluir.

Você terá uma oportunidade de verificar o modo como esse método funciona para algumas pessoas cujas experiências são relatadas mais adiante. Por enquanto, o importante é você se lembrar de que existem duas maneiras de libertar-se dos sentimentos. Uma é parar de tentar mudá-los ou justificá-los e simplesmente deixar que eles "existam". A outra é deixar diretamente que eles se afastem de você e vão embora.

Por mais surpreendente que isso possa parecer, podemos deixar que qualquer sentimento se vá com a mesma facilidade com que podemos abrir mão de "querermos mudar" alguma coisa.

O Efeito das Camadas

Um aspecto interessante da libertação em relação aos sentimentos é a descoberta de que, por trás de algum deles, pode estar oculto outro sentimento e, por trás deste, mais outro. Às vezes, temos de nos libertar de toda uma série de emoções antes de conseguir uma libertação plena. Imagine o seguinte:

Um cachorro extraviado está de costas para uma cerca, enfrentando um grupo de crianças e rosnando. As crianças estão tentando prender o cachorro para cuidar dele, mas o animal não sabe disso. Ele só conheceu crueldade nas ruas, e para ele as crianças são inimigos. O cachorro arreganha os dentes, eriça ameaçadoramente os pêlos do dorso e abaixa a cabeça para atacar.

Então, uma das crianças pede que as outras se afastem. Ela corta um pedaço do sanduíche que está carregando e o atira para o cachorro, falando-lhe com voz suave: "Bom menino....Cachorro bonzinho." O cachorro salta freneticamente sobre o alimento, engolindo-o de uma bocada. Então o garoto atira mais um naco de sanduíche, continuando a falar docemente com o cachorro e segue fazendo isto até o cachorro devorar todo o sanduíche.

Agora o animal encolhe-se de medo contra a cerca. Ele não está mais rosnando. Sua ferocidade desapareceu. Agora ele está tremendo, cada centímetro de seu corpo emagrecido treme como se ele estivesse tendo um calafrio. O cachorro está apavorado. Seu medo era a principal causa de sua ferocidade mas, antes de o garoto alimentá-lo, a ferocidade ocupava o centro do palco. Agora que este sentimento havia-se dissipado, o medo subjacente aflorara.

O garoto fica junto do cachorro, falando calmamente com ele por um longo tempo até que, por fim, o cachorro olha para cima e seus olhos encontram os do garoto. Esse é um sinal para o garoto de que ele pode dar um passo à frente e, com suavidade, passar uma corda em torno do pescoço do animal. Ele faz isso e leva o cachorro para casa. Chegando lá, o garoto arranja um lugar para o cachorro dormir. O cachorro está cansado e deita-se com uma profunda tristeza nos olhos. O seu medo tinha escondido a tristeza e a solidão de seu sofrimento nas ruas. Agora que o medo fora silenciado, a tristeza vem à superfície.

À medida que o cachorro vai se acostumando com o seu novo lar e aprende a confiar no garoto, a tristeza também desaparece. Agora a expressão do cachorro passará a ser de amor. A situação terá sido transformada.

Os sentimentos ocorrem em camadas. Quando nos libertamos de um sentimento, o outro sentimento que estava sob ele vem à superfície. Isso nos proporciona uma oportunidade de nos libertarmos desse outro sentimento, o que nos traz um alívio ainda maior. Muitos de nós temos sentimentos ternos e cordiais que estão enterrados sob sentimentos negativos. Quando os sentimentos negativos saem de cena, estamos livres para sermos mais carinhosos em relação aos outros e a nós mesmos.

Como Reconhecer os Seus Sentimentos

Reconhecer os próprios sentimentos numa situação problemática é a chave da libertação bem-sucedida. A maioria das pessoas não presta muita atenção aos próprios sentimentos, exceto quando isso é inevitável. A razão é simples. Elas pensam que não há nada a ganhar concentrando-se em seus sentimentos, e que prestar atenção a esses sentimentos é um exercício fútil. Quando aprendemos a nos libertar, a situação é diferente. Agora temos um meio de nos livrarmos dos efeitos perniciosos desses sentimentos. Isso nos proporciona uma boa razão para prestarmos atenção a eles. Agora, fazer isso torna-se uma *vantagem* para nós.

É útil identificar os sentimentos que você tem acerca de qualquer problema com o qual você venha a se defrontar. Se um sentimento estiver obstruindo o seu caminho e dificultando a sua libertação, encare-o diretamente e liberte-se dele em *primeiro lugar*. Posteriormente, você poderá libertar-se de outros aspectos da situação — se você ainda precisar fazê-lo.

A questão da libertação dos sentimentos, todavia, às vezes nos leva a compreender equivocadamente o significado da Libertação. As pessoas muitas vezes me perguntam se, ao se libertarem de sua raiva, isso não faria com que elas se tornassem tolas — "ternas e compreensivas" o tempo todo. A resposta a isto, obviamente, é não. A libertação de sua raiva não fará com que você perca a capacidade de zangar-se (o que é uma coisa boa, pois a raiva pode ser essencial para a sua sobrevivência em determinadas situações). O que a libertação irá lhe proporcionar é a oportunidade de, numa dada situação, decidir se você *quer* ou não ficar zangado.

A filha de 15 meses de Greg estava apresentando sinais de falta de ar e uma febre de quase 40 graus, que aumentava de minuto para minuto, quando ele e sua esposa entraram correndo com a menina na sala de emergência de um hospital. Lá, eles encontraram um funcionário que lhes apresentou formulários elaborados e a recomendação de "serem pacientes" e esperar por um médico. Conforme eles vieram a descobrir, isso podia significar uma espera de mais de uma hora; todos os médicos estavam "muito ocupados". Como o bebê então se esforçasse para poder respirar e estivesse extremamente pálido, Greg optou por não reprimir sua raiva crescente. Com a voz trovejante do pai cuja filha corre risco de vida, ele gritou com o funcionário para que ele saísse da frente. Com sua filhinha nos braços, ele abriu caminho através de várias portas que estavam fechadas, entrou num consultório e, quando viu o primeiro médico, exigiu que este examinasse sua filha. Quando o médico fez isso, descobriu que era necessário ministrar um tratamento de emergência. A garotinha talvez não estivesse viva se Greg não tivesse dado vazão à sua raiva.

O ponto a ser destacado aqui é que a expressão da raiva pode ser o melhor comportamento possível em algumas situações. Embora Greg ainda não tivesse aprendido a libertar-se quando este incidente ocorreu (ele o fez posteriormente), talvez ele não quisesse libertar-se de sua raiva em tais circunstâncias. Por outro lado, ele poderia ter optado por libertar-se do *sentimento* de raiva e, mesmo assim, ter de fato *agido* como uma pessoa furiosa. Muitas vezes, essa é uma manobra extremamente eficaz.

Ele também poderia ter resolvido libertar-se de sua ansiedade. Caso tivesse agido assim, a sua angústia provavelmente não teria persistido na forma de tensão corporal muito tempo após sua filhinha já estar fora de perigo. Após libertar-se, sua maneira de expressar a raiva não lhe teria exigido tanto desgaste físico.

O principal ponto a ser lembrado acerca da libertação é que ela lhe permite optar por sentir-se indignado em vez de manifestar uma resposta reflexa — a raiva. Isso faz com que *você* esteja no assento do motorista. Mesmo libertando-se da raiva, você ainda poderá assumir uma postura de quem está se sentindo zangado. Esta pode ser uma maneira importante de atrair a atenção. É, de fato, uma estratégia de advogados experientes, que usam a raiva no tribunal com devastadora eficácia mas que não são consumidos pela emoção. A raiva opcional pode até mesmo ser o tipo mais eficaz de raiva porque ela permite que você saiba o que deve ser feito a seguir. Depois de tomar de assalto os baluartes, você ainda terá a cabeça suficientemente lúcida para organizar sua atuação, dar o próximo passo e conseguir o que deseja.

A libertação, portanto, proporciona a você a oportunidade de respeitar as suas emoções. Se você resolver não se libertar em determinadas circunstâncias, não haverá nenhum problema e você ainda sentirá o senso de controle decorrente de ter o poder de definir o rumo de seus atos.

Assim como no caso da raiva, a libertação da ansiedade não leva à inação. Se for preciso agir, isso poderá ser feito de forma mais eficaz depois de você se libertar da ansiedade envolvida na situação. Num *workshop* sobre a Libertação, um dos participantes libertou-se da preocupação de que sua mulher talvez nunca pudesse encontrar a nova casa para onde ela queria se mudar, embora a casa onde moravam naquela época já estivesse vendida e a família tivesse de se mudar num prazo de semanas. Ele então conseguiu ajudá-la mais eficazmente a encontrar uma nova casa que estivesse de acordo com os padrões que eles buscavam. E agora ele conseguia fazer isso sem ter de suportar a garganta seca e as contrações estomacais. Ele foi eficiente sem pagar o preço físico que lhe seria imposto pela ansiedade.

Como a identificação dos sentimentos é crucial para o processo de libertação, apresentamos a seguinte regra prática:

Quando estiver em dúvida a respeito de como se libertar em determinada situação, primeiro identifique quais são os seus *sentimentos* acerca dessa situação. Liberte-se deles e o resto será feito com facilidade.

Um dos benefícios de nos libertarmos em relação aos sentimentos é que a nossa mente parece abrir-se, de modo que passamos a enxergar com mais clareza os fatos pertinentes e podemos tomar as decisões adequadas. Chamo este processo de *abrir o monitor*. Analisaremos isso no próximo capítulo.

Capítulo 7

Abertura do Monitor

O "monitor" é um termo usado na técnica da Libertação para descrever a parte da nossa mente que analisa e avalia as informações que chegam até nós, selecionando uma resposta apropriada a partir das diversas opções armazenadas na nossa memória. O nosso monitor pode ser comparado ao facho de um farol que varre continuamente a terra e o mar. Quanto mais informações sua luz captar, mais valioso ele será para o seu proprietário.

Infelizmente, porém, quando sentimos fortes sentimentos negativos, tais como raiva, medo, pesar ou coisa parecida, o nosso monitor se fecha. Nessas ocasiões, é como se o faroleiro tivesse reajustado o facho de modo que, em vez de varrer um arco de 180 graus ou mais, cobrindo o mar e a terra em todas as direções, ele agora varre um arco estreito de 10 a 15 graus. O facho do farol agora ilumina apenas a pequena porção da paisagem onde uma "emergência" parece estar acontecendo.

Este fechamento do monitor sob emoções fortes faz com que vejamos as coisas como se estivéssemos num túnel ou usando antolhos. Não vemos mais do que uma pequena porção do que existe no mundo "lá fora" ou "aqui dentro" da nossa mente. Não só deixamos de enxergar a floresta por causa das árvores como ainda temos sorte se conseguimos ver uma árvore ou parte dela! Enquanto isso, a floresta pode estar sendo destruída por um incêndio e nós nem sequer temos consciência disso. Limitar a percepção a um foco tão estreito pode ser algo perigoso e diminuir muito a nossa eficácia.

O modo como o monitor se fecha quando estamos dominados por uma emoção forte é exemplificado pela seguinte história. Os detalhes não devem ser levados a sério (eles não são verdadeiros) mas a história serve para chamar a atenção para um ponto importante.

Suponha que uma mulher chamada Beth esteja dirigindo seu carro e indo para uma convenção onde ela deverá falar perante um grupo de colegas de trabalho às 14h00. Agora são 13h00. Enquanto dirige por uma estrada rural desconhecida, um dos pneus fura. Ela encosta para trocar o pneu mas, ao abrir o porta-malas, descobre que o macaco do carro não está lá. Por causa disso, ela precisa conseguir ajuda e tem de fazer isso dentro dos próximos minutos, se quiser chegar a tempo para fazer o seu discurso.

Beth sobe ansiosamente a estrada e vê uma casa com uma porta comum (Figura 1). Aliviada, ela apressa o passo e toca a campainha. Ninguém atende. Toca de

Figura 1: As porções escuras do círculo acima representam o monitor fechado. Figuras subseqüentes, nas próximas páginas, mostram a abertura do monitor através da Libertação.

novo. Ainda não há nenhuma resposta. Ela bate na porta, tomada por um pânico cada vez maior. Essa porta tornou-se agora para ela o centro de seu universo. Ela sente que precisa passar pela porta e entrar na casa a todo custo para pedir ajuda ou telefonar para seus colegas na convenção.

Agora, vamos supor que Beth aprendeu a técnica da Libertação e que, nesse momento, resolva libertar-se quanto a querer mudar a situação. Ao fazê-lo, o monitor se abre. Agora ela pode ver um cenário mais amplo (Figura 2, na página 69). O facho de luz está varrendo um arco maior.

No início, com sua grande necessidade de chegar até a porta, ela não notou o caminho que levava até algum outro lugar — a uma outra parte da casa, talvez? Nesse momento, vamos supor que ela se liberte uma vez mais. Ao fazer isso, seu monitor finalmente se abre por completo e ela agora se vê divisando um panorama mais amplo (Figura 3, na página 69).

Agora, ela enxerga muitas opções. Há uma outra porta em outra parte da casa. Ela poderia ir até lá e fazer uma tentativa. Ela vê pessoas na área em torno da casa, cuidando do jardim, e um homem praticando *jogging* na calçada. Ela poderia pedir ajuda a qualquer dessas pessoas e, provavelmente, elas a deixariam entrar na casa.

Se ela não puder entrar nessa casa, nem tudo estará perdido. Subindo a estrada há uma outra casa ali perto. Também nessa estrada existem pessoas, e qualquer uma delas poderá lhe oferecer ajuda ou informações, e na casa do alto da estrada provavelmente há um telefone.

As capacidades mentais de Beth foram despertadas quando o seu monitor foi reativado. A situação agora parece que pode ser resolvida. Sua percepção retornou ao presente e ela sente-se como se tivesse controle sobre o resultado do incidente.

Figura 2.

Figura 3.

Ela resolve prontamente o problema, chega na convenção a tempo e caminha calmamente em direção ao pódio.

Ao nos libertarmos, passamos a perceber que temos escolhas.

Gatilhos Negativos

Existem muitas razões pelas quais o monitor se fecha. Certas situações irão desencadear emoções fortes, que fazem o monitor fechar-se quase que para todas as pessoas. Cada pessoa também reage a situações especiais que fecham o monitor para elas, mas não necessariamente para os outros. É útil saber a respeito de ambos os tipos de gatilho, tantos os universais como os pessoais. Isso nos ajuda a identificar oportunidades de libertação que, de outra forma, poderíamos deixar de perceber.

Qualquer situação onde haja risco de vida pode desencadear o fechamento do monitor. O pânico é capaz de fechar o monitor a tal ponto que a percepção e o julgamento ficam severamente distorcidos. Um amigo meu relata uma experiência que ele teve num teatro alguns anos atrás. Ele estava sentado na segunda fila junto com uma amiga quando começou um incêndio nos bastidores e, abruptamente, foi solicitado ao público que se retirasse. Olhando em torno, ele rapidamente avistou uma saída lateral que estava próxima e começou a levar a amiga em direção à porta. Para sua surpresa, porém, ela afastou-se e começou a tentar abrir caminho rumo ao corredor central. A porta da frente do teatro estava a pelo menos trinta metros de distância, e o corredor central já estava congestionado. Ele pegou-a pelo braço e disse-lhe que poderiam sair pela porta lateral, mas ela agia como se estivesse totalmente surda às suas palavras. O monitor dela estava tão fechado que tudo o que ela podia ver era o corredor central que dava para a porta da frente. Ela lutou para libertar-se e atirou-se em meio à massa de corpos que se debatiam. Ele saiu pela porta lateral e esperou por ela em frente ao teatro durante vinte minutos até que ela finalmente apareceu, trêmula, enquanto a multidão desesperada lutava para passar através de um único conjunto de portas.

São comuns as histórias em que o pânico provoca o fechamento do monitor. Um outro amigo meu lembra-se de estar em um auditório construído recentemente quando os alicerces do edifício começaram a ceder sob o peso da multidão. O piso estava se inclinando para um lado, como um navio que estivesse afundando, mas a administração assegurou ao público que tudo estaria bem se eles saíssem calma e ordenadamente.

Então, alguém gritou: "É um terremoto!" O pânico irrompeu e havia o perigo de que a multidão, movimentando-se em massa, pudesse abalar o edifício, enfraquecendo ainda mais os alicerces. As advertências da administração do prédio foram abafadas pelos crescentes gritos de alarme.

Nesse momento, um homem que estava no auditório subiu ao palco e, com uma ressonante voz de tenor, começou a cantar, alto e claro, o hino nacional. Isso desfez o feitiço e o pânico diminuiu. Meu amigo lembra-se de que podia sentir o clima de pânico deixar o edifício, como uma onda que se quebrasse e fluísse portas afora. A sábia e inesperada atitude do homem tinha aberto o monitor coletivo da multidão. Os espectadores passaram rapidamente a sair de forma ordenada e foi possível evacuar o edifício com segurança.

Existem muitas situações comuns que podem fechar o monitor. Eis algumas das mais freqüentes:

Doença Física

Acidente

Dor

Ataque Perigoso

Ameaça à Segurança

Inanição

Sede Intensa

Ação de Substâncias Psicotrópicas (Álcool, Drogas, etc.)

Fadiga; Falta de Sono

Essas situações fecham o monitor por causa das fortes emoções envolvidas. Qualquer emoção forte pode produzir esse efeito. Terror, desgosto, raiva, grande vergonha ou qualquer outro sentimento forte diminuem radicalmente a nossa eficiência.

Nas condições acima, a libertação pode ser particularmente valiosa.

Além dessas situações universais, também são freqüentes as situações individuais que desencadeiam um fechamento. Algumas pessoas se sentem tão angustiadas em certas situações sociais que o monitor se fecha rapidamente e elas deixam de notar qualquer coisa exceto o modo como acham que as pessoas estão reagindo a elas — e, muitas vezes, não conseguem avaliar corretamente nem mesmo isso.

Outras pessoas descobrem que o monitor se fecha sempre que elas se sentem culpadas, mesmo se a culpa estiver relacionada a uma questão trivial. Por exemplo: um estudante universitário que tinha se esquecido de telefonar para sua mãe na noite anterior para tratar de um assunto sem importância sentiu-se tão culpado com isso (em virtude do tipo de relacionamento existente entre ele e a mãe) que não conseguiu concentrar-se em responder as questões de um exame que teve de fazer pela manhã. Em conseqüência, ele quase foi reprovado no exame, embora tivesse estudado bastante e dominasse bem o assunto. Sua culpa havia fechado o seu monitor. Da mesma forma, acusações injustas podem fechar o monitor de algumas pessoas a tal ponto que elas ficam deprimidas ou se entregam com raiva à idéia de vingança.

Outros, ainda, descobrem que seus monitores se fecham regularmente quando têm de executar uma tarefa dentro do prazo, falar em público, enfrentar uma entrevista para um novo emprego, lidar com parentes por afinidade, lidar com a desobediência de crianças, ficar só ou em inúmeras outras situações. Cada um de nós pode ter gatilhos pessoais que fecham o nosso monitor a tal ponto que mal podemos trabalhar, embora em circunstâncias normais possamos trabalhar extremamente bem.

Quais São os Seus Gatilhos?

A esta altura, pode ser útil fazer uma lista de seus gatilhos pessoais, daquelas situações em que você não age na sua melhor forma ou que lhe causam tanto incômodo que a sua eficiência fica severamente prejudicada. Depois que você as tiver conhecido, quaisquer dessas situações negativas podem tornar-se um sinal positivo para você dar início à libertação.

É uma boa idéia avaliar cada um dos seus gatilhos pessoais de acordo com o grau em que eles provocam o fechamento do seu monitor. Suponha, por exemplo, que um de seus gatilhos pessoais seja qualquer situação em que alguém esteja criticando um trabalho feito por você; quando isso acontecer, a sua atenção será afastada durante algum tempo das coisas mais construtivas, mas a situação não o deixará paralisado e você conseguirá se recuperar dela antes de o dia terminar. Nesse caso, você poderia estimar que a situação fecha o seu monitor em cerca de 30%. Se um outro gatilho o perturba tanto a ponto de estragar todo o seu dia seguinte e fazer com que se torne difícil para você concentrar-se nos problemas que tem à mão, então você poderia atribuir a este gatilho uma "taxa de fechamento" de 50%. Um gatilho realmente paralisante, como uma situação de emergência, pode receber uma avaliação de 90 a 100%.

Ao avaliar uma taxa de fechamento, você não deve pensar muito nela. Simplesmente tome nota da primeira porcentagem que lhe vier à mente. Sua intuição irá ajudá-lo a fazer uma estimativa precisa.

Suas taxas de fechamento do monitor podem ser usadas para dar-lhe uma idéia da quantidade de libertação necessária para abrir o monitor numa situação específica. As situações que têm uma taxa de fechamento mais baixa podem responder prontamente à libertação dirigida diretamente para a situação. ("Eu poderia deixar de querer mudar o fato de que _____?") As situações com as taxas mais altas (80-100% de fechamento) em geral irão requerer que você se liberte primeiramente dos sentimentos envolvidos. ("Eu poderia deixar de querer mudar (ou justificar) esse sentimento — e simplesmente deixá-lo existir por cerca de trinta segundos?")

Em geral, quanto mais fechado o seu monitor, mais forte será a sua emoção e, portanto, mais importante se torna libertar-se primeiramente da emoção propriamente dita, antes de voltar-se para a situação e trabalhar diretamente nela. Reserve algum tempo para fazer a sua lista de gatilhos pessoais. Ela pode lhe ser extremamente valiosa quando o seu monitor se fechar. O fechamento do monitor pode bloquear a idéia da libertação, juntamente com todas as outras opções. Você vai querer lembrar-se de aplicar a técnica da Libertação quando isto for necessário. A elaboração antecipada dessa lista poderá ajudá-lo a lembrar-se.

A Libertação é indicada sempre que o monitor tiver se fechado!

Fazendo uma Pausa

Outro fator fundamental sempre que o monitor se fecha é o tempo. Quando você faz uma pausa, você consegue libertar-se.

Um executivo bem-sucedido que conheço tem usado durante anos essa estratégia de "fazer uma pausa". Sempre que se vê diante de uma situação desafiadora, ele se retira para o banheiro dos homens. Ao voltar, suas reações emocionais estão completamente sob controle e seu julgamento empresarial é soberbo.

Essa história destaca um importante aspecto da libertação sob pressão. Algumas pessoas acham fácil se libertar em meio a uma situação altamente emotiva, ao passo que outras não conseguem fazê-lo. Para aquelas que não conseguem libertar-se prontamente quando se encontram sob pressão, é essencial fazer uma pausa o mais rápido possível. Quando confrontadas com um desafio perturbador, elas precisam fazer uma pausa sob qualquer pretexto, usar esse tempo para se libertar e, então, voltar a enfrentar a situação com o monitor aberto.

Agora chegamos a um grande atalho no caminho que leva à libertação — o modo como podemos nos libertar de querer aprovação ou controle. Essas questões serão abordadas a seguir.

Capítulo 8

Você Quer Aprovação ou Controle?

Até o momento, você aprendeu a usar as táticas de abertura nas situações difíceis. Agora, vamos aprender um caminho mais curto para fazer a mesma coisa. Determinados sentimentos ocorrem com tanta freqüência que podemos poupar um tempo precioso libertando-nos em relação às categorias gerais que eles representam.

Como se Libertar Quanto a Querer Ficar no Controle

A frase de abertura que você vem usando para se libertar tem sido:

"Eu poderia abrir mão de querer mudar......?"

Quando você quer mudar alguém (ou alguma coisa), você está, obviamente, tentando controlar essa pessoa ou coisa. Infelizmente, muitas vezes sentimos a necessidade de controlar toda e qualquer coisa que esteja ao nosso redor. Quando não conseguimos fazê-lo — e isso acontece com freqüência — podemos nos tornar muito infelizes.

Todavia, estar no controle da situação é certamente útil. A engenhosidade humana nasce da necessidade de controlar, e um desejo saudável de controlar constitui a base de todo aprendizado. Quando falo em abrir mão de querer controlar, portanto, quero dizer abrir mão da necessidade de controlar excessivamente — o desejo de manipular as facetas da vida que ou não podem ser manipuladas ou podem sê-lo apenas a um pesado custo para nós mesmos.

Muitas coisas estão parcial ou completamente fora do nosso controle. Estas podem variar desde questões abstratas, como poluição do ar, a nossa própria mortalidade e a situação político-econômica, até inconvenientes de menor importância, como um aparelho que não funciona, uma pessoa que fala conosco com uma voz que denota irritabilidade ou não estarmos conseguindo encontrar alguma coisa. Se tomássemos nota de todas as coisas que, num dia típico, não transcorreram do modo como gostaríamos, todos nós nos veríamos com uma longa lista nas mãos.

Como não podemos fazer com que todas as coisas sejam como gostaríamos que fossem, precisamos aprender a abrir mão de nosso excessivo envolvimento com situações que não podem ser mudadas e, em vez disso, nos concentrarmos nas que podem ser modificadas pelos nossos atos.

A filosofia subjacente a isto é semelhante àquela das organizações de ajuda mútua, como a Associação dos Alcoólicos Anônimos, as quais ensinam os seus membros a deixarem de querer que a vida lhes proporcione coisas impossíveis e que dirijam suas energias para a realização do possível. Os membros da AAA sintetizam esta filosofia em sua Oração da Serenidade, que diz o seguinte:

Senhor,
Dai-me serenidade para aceitar as coisas que não posso mudar;
Coragem para mudar as coisas que podem e devem ser mudadas;
E sabedoria para distinguir uma da outra.

Esses versos refletem a experiência de inúmeras pessoas que têm lutado para encontrar maneiras construtivas de lidar com os aspectos incontroláveis da vida. A libertação é um instrumento que serve para colocar em prática essas filosofias de aceitação, ajudando as pessoas a renunciarem à tendência para exercer um controle excessivo sobre os acontecimentos.

Para libertar-se de querer "controlar", primeiramente considere a situação e descubra se você quer modificá-la de alguma maneira.

Se for este o caso, você está querendo controlá-la e pode simplesmente substituir a frase "querer mudar" pela frase "querer controlar". Então, pense consigo mesmo e diga em voz alta:

"Eu poderia abrir mão da vontade de querer controlar (esta situação)?"

Ou, simplesmente:

"Eu poderia abrir mão da vontade de querer controlar as coisas (de modo geral)?"

O modo como você expressa a questão será determinado pelos seus objetivos. Mencionar uma situação específica ("Eu poderia abrir mão de querer controlar esta situação?") é útil quando você estiver insistindo em um ponto específico. Libertar-se de querer controlar de modo geral ("Eu poderia abrir mão de querer controlar?") afeta a sua necessidade básica de ter o controle.

Você também poderia usar uma parte do tempo para voltar à sua frase original: "Eu poderia abrir mão de querer mudar isto?" Algumas pessoas (inclusive eu mesma) usam essa frase de mudança mais do que qualquer outra para efetuar a Libertação. Outras preferem a frase de "controle" para quase todas as situações. Muitas pessoas oscilam entre ambas. Essas frases dizem a mesma coisa de diferentes maneiras. Ambas são eficazes. Uma poderá ser mais adequada do que a outra para um caso específico, sendo útil dispor de ambas as alternativas.

O Desejo de Aprovação

Não existe necessidade humana que cause mais sofrimento mental do que a necessidade de aprovação. Embora receber aprovação possa nos trazer muito prazer e uma sensação de proximidade e simpatia, quando buscamos a aprovação de pessoas cuja aprovação não está disponível ou é inadequada, ou quando buscamos situações nas quais é impossível saber se estamos realmente recebendo aprovação, esta necessidade pode ser causa de grande angústia.

Nosso desejo de receber aprovação tampouco se limita a buscá-la junto às outras pessoas. Embora talvez não tenhamos consciência disso, estamos constantemente buscando a aprovação de nós mesmos. Existem maneiras especiais de lidar com essa necessidade de recebermos a aprovação de nós mesmos e de nos libertarmos disso. Dentro de pouco tempo, estaremos trabalhando nesta questão. Enquanto isso, vamos primeiramente lidar com o desejo de receber a aprovação dos outros.

À medida que passamos da total dependência das outras pessoas, na infância, para a relativa independência e autoconfiança, em geral nos mantemos em um equilíbrio entre buscar a aprovação dos outros e podermos dar aprovação a nós mesmos. Existem ocasiões, todavia, em que, por mais independentes que sejamos, nós nos vemos presos a uma frenética necessidade de receber aprovação externa. Nessas ocasiões, podemos ficar presos à necessidade de obtermos aprovação externa e nos sentirmos ansiosos, enraivecidos ou mesmo desesperados se a aprovação da outra pessoa (ou pessoas) não puder ser obtida. Nesses momentos, libertarmo-nos da aprovação talvez seja a mais valiosa estratégia de desbloqueio a que podemos recorrer.

Para fazer isso, pense consigo mesmo ou diga em voz alta:

"Posso abrir mão da vontade de querer a aprovação (dessa pessoa)?"

Ou:

"Posso aceitar a perda de 1% da sua aprovação?"

Em seguida, abra mão de *querer* ou aceite esta pequena perda de aprovação, da mesma forma como você abriu mão em outras situações de libertação.

Como a necessidade de aprovação pode ser excepcionalmente forte, você às vezes poderá sentir que "não pode sobreviver" sem a aprovação de determinada pessoa ou que seria "impensável" não poder contar com essa aprovação. Nesses casos, talvez seja útil expressar a questão da Libertação de uma forma um pouco diferente. Para algumas pessoas, a seguinte formulação pode ser muito eficaz:

Pense consigo mesmo ou diga em voz alta:

"Eu poderia abrir mão da vontade de querer *controlar* a aprovação (dessa pessoa)?"

Dessa forma, você não está pedindo a si mesmo que abra mão de querer a aprovação em si. Você está simplesmente pedindo a si mesmo que abra mão de querer controlar o momento ou o modo como a aprovação é expressa. Basicamente, o desejo de controlar a aprovação é, de uma forma ou de outra, a raiz do problema. Temos a tendência para querer conduzir o espetáculo e decidir como a aprovação virá até nós; queremos mover as peças do tabuleiro de xadrez de uma forma que irá nos satisfazer. Infelizmente, é impossível controlar como, onde e por que os outros irão nos conceder a sua aprovação. Quando abrimos mão de querer controlar sua aprovação, sentimos alívio.

Outra estratégia útil é pensar consigo mesmo ou dizer em voz alta:

"Eu poderia abrir mão do sentimento de querer a aprovação (dessa pessoa)... Apenas do *sentimento*?"

Afinal de contas, um sentimento é apenas um sentimento; você sempre pode abrir mão dele.

Também pode ser útil anotar em um pedaço de papel a sua intenção de receber aprovação. Em seguida, segure o papel diante de você enquanto efetua a libertação. Dessa maneira, você está lembrando a si mesmo de que não lhe está sendo pedido que abandone a sua *intenção* de receber aprovação, mas apenas o *sentimento* de querer aprovação.

Querendo a Sua Própria Aprovação

Embora a nossa própria aprovação seja essencial para uma vida feliz e significativa, quando estamos aprovando a nós mesmos raramente temos consciência de que isso está acontecendo. Nessas ocasiões, o nosso senso de auto-aprovação simplesmente está no fundo de nossa mente, como um sólido esteio. É quando não temos a nossa própria aprovação que tomamos consciência do problema da aprovação. Nesse ponto, podemos tentar desesperadamente conquistar a nossa própria aprovação.

A técnica da Libertação pode ajudá-lo ao reduzir esse desejo tão forte. Quando nos libertamos de querer a nossa própria aprovação, permitimos que ela retorne para nós naturalmente. Sentimo-nos à vontade com quem realmente somos.

Se você se sentir mal em relação a alguma coisa, é útil perguntar a si mesmo se a questão em pauta envolve a busca da sua própria aprovação. Isso freqüentemente acontece. Para libertar-se da sua própria aprovação, pense consigo mesmo ou diga em voz alta:

"Eu poderia abrir mão da vontade de querer a minha própria aprovação?"

Ou:

"Eu poderia abrir mão da vontade de querer *controlar* a minha própria aprovação?"

Ou:

"Eu poderia aceitar a perda de 1% da minha própria aprovação?"

A segunda questão ("Eu poderia abrir mão de querer controlar a minha própria aprovação?") pede apenas que você abra mão de querer ter o controle para decidir se você vai aprovar a si mesmo *agora*, ou nos próximos minutos, na próxima hora, no dia seguinte ou, simplesmente, como você vai aprovar a si mesmo e quais são exatamente as coisas que você vai aprovar. Com essa pergunta, você está simplesmente pedindo a si mesmo que abra mão de tentar manipular todo o processo de aprovação, como, por exemplo, obtê-la agora em vez de mais tarde. Ela pode, portanto, ser mais fácil do que as outras perguntas. Você também pode abrir mão de querer mudar o *sentimento* de querer aprovação ("simplesmente o sentimento"). Em alguns casos, esta pode ser a mais útil de todas as providências.

Uma mulher que participava de um de meus *workshops* sobre libertação queria falar para o grupo mas estava hesitante em fazê-lo porque receava que suas observações talvez não fossem "as mais brilhantes e fascinantes" da sala. Ela obviamente queria aprovação.

Quando chamei a atenção da mulher para esse fato, ela conseguiu facilmente abrir mão de querer a aprovação das outras pessoas por ser "brilhante" mas achou extremamente difícil abrir mão de querer a sua *própria* aprovação porque, para ela, isso parecia ser muito mais importante. Observei que, quando uma pessoa quer a sua própria aprovação com *demasiado vigor*, isto pode fazer com que a aprovação se afaste de nós e torne-se inatingível. O processo é semelhante ao de tentar nadar em direção a uma bola flutuando no mar. Quanto mais você se esforça por alcançar a bola, mais ondas você cria. As ondas continuam empurrando a bola para a frente e, assim, ela permanece a uma distância absurda de algumas dezenas de centímetros de suas mãos e você nunca consegue pegá-la. Isso se assemelha ao que você sente quando tenta tirar um cisco de um copo d'água com a ponta do dedo. Cada vez que o seu dedo se aproxima do cisco ele cria uma bolha que empurra o cisco para longe. Isso continua enquanto você seguir criando a bolha com os seus dedos.

Esforçar-se demais para conseguir o que você quer impede-o de consegui-lo.

Essa mulher tinha dificuldade para libertar-se de sua própria aprovação porque achava que eu estava lhe pedindo que *renunciasse* à sua auto-aprovação. Para ajudá-la a compreender por que não era este o caso, sugeri-lhe que se imaginasse sentando-se para degustar um delicioso jantar com amigos íntimos, em meio a uma bela paisagem campestre, num adorável dia de verão. Ela deveria imaginar o ar fresco com um aroma adocicado e ela própria sentindo que tudo estava bem no mundo. Nesse momento, enquanto estava se sentindo feliz e satisfeita, ela deveria observar se estava ou não pensando consigo mesma: "Agora eu aprovo a mim mesma... Agora eu realmente aceito a mim mesma." Ela provavelmente não estaria pensando isso porque, na maior parte do tempo, as pessoas não pensam em aprovação ou reprovação de si mesmas; elas simplesmente aceitam a si mesmas. A razão pela qual elas não irão pensar em aprovação de si mesmas é que, nesse momento, elas contam com a própria aprovação.

Quando *queremos* alguma coisa, isso sempre significa que, naquele momento, nós não a *temos*. Quando temos alguma coisa, não há necessidade de querê-la.

Tanto a aprovação como a reprovação conscientes são julgamentos. Quando aceitamos a nós mesmos plenamente, nós não julgamos.

A mulher que estivera preocupada com a sua própria aprovação agora podia libertar-se plenamente de sua necessidade de ser aprovada por si mesma. Quando o fez, ela deixou de se preocupar em ter um desempenho brilhante perante o grupo e começou a contribuir abertamente para a discussão.

Se você pára de tentar controlar a sua própria aprovação, você sente uma expressão de "correção" em relação a si mesmo, quer você queira chamar isso de aprovação ou por algum outro nome. Na verdade, esse sentimento é a forma mais importante de aprovação.

Aprovação e Apoio

Freqüentemente, sentimos que não podemos abrir mão de querer a aprovação de alguém porque temos medo de perder o apoio dessa pessoa. Essa reação remonta aos dias em que, quando crianças, nós de fato precisávamos do apoio exterior para poder sobreviver. Teríamos muito a perder *nessa época* se tivéssemos incorrido na desaprovação de nossos pais, irmãos mais velhos ou de outras pessoas das quais dependíamos.

Quando sentimos que estamos tendo muita dificuldade para nos libertarmos de querer a aprovação de alguém, a questão geralmente é apoio (segurança).

Podemos abrir mão de querer apoio (ou segurança)?

Pense nisto antes de objetar: "Obviamente não posso abrir mão de querer essas coisas! Todo mundo não quer segurança?" Você deveria lembrar a si mesmo que você não irá abrir mão de sua *intenção* de contar com apoio ou segurança quando você precisar disso. Você irá *manter* a sua intenção de ter segurança e simplesmente abrir mão de *querê-la*.

Para levantar esta questão para si mesmo, você poderia escrever num cartão, em letras grandes:

Poder contar com segurança (apoio) é uma meta excelente — posso mantê-la!

Então, segure esse cartão firmemente em suas mãos e, olhando diretamente para ele, pense consigo mesmo ou diga em voz alta:

"Eu poderia abrir mão do sentimento de querer o apoio (ou segurança)? Lembre-se, é apenas um *sentimento*."

Você está pedindo a si mesmo apenas para abrir mão de *querer*. Se depois disso ainda tiver dificuldade, você pode perguntar a si mesmo:

"Eu poderia aceitar a perda de 1% do apoio dessa pessoa?"

Em seguida, você poderia aumentar gradualmente os pontos percentuais dos quais você pode abrir mão, até se tornar capaz de abrir mão de 100% de seu desejo de receber apoio (no capítulo 5 você aprendeu a adicionar pontos percentuais à solução de 1% até alcançar 100%).

Você talvez venha a se espantar quando descobrir o que essa estratégia pode fazer por você. Ela provavelmente irá fazer com que seja muito mais fácil para você abrir mão de querer a aprovação das outras pessoas. Ademais, se você foi particularmente dependente da aprovação de um de seus pais (avós, etc.) quando criança, pode ser uma estratégia muito eficaz (depois de você ter aberto mão de querer apoio ou segurança) perguntar a si mesmo se poderia abrir mão de querer a aprovação *dessa pessoa*. Faça isso como se ele ou ela estivesse na sua frente agora:

"Eu poderia abrir mão de 1% do sentimento de querer a aprovação (de sua mãe, pai, etc.)?"

Ou:

"Eu poderia aceitar a perda de 1% da aprovação dela/dele?"

Quando você tiver aberto mão de 1% do querer, procure trabalhar gradualmente para aumentar essa porcentagem até poder abrir mão de 100% (ou perto disso) da necessidade de querer obter a aprovação dessa pessoa importante. Esse é um expediente tão eficaz que poderia ser considerado uma forma de terapia, servindo para sepultar sentimentos do passado que possam estar interferindo na sua capacidade de atuar de forma eficaz no presente.

A Aprovação da Sua Consciência

Talvez você esteja se perguntando como as pessoas podem influenciar a si mesmas, para que se comportem adequadamente, se não buscarem a própria aprovação. Isso levanta uma questão importante. A consciência humana é necessária para o funcionamento da sociedade e é mantida pela profunda necessidade de sentirmos que agimos corretamente, de fazermos com que o nosso comportamento esteja de acordo com os nossos padrões éticos. Precisamos conservar esses padrões morais porque eles conferem profundidade e significado à vida humana.

Todavia, quando nos desapegamos quanto à nossa própria aprovação, do modo como é feito no método da libertação, isso não significa renunciarmos à nossa intenção básica de buscar o tipo de auto-aprovação envolvido nas decisões morais. A libertação simplesmente nos ajuda a nos livrarmos da perseguição improdutiva que promovemos contra nós mesmos. Isto faz com que paremos de nos obrigar a sermos "bons" em coisas triviais em detrimento das coisas mais importantes.

Quando nos libertamos de querer a nossa própria aprovação, tiramos um fardo das nossas costas e paramos de atormentar a nós mesmos. Isso nos permite conservar os nossos valores morais e a alegria de nos sentirmos bem em relação a nós mesmos e, ao mesmo tempo, nos livramos de preocupações frívolas a respeito de aprovação (ou desaprovação). Quando nos libertamos, livramo-nos de nossa tendência para sermos excessivamente duros com nós mesmos ou de darmos tapinhas condescendentes em nossa cabeça como se fôssemos crianças truculentas que tivessem de ser incessantemente controladas.

Libertarmo-nos de querer a nossa própria aprovação permite que enfrentemos o "pai repressor" que existe dentro de nós mesmos e coloquemos em perspectiva as críticas que temos em relação a nós mesmos. Quando fazemos isso, o nosso senso moral é liberado para cuidar dos nossos valores genuínos. Como paramos de importunar a nós mesmos com assuntos que podem ser encarados mais apropriadamente como meras questões práticas, nós freqüentemente estamos mais dispostos a cooperar com a nossa consciência quando grandes questões estão em jogo. A nossa consciência passou a ter uma abordagem mais razoável e equilibrada para conosco e nós, por nossa vez, estamos mais dispostos a ouvi-la. Agora podemos considerar mais seriamente as questões importantes relativas à auto-aprovação porque não perdemos mais tanto tempo nos preocupando com aquelas que têm pouquíssima importância.

Visto que uma consciência pouco razoável e demasiado severa (em contraste com outra razoável e esclarecida) é uma causa freqüente de depressão, libertar-se da necessidade de ter a sua própria aprovação pode ser uma excelente estratégia quando estamos nos sentindo deprimidos. Se você estiver nesta situação, simplesmente pergunte a si mesmo:

"Eu poderia abrir mão da vontade de querer dispor da minha própria aprovação?"

Ou:

"Eu poderia aceitar a perda de 1% da minha própria aprovação?"

Nem sequer é preciso imaginar qual possa ser o ponto em relação ao qual você talvez queira a sua própria aprovação. Simplesmente faça a pergunta. Ela pode criar a libertação.

Você Quer Aprovação ou Controle?

Querer aprovação ou querer controlar são impulsos tão relevantes que uma boa regra prática consiste em verificar se aprovação ou controle estão ou não envolvidos em qualquer situação que esteja lhe causando dificuldade. A maioria das situações envolve uma dessas motivações, e muitas envolvem ambas. Para verificar o que está envolvido, pense consigo mesmo ou diga em voz alta:

"Esta situação tem que ver com aprovação ou controle?"

Ou, simplesmente, use uma frase mais curta:

"Aprovação ou controle?"

Depois que você tiver identificado se o assunto tem que ver com aprovação ou controle, liberte-se em relação a essa categoria. Se ambos estiverem envolvidos, liberte-se separadamente de cada um deles. Para fazer isto, você pode usar qualquer tática de desbloqueio que for necessária.

A Tática de Dar Aprovação

Uma outra maneira excelente de se libertar da aprovação é usar aquilo que chamo de Tática de Dar Aprovação. Este é um meio de proporcionar aprovação para si mesmo quando você mais precisa dela, de modo que, depois disso, você possa libertar-se de sua necessidade de recebê-la. A tática envolve três passos:

Passo Um: Pense consigo mesmo ou diga em voz alta:

"Eu poderia dar a mim mesmo muita aprovação — agora mesmo?"

Você será capaz de proporcionar a si mesmo, imediatamente e sem esforço, certa sensação de aprovação. Se não conseguir, pense em alguma experiência que você tenha tido recentemente e na qual você aprovou inteiramente a si mesmo. Recrie esta experiência para si mesmo tão vividamente quanto possível e deleite-se com ela.

Passo Dois: Pense consigo mesmo ou diga em voz alta:

"Eu poderia sentir a aprovação de alguma outra pessoa?"

Identifique uma pessoa que o aprova de alguma maneira (ainda que sem grande importância) e, então, sinta a sua aprovação — deixe que ela realmente penetre em você.

Passo Três: Pense consigo mesmo ou diga em voz alta:

"Eu poderia abrir mão, *durante apenas cinco segundos*, da vontade de querer aprovação?"

Quando você perceber que já tem aprovação — a sua própria e a dos outros — torna-se fácil abrir mão de querer aprovação. Só queremos aquilo que não temos.

Algum tempo depois de você ter se libertado da necessidade de querer aprovação ou controle, você começará a perceber os momentos em que necessita dessa aprovação ou controle, e poderá se ver libertando-se dessas necessidades sem nem sequer ter de se perguntar a respeito delas. Quando isso acontecer, você sentirá consideravelmente menos pressão em sua vida.

Uma vez controlada a questão básica da aprovação-controle, você estará pronto para o passo final em seu treinamento formal em Libertação — aprendendo como libertar-se das discussões.

Capítulo 9

Como Usar a Libertação nas Discussões

Quase não existe nenhuma ocasião em que precisamos da Libertação mais urgentemente do que quando nos sentimos atacados. Sentimentos de raiva ou medo podem tornar-se tão fortes nesses momentos, que o nosso monitor fecha-se drasticamente, tornando-nos muito menos eficientes.

Em virtude de nossa angústia, em geral tentamos *controlar* de alguma maneira o nosso adversário, quando mais não seja para tentar modificar o seu comportamento, tornando-o mais razoável. Se estivermos furiosos, podemos tentar fazer com que a outra pessoa se desculpe, se arrependa, sinta-se mal ou que, de alguma outra maneira, submeta-se à nossa vontade. A intensidade com que tentamos controlá-la depende do quanto queremos vencer e de quanto insistimos na vingança.

De forma semelhante, a pessoa que nos ataca basicamente está tentando fazer com que nós nos comportemos de determinada maneira — capitulando, sentindo arrependimento, afastando-nos, fazendo correções ou agindo de alguma outra maneira. Nossa reação aos adversários, portanto, provavelmente é a de tentarmos impedi-los de dizer ou de fazer alguma coisa. Cria-se, assim, um círculo vicioso. Quanto mais eles tentam nos controlar, mais tentamos controlá-los e assim por diante, numa espiral que nunca tem fim. Felizmente, no entanto, conforme alguém sabiamente observou, "um círculo vicioso pode ser rompido em algum ponto".

Uma das maneira mais eficazes de lidar com um adversário é aquela usada tradicionalmente em combate pelos guerreiros samurais, do Japão. Os samurais eram famosos por sua extraordinária capacidade no manejo da espada e por sua capacidade de manter o equilíbrio e a compostura, mesmo diante de um perigo mortal. Diz-se que um samurai poderia permanecer perfeitamente calmo em quaisquer circunstâncias porque, em vez de se concentrar no que o seu oponente estava fazendo, ele era treinado para fixar sua atenção em seu próprio intento e permitir que os seus próprios atos preenchessem a sua percepção. Dessa forma, o samurai permanecia completamente no *controle* (em vez de tentar ser *quem controla*) durante qualquer confronto. Como não estava tentando modificar seu inimigo, ele estava livre para observá-lo atentamente. Consta que os guerreiros samurais eram combatentes invencíveis.

Quando nos concentramos em querer mudar o comportamento de um adversário (querer levá-lo a agir, expressar-se ou pensar de forma diferente), perdemos o nosso equilíbrio. Quando abrimos mão de querer modificar o seu comportamento e, em vez disso, nos concentramos em nossas próprias metas, alcançamos o equilíbrio. É difícil derrubar uma pessoa equilibrada.

Para libertar-se em relação a alguém que o está atacando (ou, de alguma outra maneira, tentando controlá-lo), pense consigo mesmo ou diga em voz alta:

"Eu poderia abrir mão da vontade de querer *mudar* (essa pessoa)?"

Ou:

"Eu poderia abrir mão da vontade de querer *controlar* (essa pessoa)?"

Quando você fizer isto, o seu monitor vai-se abrir e você poderá lidar com a situação de forma mais eficaz. Você terá diversas oportunidades para observar essa estratégia em ação em ocasiões posteriores ou quando estiver lendo sobre pessoas que usaram a Libertação para lidar com uma variedade de confrontos pessoais.

Libertar-se em Relação a Detalhes

Uma estratégia que pode ser particularmente útil quando você estiver sob ataque, ou quando houver alguém tentando controlá-lo, consiste em identificar algum detalhe sem importância que você gostaria de mudar na aparência, no discurso ou no comportamento de seu oponente e abrir mão de querer mudar esse detalhe.

Você pode abrir mão de querer mudar esse mesmo detalhe vezes e vezes seguidas ou pode passar para outros detalhes e repetir este processo. Quando você tiver se libertado diversas vezes de algum detalhe aparentemente pouco importante sobre uma pessoa, você achará mais fácil lidar construtivamente com o comportamento agressivo dela. Agora, esse comportamento também se torna parte dessa pessoa.

Além disso, tão logo você deixar de se opor ao comportamento do seu adversário ou de tentar modificar os seus sentimentos, o comportamento da pessoa poderá mudar! O princípio que está por trás disso é o mesmo que você utiliza para libertar-se de seus próprios sentimentos. Quando você deixa de se opor aos sentimentos de uma outra pessoa, essa pessoa talvez passe a ter sentimentos menos intensos em relação a *você*.

> **Quando combatemos emoções ou comportamentos (em nós mesmos ou nas outras pessoas), nós os fortalecemos. Quando deixamos de combater essas emoções e pensamentos e, em vez disso, permitimos que eles continuem a existir, nós abrimos caminho para a mudança.**

A razão pela qual o comportamento do seu adversário poderá mudar depois de você se libertar em relação a ele pode ser compreendida se você imaginar-se na pele de seu agressor. Se você estiver na ofensiva, ter um adversário ativo faz com que isso seja mais fácil porque a oposição da outra pessoa serve de orientação para você. Se você estiver envolvido em combate físico, saberá que, se fizer um movimento rápido para a direita, um adversário ativamente envolvido fará um outro movimento rápido na mesma direção. Quando você tem um adversário ativo, existem regras para o jogo — a força do seu adversário, lançada contra a sua própria força, é algo que você pode facilmente avaliar. Uma oposição ativa lhe diz em que pé você está a cada momento.

Agora, considere o que acontece se o seu adversário deixa de se envolver em combate direto e, em vez disso, fica fora do alcance dos seus golpes, parecendo ceder e fugir para longe em vez de revidar os seus golpes. Como você pode combater efetivamente uma pessoa que reage aos seus golpes movendo-se com eles? Se não tiver cuidado, poderá investir inadvertidamente contra o seu oponente e, não encontrando nenhuma oposição para bloquear o seu golpe, precipitar-se para a frente e cair ao chão! Quando você perceber que as antigas regras não se aplicam mais, o seu comportamento terá de mudar.

AVISO: *Embora libertar-se da vontade de querer controlar o comportamento de seu oponente muitas vezes resulte numa mudança do comportamento dessa pessoa, isto não significa que você possa pretender modificar o comportamento dessa pessoa libertando-se do desejo de controlá-lo. A libertação não funciona se for deliberadamente usada para controlar, mesmo que para uma boa causa.*

Ocasionalmente, alguém é tentado a usar o método de Libertação como meio de controlar as outras pessoas. "Se eu me libertar de querer controlar as pessoas, então posso trazê-las para o meu lado", pensam elas. Na verdade, essa é uma tentativa de introduzir sorrateiramente o controle pela porta dos fundos — não funciona. Mesmo se os outros mudarem o seu modo de agir (e poderão perfeitamente deixar de fazê-lo, pois irão perceber que você está tentando controlá-los), se você tiver se libertado para poder controlá-los, então você na verdade não terá se libertado. Não se tendo libertado, você continua sendo vulnerável. Se alguma coisa der errado em seu próximo passo, então você estará de volta ao ponto de partida, enfrentando toda a frustração que, originalmente, o incomodava tanto.

Quando você se desapegar quanto a querer controlar os outros, terá de se libertar *totalmente* da vontade de querer controlá-los, incluindo a vontade de controlar as reações finais dessas pessoas e o resultado da sua própria experiência de Libertação. Você tem de empregar esse método honestamente. Ao fazer isso, você se liberta.

Libertar-se da Vontade de Querer Proteger a Si Mesmo

Uma das táticas mais eficazes para desarmar alguém que está tentando controlar você é pensar consigo mesmo ou dizer em voz alta:

"Eu poderia abrir mão da vontade de querer *proteger* a mim mesmo?"

Por mais difícil que isso possa parecer, ao fazê-lo você se liberta para agir de uma maneira que pode garantir a sua segurança. O desenho da página seguinte ilustra isso.

No desenho, você vê um coelho de costas para nós. Bem na frente do coelho há uma jibóia, uma cobra que engole pequenos animais inteiros. O coelho, compreensivelmente, pensa — se é que ele consegue pensar, nessas circunstâncias: "Tenho de controlar o que a jibóia vai fazer, senão ela vai me engolir!"

Pensando nisso, o coelho ficou paralisado. Tudo que ele consegue ver são os dois olhos circulares da jibóia cravados nele. O monitor do coelho fechou-se 100%.

Na verdade, existem várias opções disponíveis para o coelho, embora você — tal como ele, com o monitor fechado — não possa vê-las no desenho: à direita está um funcionário do zoológico, com uma rede, esperando para pegar a jibóia tão logo ela se desloque para a frente; à esquerda, há uma gaiola reforçada e com a porta aberta, a qual se fecha automaticamente quando um pequeno animal nela penetra. O coelho poderia pular dentro dessa gaiola e a porta iria se fechar, garantindo a sua segurança.

Se a atenção do coelho não estivesse irremediavelmente fixada em seu inimigo, ele poderia perceber que, dando um passo para trás, a jibóia provavelmente iria persegui-lo e seria capturada pelo funcionário do zoológico. Ou, então, ele poderia pular rapidamente para dentro da gaiola reforçada. Infelizmente, a atenção do coelho está fixada em tentar modificar o *ataque* da jibóia e, assim, ele permanece paralisado.

Como essa é uma história imaginária, vamos supor que o coelho "se liberte" de querer proteger a si mesmo. No minuto em que o fizer, o seu monitor se abrirá e ele não ficará mais congelado, esperando desesperadamente modificar o comportamento da cobra. Agora ele está livre para mudar o *próprio* comportamento e, em última análise, alcançar a segurança através dessa medida.

A frase "posso abrir mão da vontade de querer proteger a mim mesmo" não significa abrir mão da meta de proteger a si mesmo. Ela significa abrir o monitor para que possamos deixar de buscar "proteção" e passemos a iniciar uma ação eficaz contra qualquer perigo que nos ameace.

Libertar-nos dos Sentimentos nas Discussões

Quando somos atacados (ou quando alguém está tentando controlar-nos), uma estratégia útil consiste em identificarmos o sentimento específico (raiva, medo ou qualquer outro) que foi despertado em nós pelo ataque — e, então, nos libertarmos em relação a esse *sentimento*. Isso abre o monitor e, assim, permite que nossa atuação se torne mais eficaz.

Uma mulher que participava de um de meus *workshops* sobre Libertação relatou que um homem com quem ela trabalhava diariamente estava pronunciando o

seu nome de forma propositadamente incorreta, só para aborrecê-la. Embora ela o tivesse corrigido várias vezes, ele insistia nesse comportamento.

Quando lhe perguntei como se sentia a respeito disso, ela respondeu que tinha vontade de "matá-lo". Ela disse isso com grande emoção e lágrimas nos olhos. Como esse sentimento fosse muito forte, sugeri-lhe que abrisse mão de querer mudar ou, de alguma forma, justificar o seu desejo de "matar" esse homem e que, simplesmente, deixasse sua raiva "existir" durante trinta segundos.

Ao voltar-se para dentro de si e ao entrar em contato com os seus sentimentos de raiva, ela ficou em silêncio durante muito tempo. Por fim, fez um gesto com a cabeça, indicando que ele havia permitido que a sua raiva se acalmasse. Agora, ela tinha maior facilidade para imaginar seu local de trabalho e esse homem pronunciando seu nome incorretamente. Agora ela estava pronta para libertar-se da situação propriamente dita.

Pedi que ela o imaginasse pronunciando o seu nome incorretamente mais uma vez e, então, abrindo mão de querer mudar esse comportamento irritante. Sua primeira reação foi de que era impossível renunciar a isso, uma vez que ela considerava essa situação como sendo por demais humilhante; todavia, depois de se livrar do seu sentimento de humilhação (deixando que ele "existisse"), ela conseguiu identificar o cerne de seu problema. Ela não podia abrir mão de querer modificar o comportamento dele porque desejava intensamente "proteger-se". Se não se protegesse modificando-o, ela achava que seria seriamente magoada. Eu lhe disse que ela poderia apegar-se à sua meta de não querer se magoar e, ao mesmo tempo, à meta de permanecer em segurança — tudo o que eu estava pedindo era que ela abrisse mão do *sentimento* de querer proteger a si mesma, "apenas do sentimento".

Fazer uma distinção entre sua intenção e seus sentimentos permitiu-lhe abrir mão do sentimento ao mesmo tempo que ela continuava apegada à sua necessidade de proteção. Depois de fazer isso, a situação lhe pareceu diferente. Ela percebeu que, se não tivesse de proteger a si mesma, não teria de prestar tanta atenção a esse homem. Agora era fácil para ela imaginá-lo entrando na sala onde ela estava, olhando dentro dos seus olhos e pronunciando incorretamente o seu nome. Enquanto ela imaginava isso, um novo pensamento veio-lhe à mente. "Ele é um homenzinho esquisito", comentou ela consigo mesma, grata por ele não ser o seu supervisor regular.

A libertação lhe havia aberto o monitor. Agora, ela podia imaginar o homem dizendo aquelas coisas "tolas" e ela mesma simplesmente dando de ombros.

Quando voltou ao trabalho, no dia seguinte ao *workshop*, sempre que o homem começava a pronunciar incorretamente o seu nome, ela libertava-se de querer proteger-se. Essa tática não só trouxe-lhe alívio mas, para sua surpresa, depois das primeiras vezes em que ela a utilizou, produziu efeito também sobre o homem. Por fim, ele parou de pronunciar o nome dela de forma incorreta. Talvez ele não tivesse mais interesse em continuar a fazê-lo depois de perceber que isto não a incomodava mais.

Libertar-se da Vontade de Querer a Aprovação do Seu Oponente

Quando você é atacado (ou quando alguém está tentando controlá-lo), você freqüentemente pode recuperar seu equilíbrio libertando-se da vontade de querer a aprovação do seu oponente.

Um dentista que participava de um de meus *workshops* tinha feito, alguns anos atrás, uma razoável quantidade de procedimentos odontológicos a preços baixos para certa família, permitindo-lhe ainda "pendurar" a dívida porque ela não estava em condições de lhe pagar. Quando a família se mudou da cidade, ficou lhe devendo mais de setecentos dólares, os quais ele subseqüentemente contabilizou como dívida de recebimento duvidoso.

Dentro de um ou dois anos, todavia, o pai dessa família arranjou um excelente emprego numa outra cidade. Apesar da reviravolta na situação financeira da família, ela não fez nenhum esforço para pagar a dívida contraída com Len, o dentista, apesar das repetidas cobranças. Recentemente, para surpresa de Len, ele recebeu um telefonema desse homem, na época presidente de uma próspera empresa. Ele estava telefonando para pedir sua orientação na escolha de uma empresa de assistência odontológica.

Com as lembranças do passado reavivadas por este telefonema, Len aproveitou a oportunidade para dizer a ele o quanto havia ficado aborrecido ao longo dos últimos anos porque a família nunca havia pago a conta que lhe devia. A isto, o homem respondeu secamente: "Eu lhe devo dinheiro? Não me lembro disso!" A conversa terminou aí. Len sabia que o homem havia recebido muitas contas ao longo dos anos.

Depois disso, Len sentiu-se magoado por causa desse telefonema. Como havia ajudado essa família quando estava passando por dificuldades, ele achava que não merecia esse tratamento. Em conseqüência, sentiu-se deprimido e não pôde tirar o incidente de sua cabeça.

Como tinha aprendido a Libertação, resolveu libertar-se de querer mudar sua depressão e deixou que ela simplesmente "existisse". Quando o fez, percebeu que, em última análise, ele na verdade estava querendo a aprovação do homem. Naturalmente, sabia que isso era um absurdo. Não havia nenhuma razão pela qual ele devesse querer a aprovação do homem — o homem é que deveria querer a sua aprovação — mas, apesar disso, ele acabou descobrindo que ele próprio queria que esse homem o considerasse um "bom sujeito". Tendo cobrado o dinheiro que o homem lhe devia, Len sentia que, depois disso, ele mesmo não estava mais fazendo o papel de bom sujeito.

Para ele, essa era uma questão difícil de ser resolvida. Len habitualmente estava tentando ajudar as pessoas, mas tendia a sentir-se mal quando precisava pedir-lhes dinheiro. Agora, ele percebia que tinha de lidar com a sua própria necessidade de receber a sua própria aprovação. Len perguntou a si mesmo se poderia abrir mão de querer *controlar* o momento e a maneira como a sua própria aprovação vinha até ele. Essa nova maneira de colocar a questão para si mesmo pareceu resolver o problema. Quando abriu mão de tentar controlar, dirigir e regular o modo como recebia a sua própria aprovação, Len foi tomado de um sentimento de alívio e vieram-lhe à mente diversos pensamentos que antes nunca tinham lhe ocorrido.

Ele percebeu que, ao longo de qualquer dia, ele de fato aprovava a si mesmo de muitas maneiras diferentes e que, no restante desse dia, ele indubitavelmente iria aprovar a si mesmo de várias maneiras que, naquele momento, ele nem sequer era capaz de imaginar. Este pensamento permitiu-lhe decidir que não havia nenhuma necessidade dele insistir em receber a sua própria aprovação nessa questão específica. Tudo o que Len precisava fazer então era usar a técnica da libertação e realizar uma pequena faxina. Ele o fez libertando-se de querer mudar o comportamento seco que o homem exibiu ao telefone. Ao fazer isto, ele se viu permitindo que, pela primeira vez, esse homem fosse o "responsável por seus atos, quaisquer que fossem eles". Isto trouxe a libertação final de que Len precisava, e ele se viu pensando que o homem tinha todo o direito de ser "tão baixo quanto quisesse e que, pelo mesmo raciocínio, ele tinha o direito de cobrar o dinheiro que lhe era devido".

Nesse momento, ele podia aceitar o fato de que o homem provavelmente nunca iria pagá-lo. Se, por acaso, o homem voltasse a procurá-lo, ele iria dizer-lhe alguma coisa do tipo: "Se você quiser acreditar no que diz, este é um privilégio seu mas, de minha parte, eu certamente não estou inclinado a lhe fazer nenhum favor."

Mais tarde, nesse mesmo dia, Len achou por bem precaver-se libertando-se mais algumas vezes de querer ser um bom sujeito (que era um hábito arraigado em seu jeito de ser) mas seu aborrecimento com o telefonema daquele homem tinha se resolvido de uma vez por todas. Ele subseqüentemente escreveu uma carta apropriada, solicitando pagamento e anexando cópias das contas vencidas, e tirou o assunto de sua mente.

Libertar-se da "Justiça"

Para a maioria das pessoas, a justiça é um valor importante. Respeitamos as pessoas justas, não gostamos das que não o são e nos sentimos melhor acerca de nós mesmos quando sabemos que nos comportamos eqüitativamente em relação a alguma outra pessoa.

Todavia, *exigir* que os outros sejam justos conosco é improdutivo. Boa parte do sofrimento residual decorrente de sermos atacados ou censurados — a dor que perdura muito depois de cessado o ataque — tem origem num ressentimento reprimido por termos sido tratados injustamente.

Libertarmo-nos em relação à justiça, portanto, é algo particularmente útil, tornando a vida mais fácil e aumentando sensivelmente a nossa capacidade de lidar com os problemas. Para libertar-se de querer que uma outra pessoa seja justa, pense consigo mesmo ou diga em voz alta:

"Eu poderia abrir mão da vontade de querer (que essa pessoa, instituição, etc.) seja justa?"

Isso pode diminuir a possibilidade de conflitos, deixando-o mais forte para lidar com a outra pessoa (ou pessoas) de uma forma realística e eficaz.

Inversão dos Papéis

Uma última maneira de libertar-se em relação a alguém que está tentando controlar você (ou, mesmo, alguém que você suspeite que possa estar tentando controlar você) é trocar (mentalmente) de papel com essa pessoa e, então, libertar-se de querer controlar a *si mesmo*. Embora a manobra possa parecer estranha, é exatamente essa a abordagem que utilizo quando sinto que alguém está tentando controlar-me, e considero-a extremamente eficaz. Eis como ela funciona:

Suponhamos que alguém (vamos chamá-lo de John) tenha criticado o modo como você faz determinado trabalho, e que você sinta que esse alguém está tentando fazer com que você trabalhe do jeito que ele quer. A beleza da tática da inversão de papéis é que não faz diferença se tem ou não fundamento você pensar que John quer controlá-lo. Basta que você *sinta* como se esse fosse o caso.

Agora, coloque-se mentalmente no lugar de John e imagine, tão vivamente quanto possível, o que há em seu comportamento (ou em sua atitude) que *ele* (John) queira controlar. Então, liberte-se de querer controlar *esse aspecto de si mesmo*.

Se, por exemplo, você sentir que John queria controlar a velocidade com que você estava executando um projeto, então a sua tática de Libertação poderia ser mais ou menos assim:

"Como *John* — eu poderia abrir mão da vontade de querer controlar o fato de (insira aqui o seu nome) terminar ou não o projeto a tempo?"

Desse ponto em diante, prossiga do modo como você faz com qualquer outra forma de libertação. É surpreendente o alívio proporcionado por esta tática de inversão de papéis. Você descobrirá como ela funciona bem quando explorarmos relatos reais de pessoas que aplicaram a técnica da libertação para resolver problemas em casa ou no trabalho.

Libertação e Valores Éticos

A libertação em relação às discussões pode ser extremamente útil para melhorar os seus relacionamentos e ajudá-lo a se comportar da forma como você realmente gostaria — em geral como uma pessoa decente e razoável. Muitas pessoas com forte convicção ética ou religiosa descobriram que a Libertação é muito útil para ajudá-los a colocar em prática os seus princípios.

Howard era membro dedicado de uma igreja e interessava-se muito pela religião. Seus padrões de comportamento eram elevados e ele exigia muito de si mesmo. Isso fazia com que fosse particularmente difícil para ele descobrir-se sofrendo acessos incontroláveis de cólera com aquilo que considerava um comportamento pouco razoável de sua filha adolescente. Parecia que quanto mais tentava controlar suas explosões de cólera, menos sucesso obtinha. Movido pela ira, cada vez com mais freqüência ele se via levado a fazer ou a dizer coisas das quais posteriormente se arrependia.

Conversando sobre isso com o pastor, este sugeriu que Howard aprendesse a se libertar, acreditando que isso poderia ajudá-lo a colocar em prática suas convicções a respeito de como ser um pai melhor.

Quando Howard freqüentou um *workshop* sobre libertação, pretendendo aprender a técnica o mais rapidamente possível, uma das primeiras coisas que ele precisou fazer foi abrir mão de *querer controlar* a si mesmo de modo tão radical. Esse seu esforço vigoroso para aprimorar o próprio comportamento estava criando um empenho excessivo que o impedia de alcançar um autocontrole efetivo. Depois que ele se libertou o suficiente para minorar a sensação de premência inicial, aprendeu a se desapegar e a aceitar o comportamento rebelde de sua filha. Logo que conseguiu fazer isso, sentiu um grande alívio, e hoje não se sente mais empenhado numa batalha desesperada para mudar o comportamento da filha.

Ao pôr em prática suas habilidades de libertação, ele se sentiu capaz de se controlar quando ela fazia alguma coisa que, antes, ele talvez tivesse censurado. Ele observou que o seu tom de voz parecia ter se tornado mais brando e razoável quando falava com a filha e se viu capaz de ouvi-la expor o seu lado da história de um modo que anteriormente lhe teria sido impossível. O resultado foi a restauração de um relacionamento realmente viável entre pai e filha.

Os comentários de Howard a respeito da sua experiência de Libertação foram particularmente interessantes. Ele sentia que isso estava fazendo mais por ele do que simplesmente melhorar o relacionamento entre pai e filha. Ele sempre havia tentado aceitar e não lutar contra aquilo que ele considerava ser a "vontade divina" mas agora sentia que em seu poder estava um instrumento que lhe permitia colocar em prática as suas crenças de um modo que lhe era profundamente gratificante.

Conquanto a Libertação não esteja ligada a nenhuma orientação religiosa e, com certeza, não implique a aceitação de nada em que a pessoa não acredite, vale a pena observar que diversas pessoas com profundas convicções religiosas ou fortes princípios éticos têm observado resultados semelhantes. A Libertação pode ser usada para implementar valores éticos ou espirituais, bem como para diminuir o *stress* e desenvolver a personalidade.

Parte 2
A Libertação em Diferentes Situações da Vida

A Parte 2 deste livro lida com pessoas — pessoas que aprenderam a se libertar freqüentando *workshops* sobre libertação ou no decorrer de um processo de psicoterapia ou aconselhamento. Num dos casos, certa pessoa disse que aprendeu a libertar-se ao digitar o manuscrito deste livro. Isto aconteceu com Marianne Dobi, minha secretária, cujo relato constitui um interessante acréscimo a estas páginas.

Os relatos desta seção do livro transmitem uma valiosa experiência da prática da Libertação em todos os tipos de situações, muitas das quais você nunca irá conhecer pessoalmente. Todavia, eles serão muito úteis para você. Ao ler sobre as experiências dos outros, você descobrirá que os seus próprios sentimentos vêm à superfície e que você pode beneficiar-se libertando-se deles. Sugiro que você use esses relatos de experiências de outras pessoas como uma oportunidade para identificar os seus próprios sentimentos e aprimorar as suas habilidades de Libertação. A maioria de nós está acostumada a prestar pouca atenção aos sentimentos quando eles vêm à tona porque não se espera que possamos fazer alguma coisa a respeito deles. Agora que você sabe como mudar os seus sentimentos (sem reprimi-los), você está em condições de beneficiar-se com a grande variedade de situações apresentadas aqui.

Por fim, sugiro que você não deixe de ler nenhum capítulo por achar que, à primeira vista, ele parece não se aplicar a você. Por exemplo, você talvez não tenha de passar por nenhuma avaliação formal neste momento da sua vida, e em virtude disso talvez acredite que não tem necessidade de ler o capítulo a respeito de como libertar-se em situações de avaliação. Se você o ler, todavia, pode ser que consiga informações preciosas acerca de como libertar-se durante as avaliações *sociais* comuns — coisa que todos nós enfrentamos. Ou, então, pode ser que você chegue à conclusão de que os capítulos sobre Libertação no ambiente de trabalho não se aplicam ao seu caso porque você atualmente não está trabalhando ou não tem uma profissão. Isso seria um erro. Estes capítulos contêm muitos exemplos de Libertação que se aplicam a todas as pessoas. Eles irão ampliar o seu repertório de táticas de Libertação à medida que você for acompanhando o modo como elas são utilizadas.

O seu próximo passo é relaxar, apreciar as histórias relatadas aqui, identificar-se plenamente com elas e concordar em reconhecer em si mesmo os sentimentos que elas despertam em você. Em seguida, liberte-se desses sentimentos. Se fizer isso, ao final da Parte 2 você terá ampliado muito seus conhecimentos acerca da Libertação.

Capítulo 10

Libertação Para Problemas dos Casais

Um dos maiores benefícios proporcionados pela Libertação talvez seja a possibilidade de usá-la em situações difíceis da vida. Esta seção do livro trata de pessoas que têm lidado com muitos tipos de problemas diferentes libertando-se em relação a eles. O primeiro deles é o uso da Libertação no relacionamento do casal.

Um casal não consiste necessariamente em dois amantes dentro ou fora do casamento, podendo ser formado por duas pessoas que vivam na mesma residência ou que, de alguma maneira, estejam ligadas uma à outra num "sistema" formado por duas pessoas. A principal dificuldade no relacionamento entre os casais tem origem no fato de que ele envolve um compromisso pessoal e, muitas vezes, também uma proximidade física, o que limita a liberdade de uma ou de ambas as partes envolvidas.

Os membros de um casal são forçados a se darem bem um com o outro para poderem viver uma vida agradável. As necessidades de cada indivíduo ainda persistem, e isso pode levar a impasses infelizes, com cada parceiro tentando controlar o comportamento do outro. As tentativas de controle podem variar desde manobras sutis e inconscientes até francos combates envolvendo assuntos como o modo como os dois passam os momentos de lazer, empregam seu dinheiro, lidam com seus relacionamentos sociais, filhos, parentes ou com sua vida sexual.

Embora as questões relativas a controle freqüentemente se destaquem, questões relativas a aprovação também são fonte de muitas dificuldades. Um parceiro poderá suspeitar da desaprovação do outro (incapacidade de "apreciar") ou tentar controlar ou monopolizar a aprovação (amor) do outro.

A Libertação pode desempenhar um papel importante para amenizar essas dificuldades enfrentadas pelos casais. Os relatos que se seguem, feitos por casais que usaram a Libertação com esse objetivo, irão mostrar como isso funciona.

Casal 1

Karen era uma mulher atraente que buscou aconselhamento profissional porque estava tendo ataques de ciúme de Hal, seu namorado, com quem ela estava se relacionando havia três anos.

Como Hal morava numa cidade próxima, o relacionamento entre eles consistia em passar os fins de semana juntos. Nenhum dos dois parecia estar pronto para o casamento, e Hal tinha propensão para beber um pouco além da conta e flertar casual e abertamente com outras mulheres, embora permanecesse basicamente fiel a Karen.

Conquanto Karen soubesse que era a mulher da vida de Hal e que os seus flertes não eram a sério, ela morria de ciúme por causa disso, e seu relacionamento com Hal era marcado por discussões acirradas, nas quais ela o acusava de infidelidade. Essas brigas mais cedo ou mais tarde acabavam no nível da infantilidade, fazendo com que, depois delas, Karen se sentisse idiota e arrasada.

Durante suas sessões de aconselhamento, ficou claro que Karen estava envolvida num relacionamento que lhe causava contínua frustração. Este era um problema que apenas com o tempo seria compreendido totalmente; enquanto isso, porém, juntamente com a psicoterapia, ensinei a Karen a técnica da Libertação. Eu queria que ela tivesse um instrumento que pudesse ser usado no momento necessário para amenizar suas crises de ciúme.

Ela assimilou rapidamente o método e começou a aplicá-lo imediatamente a seus problemas com Hal. Por diversas semanas após ter aprendido a libertar-se, cada vez que Karen imaginava Hal encontrando-se com outras mulheres, ela se concentrava nessas fantasias, permitindo que se tornassem vívidas em sua mente; em seguida, ela se libertava de querer mudar o fato de Hal estar com outra mulher.

Quando tentou fazer isso pela primeira vez, ela se viu resistindo teimosamente a se livrar dessas fantasias — seus sentimentos eram por demais profundos. Então ela descobriu que, para o seu caso, uma forma eficaz de se libertar era pensar: "Obviamente, eu não posso abrir mão de querer que ele não esteja com essa mulher — mas será que eu poderia abrir mão simplesmente do *sentimento* de querer que ele não esteja com ela? Um sentimento é apenas um sentimento", pensava ela consigo mesma.

Uma vez que ela tivesse conseguido abrir mão do sentimento, a batalha estaria ganha. Sua fantasia não tinha mais o mesmo poder que tivera sobre ela anteriormente. Em conseqüência da libertação, as brigas do casal tornaram-se muito menos comuns.

De acordo com o que acontece com tanta freqüência, porém, as brigas entre os membros de um casal podem constituir uma das principais maneiras pelas quais eles se relacionam um com o outro, de modo que, quando um membro começa a evitar as brigas, o outro pode (inconscientemente) trazer à baila questões que *irão* causar discussões. Hal talvez não tenha se sentido bem com uma Karen mais razoável e menos propensa a brigar, visto que, depois de vários dias de relacionamento pacífico e agradável, ele subitamente avisou-a que teria de ir embora mais cedo na tarde de domingo porque havia trabalho extra à sua espera.

Karen suspeitou que ele estivesse planejando encontrar-se com outra mulher e, apesar de sua capacidade de libertar-se, antes de dar pela coisa, ela se viu envolvida em mais uma briga — ela acusando-o e ele defendendo-se. Embora nunca lhe tivesse ocorrido a idéia de libertar-se durante a briga propriamente dita (Karen era tão emotiva que o seu monitor se fechava, e ela não percebia nada senão que estava sendo "magoada e injustiçada"), posteriormente, depois que Hal já havia saído da cidade, ela sentou-se para libertar-se em relação ao fato.

Ela queria controlar Hal e certificar-se de que ele não iria sair com nenhuma outra mulher. O primeiro passo foi libertar-se de sua necessidade de controlar. Quando tentou fazer isso, porém ("Eu poderia abrir mão de querer *controlar* Hal?"), sua resposta foi um retumbante "NÃO!" Assim, ela experimentou uma outra tática. Ela perguntou a si mesma se conseguiria abrir mão de "apenas 1%" do desejo de controlá-lo.

Isso funcionou. Ao sentir que estava se desapegando da idéia de controlar Hal, ela pensou consigo mesma, "O mesmo velho Hal, a mesma velha história". A tempestade tinha passado e ela conseguia enxergar as coisas com mais clareza.

Num relacionamento tão complexo quanto o de Karen e Hal, todavia, o drama não termina com uma única libertação. Uma semana depois, Hal voltou para visitá-la e os dois, felizes com a companhia um do outro, resolveram sair à noite. Quando sentaram-se num bar, Hal começou a conversar com uma morena atraente, a qual disse morar num bloco de apartamentos situado ali perto. Enquanto Hal fazia isso, Karen foi ficando cada vez mais inquieta. Ela sentia que não podia competir com a outra mulher em beleza. Esse sentimento era tão forte que, naquele momento, ela nem sequer pensou em libertar-se dele.

Todavia, como a essa altura a Libertação havia se tornado uma parte natural da sua vida, depois de chegar em casa, naquela noite, ela de fato se libertou do incidente. Ao comparar-se com a morena alta, esbelta, com um bronzeado encantador e olhos dardejantes, ela se via como uma loira atarracada e sem graça. Ela queria a aprovação de Hal, porém, mais do que qualquer outra coisa, queria a sua *própria* aprovação e estava desesperada por obtê-la.

Quando Karen conseguiu abrir mão do sentimento de querer a sua própria aprovação, isto deixou-a com a cabeça mais lúcida. Agora ela também conseguia abrir mão de uma pequena parte do desejo de contar com a aprovação de Hal. Depois de libertar-se em relação a isso, ocorreu-lhe que o fato de Hal ter conversado com a outra mulher talvez não tivesse nada que ver com a sua própria beleza. Conquanto Hal parecesse ter uma necessidade compulsiva de flertar com outras mulheres, por que isso deveria afetar o modo como ela, Karen, sentia-se em relação a si mesma? A questão pareceu diferente quando ela a considerou por esse ângulo. Os poucos minutos de Libertação serviram para acalmar as coisas a tal ponto que, quando Hal voltou para o apartamento, eles tiveram uma noite maravilhosa.

Contudo, tanto as necessidades de Hal como as de Karen logo voltaram a se manifestar. O desafio mais forte ocorreu no fim de semana seguinte, quando Hal, uma vez mais, foi embora no meio da tarde de domingo, com a desculpa de ter que trabalhar. Quando ele fez isso, Karen lembrou-se da morena esbelta do conjunto de apartamentos próximo e suspeitou que Hal tivesse ido se encontrar com ela.

Nessa ocasião, Karen não disse nada porque, pela primeira vez, estava determinada a verificar se as suas suspeitas eram ou não corretas. Ela se despediu dele calmamente, acompanhou-o até o estacionamento e ficou olhando enquanto ele saía com o carro. Tão logo o carro dele passou pelas fileiras de árvores da entrada de automóvel de sua casa, ela pegou o seu próprio carro e começou a segui-lo a uma distância segura. Ela sabia onde ficava o bloco de apartamentos e, assim, não teve dificuldade para chegar até lá sem ser vista por Hal.

Ela viu o carro de Hal chegar até o conjunto de apartamentos e estacionar. Voltando furtivamente, ela ficou esperando na estrada e, ao fazê-lo, sentiu um suspense cada vez maior, como se fosse um detetive prestes a prender um criminoso. Ela também sentiu alívio ao constatar finalmente aquilo em que pensara obsessivamente durante anos.

Suas suspeitas foram confirmadas quando ela viu Hal sair do apartamento com a morena esbelta, entrar no carro e sair. Ela seguiu-os a uma distância segura. Eles pararam em um parque de diversões à beira da estrada e Karen estacionou a alguma distância deles e foi andando até a entrada do parque. Ela viu Hal comprar bilhetes e os dois entrarem e se sentarem numa roda-gigante. Nesse ponto, Karen percebeu que, como estava sozinha, poderia começar a se libertar *imediatamente*.

Enquanto ela observava as luzes cintilantes da roda-gigante e via a silhueta do casal contra o céu escuro, rindo juntos à medida que a roda girava, ela tomou consciência de fortes sentimentos de raiva, fracasso e humilhação. Suas bochechas estavam queimando por causa da humilhação. Como este era o seu sentimento mais forte, ela lembrou-se de como libertar-se em relação às emoções e pediu a si mesma para abrir mão de querer mudar o sentimento de humilhação.

Enquanto ela abria mão de querer mudar esse sentimento, ela se viu como que afundando na humilhação, chegando quase a tremer com a sua intensidade. Então, o sentimento pareceu amenizar-se. Enquanto sentia a humilhação fluir através dela, ocorreu-lhe que esse sentimento não era a pior experiência do mundo. Ela agora podia ver a humilhação como algo com que ela poderia lidar. Isso deixou-a mais livre e ela conseguiu respirar mais fundo.

A essa altura, com alguns de seus sentimentos mais fortes já sob controle, ela conseguiu libertar-se em relação a querer a sua própria aprovação nessa situação (querer sentir-se tão "atraente e adorável" quanto sua rival). Todavia, ela sentiu uma necessidade tão forte de conseguir a sua própria aprovação, que, na primeira vez, conseguiu libertar-se de apenas 1% do querer, depois de 10%, 20% e assim por diante, até conseguir finalmente a libertação. Quando o fez, resolveu que a aparência daquela mulher era irrelevante — que a questão fundamental era Hal e decidir se ela queria ou não passar sua vida com ele.

Agora ela conseguiu olhar novamente para a roda-gigante. Vendo o braço de Hal em torno dos ombros da morena esguia, ela sentiu uma profunda tristeza, quase uma dor física, com a idéia de perdê-lo. Esse sentimento dominou-a com tanta intensidade que, nesse momento, ela teve de ampliar a situação em seus componentes menores. "Tenho de lidar com isto", pensou ela, fechando os olhos para que não pudesse vê-los por alguns momentos.

"Tenho de continuar com a libertação", pensou ela, começando a se libertar da coisa mais neutra em que conseguiu pensar — a própria roda-gigante. Ela poderia abrir mão de querer mudar o modo como a roda-gigante estava girando? Mesmo esse objetivo lhe pareceu demasiado difícil, e ela teve de decompô-lo em segmentos ainda menores. Ela poderia abrir mão de querer mudar a *velocidade* com que a roda-gigante estava girando? Isso ela pôde fazer e essa libertação aparentemente pequena conseguiu desfazer o bloqueio.

Karen, então, libertou-se sucessivamente da vontade de querer mudar o modo como os assentos balançavam, o modo como o assento onde estavam sentados Hal e sua companheira se prendia à roda-gigante pelas dobradiças, o fato de esse assento balançar para a frente e para trás à medida que a roda girava e, antes que desse pela coisa, também conseguiu libertar-se do fato de Hal estar sentado ao lado dessa mulher, na roda-gigante, e de estar com os braços em torno dela! Este foi um triunfo para Karen. Ao criar uma série progressiva de pequenas libertações que ela *podia* realizar, Karen havia se colocado numa posição em que seria capaz de aceitar a realidade da situação.

Ela finalmente percebeu que o fato de Hal estar sentado ao lado dessa mulher e com o braço em torno dela era uma verdade e, pela primeira vez, desde que o havia conhecido, ela aceitou tranqüilamente a realidade acerca de quem Hal efetivamente era. Ao libertar-se plenamente, de súbito perdeu o interesse por saber o que iria acontecer com os dois em seguida. Isto não estava sob o seu controle e achou que não havia sentido ficar ali a espioná-los. "O que eles vierem a fazer, estará feito", pensou ela, afastando-se.

Com esse pensamento, Karen foi até o carro, voltou para casa, libertou-se mais algumas vezes da situação e, quando apareceu na sessão de aconselhamento, dois dias depois, estava pronta para, pela primeira vez, conversar sobre os motivos pelos quais ela havia permanecido ao lado de Hal durante todos esses anos em vez de procurar um relacionamento mais promissor.

Desse momento em diante, sua terapia transformou-se num agente eficaz de mudanças. Por fim, ela conseguiu romper com Hal e começou uma nova vida. Hoje Karen está casada com um homem com quem ela tem um relacionamento tranqüilo e agradável.

Casal 2

Sheila e Bruce estavam casados havia vinte e oito anos e, durante esse tempo, haviam criado cinco filhos. Sheila descreveu esses anos dizendo: "Não havia absolutamente nada mais em minha vida exceto Bruce, a carreira dele e as crianças."

Agora, porém, as crianças estavam crescidas e Sheila se viu livre para escolher novos rumos para a sua vida. Em conseqüência, havia-se iniciado um conflito por causa de sua recém-descoberta independência, e isso estava abalando os alicerces de seu casamento.

Sheila havia começado a trabalhar numa organização comunitária e logo descobriu que estava empolgada com seu pagamento, pequeno mas regular, e com as novas amizades que havia feito no trabalho. Bruce, por outro lado, se viu inexplicavelmente ameaçado por ela ter se aventurado no mundo do trabalho. Por causa disso, ele foi ficando cada vez mais retraído, queixando-se freqüentemente de que ela não era mais uma boa esposa.

O resultado foi uma piora da situação quando Sheila começou a recusar-se a fazer até mesmo tarefas domésticas simples, coisa que antes ela fazia automaticamente. Ela ficou tão obcecada pela idéia de vencer a sua batalha pela independência que, naquele momento, estava se recusando a lidar com contingências bastante reais, como a necessidade de telefonar para chamar alguém para fazer reparos urgentes no telhado ou atender telefonemas de trabalho para Bruce. Isso aborreceu-o porque ela parecia estar lhe faltando numa área em que ele esperava poder contar com sua assistência e apoio. Ela, por seu lado, estava convencida de que "não poderia ceder um centímetro, senão ele iria querer um quilômetro", e sua luta para ser alguém na vida por seus próprios méritos fornecia constantemente combustível para o fogo que estava debilitando o relacionamento atual existente entre eles.

Quando ambos, separadamente, vieram fazer sessões de aconselhamento (pois achavam difícil ficar numa mesma sala um com o outro), trabalhei para ajudá-los a compreender a crise pela qual estavam passando nesse período de suas vidas e o modo como os seus problemas pessoais poderiam estar contribuindo para minar-lhes o relacionamento. Para ajudá-los a consolidar o casamento, que nenhum dos dois queria abandonar, usei não só a psicoterapia mas também ensinei ambos a se libertar.

Sheila parecia executar a Libertação com maior entusiasmo e, assim, sugeri que ela aprendesse a ver o que ela considerava serem esforços de Bruce para "controlá-la" como oportunidades para libertar-se de querer controlá-*lo*.

Previsivelmente, ela ficou indignada com essa sugestão. Isso não significaria abandonar sua luta pela liberdade? Observei que, longe de enfraquecer a sua posição, isso poderia dar-lhe uma nova força para conquistar um tipo ainda mais genuíno de liberdade — sem ter de pagar o preço da destruição de seu casamento.

Ela finalmente concordou em "fazer uma experiência" e libertar-se de querer controlar Bruce por um período de uma semana. Se *depois* disso ela não se sentisse ainda mais livre para fazer as coisas que queria fazer em sua vida *após* deixar de querer controlar o comportamento de Bruce, então ela deveria abandonar a estratégia de Libertação. Desse modo, ela sentiu que não teria nada a perder e, assim, dispôs-se a aplicar o método.

Na manhã seguinte, quando ela achou que Bruce parecia prestes a "explodir" na mesa do café da manhã, depois de tê-lo informado de que iria no sábado a um espetáculo de balé, em companhia de uma amiga, ela tentou libertar-se em vez de retrair-se defensivamente. Observando-o enquanto ele comia raivosamente um pedaço de rocambole e notando o rubor de seu rosto, ela resolveu libertar-se em relação ao comportamento dele usando a tática de dividir para conquistar.

"Eu poderia abrir mão de querer trocar a gravata que ele está usando nesta manhã?", perguntou ela a si mesma, casualmente. Ela podia. Em seguida, tentou libertar-se de querer controlar o modo como ele fazia barulho com o garfo e a faca enquanto comia os ovos. Nesse caso, teve mais dificuldade, porque isso a fez sentir que ele estava zangado, o que, por sua vez, fez com que ela também ficasse zangada; assim, ela perguntou a si mesma se poderia abrir mão do *sentimento* de querer mudar esse ruído — ela deixou seu desejo (intenção) em segundo plano, já que, afinal de contas, isso era bastante razoável.

Depois de se libertar do ruído produzido pelos talheres, Sheila descobriu que também era fácil abrir mão dos seus sentimentos de raiva. Eles pareciam consistir numa forma de tensão correndo ao longo de seus braços, chegando até a ponta dos dedos, acompanhada da vívida fantasia de arrancar a faca e o garfo das mãos dele! "Um sentimento é apenas um sentimento", disse ela para si mesma, e esse pensamento causou-lhe repentina sensação de tranqüilidade e de estar *no controle* de si mesma.

Agora, ao observar Bruce, ela conseguiu abrir mão do sentimento de querer controlar o rubor de raiva no rosto dele. Ao fazer isso, achou a situação toda um pouco engraçada. Ele estava comendo com movimentos bruscos, provavelmente por estar com raiva, e parecia um palhaço; parecia-lhe ridículo que ele pudesse ficar tão aborrecido por causa de um incidente tão sem importância. Afinal de contas, ele estava planejando jogar golfe no sábado, quer ela fosse ou não ao balé!

Ao libertar-se novamente, toda a questão então lhe parecia irrelevante. Ela sentiu que tinha o direito de sair com uma amiga e, dessa forma, do seu ponto de vista, o assunto em questão não justificava uma briga. Parecia-lhe óbvio que ambos deveriam fazer o que gostavam no sábado. Ela agora percebia tão claramente a sua posição que conseguia rir de tudo aquilo.

Essa foi uma nova experiência para Sheila, e ela tirou os pratos da mesa com bom humor. Observando-a, Bruce notou-lhe a calma e viu que, quando falou com ela na cozinha, ela chegou a sorrir e disse com bastante naturalidade: "Você vai chegar atrasado para o trabalho, mas eu realmente acho que isto não faz nenhuma diferença, porque de qualquer modo eles sabem que o serviço não começa sem você."

Ele resmungou qualquer coisa e continuou em silêncio, mas não estava mais produzindo aqueles pequenos ruídos secos com os pratos, facas e garfos. Com efeito, ele voltou-se para ela, ao sair, para dizer: "Vou pegar o queijo quando estiver voltando para casa para podermos ter algo para oferecer aos convidados."

Ambos reconheceram que a tensão se desfizera e que uma briga havia sido evitada.

Esse foi o início de uma campanha sistemática da parte de Sheila para libertar-se de querer controlar Bruce todas as vezes em que ele fazia algo que ela interpretava como uma "tentativa de controlá-*la*". O resultado foi uma sensível diminuição da tensão entre eles e, ainda mais interessante, uma nova e surpreendente aceitação, por parte de Bruce, dos novos planos de Sheila para si mesma. Ele aparentemente reagiu à mudança de atitude da parte dela, sentindo-se menos ameaçado pela nova independência da esposa. Em suas sessões de aconselhamento, Bruce agora queixava-se menos de Sheila e mostrava-se mais propenso a trabalhar alguns dos seus próprios problemas, como, por exemplo, sua sensação de ser antiquado em seu trabalho, um problema que tinha pouco ou nada que ver com seu relacionamento conjugal. Enquanto cada um deles lidava com seus próprios problemas, Sheila continuou a usar a Libertação para diminuir qualquer possibilidade de crise por causa da questão do controle, e o relacionamento entre eles continuou a melhorar de modo considerável. Por fim, ambos puderam interromper o aconselhamento e retomar suas vidas de forma equilibrada. Ambos tinham adquirido um novo respeito um pelo outro.

Casal 3

Havia algum tempo que a esposa de Ronald vinha lhe pedindo que não trouxesse tanto trabalho para casa e que a levasse para sair com mais freqüência. Ele estava incomodado com aquilo que percebia como sendo uma necessidade que a esposa tinha de controlá-lo. Como ele estivesse ansioso por ascender na hierarquia da empresa onde trabalhava, sentia que, no atual estágio de sua carreira, precisava continuar levando muito trabalho para fazer em casa.

A essa altura, nem Ronald nem Joan podiam compreender o ponto de vista um do outro. Ambos sentiam-se injustamente pressionados. Além do aconselhamento matrimonial que ambos tinham vindo buscar, ensinei o casal a libertar-se e sugeri que usassem a tática da "inversão de papéis" para ajudá-los a lidar com os seus problemas.

Sugeri a Ronald que imaginasse uma cena específica em que Joan lhe pedisse para deixar de lado o trabalho que havia trazido para fazer em casa e, em vez disso, a levasse para sair de noite. Ele não teve dificuldade para visualizar essa cena. Então eu lhe pedi que, em sua imaginação, se colocasse no lugar de Joan, como se ele fosse ela, e sentisse como *ela* queria controlar o comportamento *dele* — sentir a necessidade que ela tinha de controlá-lo, como se ele fosse Joan. Enquanto tentava fazer isto, Ronald conseguiu sentir "Joan" querendo controlá-lo a partir do ponto de vista dela. Então, como "Joan", pedi-lhe que se libertasse de querer controlar o seu próprio comportamento (o de Ronald). Ou seja, ele deveria fingir ser Joan e libertar-se de querer controlar Ronald.

Quando Ronald compreendeu isso, um sorriso se abriu em seu rosto à medida que imaginava essa situação estranha. Para se certificar do que fora conseguido com essa tática de inversão de papéis, pedi que Ronald imaginasse uma vez mais um cenário familiar no qual Joan estava lhe pedindo para sair quando ele tivesse trabalho para fazer em casa. Como ele se sentia em relação a isso?

Para sua surpresa, ao reviver a cena, Ronald sentiu que agora tinha uma escolha que anteriormente não estava ao seu alcance. Ele achou que, agora, ficaria muito mais calmo se Joan começasse a insistir para saírem. Se ele sentisse que o trabalho era importante e que ele de fato não poderia ir, acreditava que seria capaz de explicar isto a Joan sem criar conflito. Refletindo um pouco mais sobre o assunto, Ronald achou que, daquele momento em diante, a diferença era que ele não se sentiria culpado por ter levado trabalho para fazer em casa e, portanto, poderia preocupar-se menos com isso. Ele também acrescentou que, antes, não sabia que *tinha* se sentido culpado em relação a isso!

Podemos estar tentando controlar o nosso próprio comportamento mais intensamente do que podemos imaginar, e isso pode causar problemas. Em conseqüência, quando imaginamos uma outra pessoa abrindo mão de querer *nos* controlar, isto pode fazer com que seja mais fácil nos libertarmos de querer controlar os aspectos de nós mesmos em relação aos quais, de outra forma, talvez não pensássemos em nos libertar. O resultado pode ser um alívio considerável, o qual é obtido de forma indireta mas cujos efeitos são tão poderosos que é como se tivéssemos nos libertado diretamente em relação ao nosso próprio comportamento.

Outra razão pela qual a estratégia de inversão de papéis funciona é que, com freqüência, concordamos com muitas críticas dirigidas contra nós sem perceber o que estamos fazendo. Se for esse o caso, ao usar a tática de inversão de papéis, podemos tirar um fardo das costas.

Existe também a possibilidade de que, ao nos colocarmos no lugar da outra pessoa, isso possa nos proporcionar um *insight* surpreendente sobre o modo como realmente nos sentimos — que pode ser bem diferente daquilo que pensávamos que seria — o que, é claro, resolve automaticamente o nosso problema original.

Para que uma tática de Libertação *funcione*, todavia, não precisamos compreender *por que* isso acontece. Tudo que você precisa fazer é inverter os papéis em sua imaginação — e, então, abrir mão de querer mudar o seu próprio eu. Você se sentirá melhor mesmo que não consiga compreender plenamente por que isso está acontecendo.

Joan foi quem tentou essa tática em seguida. Ela havia sentido que Ronald estava tentando controlá-la quando *a* forçava a aceitar esse cerceamento da vida social de ambos. Quando ela se imaginou no lugar de Ronald, ela "sentiu" a tentativa dele quanto a controlar a vida social de ambos e o comportamento dela e, em seguida, libertou-se em relação a isso. Ela imediatamente sentiu-se menos ameaçada pelo desejo dele de "ter o controle".

Visto que, agora, ela havia parado de pensar se ele estava ou não tentando controlá-la, ela começou a ver a situação de uma maneira mais prática e resolveu que, se ela quisesse ter uma vida social mais intensa, ela o faria de uma forma ou de outra. Ela também percebeu que a carga de trabalho que Ronald trazia para casa não era necessariamente algo que iria continuar para sempre. Graças à Libertação, o problema havia deixado de ser uma fonte de tensão e Ronald e Joan puderam buscar soluções práticas para ele.

A tática de inversão de papéis é muito eficaz. Ela, entretanto, é uma estratégia que estamos propensos a esquecer no calor da discussão. Entretanto, é particularmente útil encontrar maneiras de lembrar a si mesmo de usar essa tática quando necessário. Falaremos posteriormente sobre os "lembretes de Libertação", na Parte 3 deste livro.

Casal 4

Gina, uma estudante universitária que morava num apartamento fora do *campus*, queixava-se de que sua companheira de quarto não estava disposta a manter o apartamento limpo. Parecia-lhe que a companheira estava sempre sujando a casa, e Gina estava farta de ficar limpando tudo e de ter pilhas de pratos sujos na pia da cozinha. Quando ela relatou isso no *workshop* sobre Libertação, percebeu que estava querendo controlar o comportamento de sua companheira de quarto.

Como boa parte da raiva estava fechando o seu monitor, sugeri que ela começasse a abrir mão de querer justificar a sua raiva e simplesmente permitisse que ela "existisse". Quando fez isso, começou a sentir-se mais calma.

Nós então usamos a tática de dividir e conquistar. Será que Gina seria capaz de imaginar os pratos empilhados na pia e, então, deixar de querer controlar o *modo como* ali estavam empilhados? Ela podia abrir mão de 1% do desejo de controlá-los e isso foi tudo o que ela precisou fazer. Imediatamente ela passou a sentir-se melhor.

O passo seguinte para ela foi abrir mão, *por apenas dois segundos*, de querer controlar o modo como os pratos estavam empilhados. Isso ela fez com facilidade e, ao pensar nos pratos, viu-se encarando a situação de forma diferente e pensando: "Oh, aqueles pratos de novo." Eles agora lhe pareciam um simples incômodo.

Em seguida, ela imaginou as roupas de sua companheira de quarto, cadernos e cartas espalhados pelo chão — revoltante! Quando lhe pedi para imaginar um cantinho da bagunça, um "detalhe pequeno e insignificante", ela pensou numa carta que tinha sido tirada do lugar devido e que estava jogada no chão, num lugar onde ela poderia ter pisado.

Perguntei-lhe se ela poderia ver um selo postal nessa carta. Nesse caso, ela poderia abrir mão de controlar o modo como esse selo estava posicionado no envelope? Ela riu e abriu mão de querer controlá-lo.

Depois disso, conseguiu visualizar o manuscrito na frente do envelope e abriu mão de querer controlar o modo como o endereço estava posicionado ali. A seguir, abriu mão de querer controlar o modo como a própria carta estava jogada no chão — de lado, direita ou em diagonal. Então, conseguiu abrir mão de controlar a carta toda. Por fim, depois de ter passado por todas essas etapas, conseguiu desapegar-se da idéia de controlar o modo como *todas* as cartas estavam espalhadas.

As engrenagens tinham sido lubrificadas; o processo de Libertação estava em andamento. Agora era fácil. Imaginando toda a "bagunça" do apartamento diante de si, conseguiu abrir mão de querer controlar também isso. Ao vencer um grande desafio através de pequenos passos, Gina tinha chegado a um ponto em que conseguiria libertar-se da coisa que mais a incomodava — a total desordem em sua casa.

Você não precisa suportar um perpétuo estado de desordem para solucionar um problema desse tipo. Gina, através da Libertação, conseguiu mobilizar suas energias para uma solução realística daquilo que, para muitas pessoas organizadas e caprichosas, seria um fardo difícil de suportar. Ela percebeu que a raiva não era a resposta para os seus problemas e que havia uma solução mais prática. Se o estilo de vida de sua companheira de quarto não era do seu agrado, ela poderia mudar-se e viver em circunstâncias que seriam mais aceitáveis. Ela percebeu que, mais cedo ou mais tarde, teria de mudar-se para um outro apartamento, já que o contrato de aluguel estava em nome de sua companheira, mas que isso não significava ter de mudar-se imediatamente. Ela resolveu começar a procurar um apartamento no mês seguinte. A importância do problema havia diminuído e ele, agora, era administrável.

Quando abrimos mão da vontade de querer controlar uma situação, podemos encontrar maneiras de agir que podem mudar essa situação.

Casal 5

Nancy, a irmã divorciada de Barbara, estava sustentando a si mesma e a filha numa pequena cidade a certa distância dali mas, recentemente, incapaz de se virar bem por conta própria, ela tinha se retirado para a casa de Barbara, como se tivesse encontrado um refúgio.

Embora Barbara sempre tivesse sido uma fonte de alento para sua irmã mais nova, ao ver Nancy ansiosa, deprimida e incapaz de planejar construtivamente o seu futuro, ela arrependeu-se de ter sugerido que a irmã viesse para a sua casa. Ela percebeu que sua irmã precisaria de aconselhamento ou algum outro tipo de ajuda profissional para tomar uma decisão realista acerca de seu futuro.

Para aumentar os problemas de Barbara, o seu próprio marido e filho estavam começando a sofrer com a presença da mãe e do bebê na casa. Embora tivessem aceitado bem a idéia de uma curta estada, a visita prolongada e cheia de tensão estava começando a dar nos nervos de todos eles. Era como se tivessem acolhido vítimas de uma inundação para ajudá-las numa emergência e estas se tivessem acomodado para ficar indefinidamente.

Barbara resolveu fazer uma libertação antecipatória em relação a uma cena que lhe causava medo. Recentemente, quando Barbara tinha lhe sugerido aconselhamento, Nancy parece que havia ficado alarmada com a idéia. De muitas maneiras, Barbara parecia a única fonte de apoio para Nancy e, em vista disso, não queria pedir à irmã que fosse embora porque isto poderia causar-lhe sofrimento emocional. Enquanto pensava em toda a situação, Barbara percebeu que isso acontecia porque ela queria ser amada por sua irmã. Obviamente, o amor é uma forma de "aprovação". Se, por mágica, ela pudesse arranjar as coisas de modo que Nancy pudesse mudar-se da casa sem ficar decepcionada com ela, Barbara sentia que isso iria resolver todos os problemas.

O primeiro passo foi abrir mão de querer a aprovação da irmã. Ela conseguiu abrir mão de 1% do desejo de querer essa aprovação, permitindo a si mesma "manter os outros 99%". Isso tirou um peso de seus ombros e Barbara agora imaginava-se dizendo à irmã que a família estava tendo alguma dificuldade para acomodar todos para dormir na casa e que ela gostaria de ter um projeto melhor para Nancy e sua filha.

Em sua imaginação, ela viu uma expressão de raiva e mágoa no rosto de Nancy no momento de dizer essas palavras mas, imediatamente, libertou-se da vontade de querer controlar o fato de Nancy continuar ou não "gostando dela". Então, finalmente sentiu-se pronta para encarar a irmã.

Quando Barbara colocou em prática o comportamento que havia planejado, ela conseguiu dizer à irmã, com delicadeza, que seria melhor se ela fosse embora. Como ela não sentia mais como um desastre o fato de ter de enfrentar Nancy, conseguiu fazer isso de tal forma que as palavras lhe saíram com facilidade, sem tensão nem vontade de impor sua opinião à irmã. Barbara sabia que estava disposta a ajudar a irmã com os preparativos e que o seu pedido era razoável. Quando uma pessoa está calma, isso tende a acalmar os outros. Nancy não ficou de maneira nenhuma tão aborrecida quanto ela havia previsto e conseguiu dar prosseguimento aos seus novos planos de uma forma construtiva.

Quando nos libertamos da aprovação dos outros, podemos vê-los como eles realmente são — e isso pode nos ajudar a lidar com eles de uma forma mais eficaz.

A libertação também pode ser usada de outras maneiras para lidar com problemas enfrentados por um casal. Um parceiro pode libertar-se de querer mudar o fato de que o outro não parece suficientemente solidário, compreensivo, amoroso, paciente, organizado, etc. A pessoa também pode libertar-se de querer controlar a "indiferença", a "impaciência" ou qualquer outro comportamento do outro que lhe pareça reprovável, tendo como conseqüência que certos aspectos fundamentais do relacionamento quase certamente irão mudar em resposta à Libertação.

Os companheiros também podem libertar-se de querer a aprovação (ou o amor) um do outro e de querer a sua própria aprovação quanto à própria atratividade, a forma como se comportam ou para qualquer outro atributo em relação ao qual elas possam ter dúvidas. Isso pode eliminar a pressão do relacionamento e, automaticamente, aprimorar a maneira como os parceiros lidam um com o outro.

Se ambos os parceiros tiverem aprendido a técnica da Libertação, pode ser extremamente benéfico se alternarem na condução das libertações. A maneira de fazer isso será abordada posteriormente, quando estivermos discutindo a libertação para ambos os parceiros.

Um problema que os casais freqüentemente enfrentam, e em relação ao qual a Libertação é particularmente eficiente, requer um capítulo separado. Iremos discutir agora as maneiras pelas quais a Libertação pode ser usada para lidar com problemas sexuais.

Capítulo 11

Libertação Para Problemas Sexuais

A pesar da tão falada revolução sexual, os problemas nessa esfera ainda são comuns. Mesmo as pessoas com formação liberal crescem com um puritanismo tácito que lhes foi instilado no âmbito da família, da escola e da comunidade. Em razão disso, elas podem sentir uma vergonha indefinida e absurda de seu corpo, a qual está em oposição direta com sua aceitação consciente de seu *self* sexual. Tais sentimentos desafiam a lógica porque tiveram origem na tenra infância.

Outras causas freqüentes de dificuldades sexuais incluem deficiências físicas, ataques sexuais ou seduções que possam ter ocorrido na infância, a experiência de pais que tiveram os seus próprios problemas sexuais, sentimentos de inadequação em relação a si mesmo enquanto pessoa e outros distúrbios relacionados com o sexo. Além disso, num mundo onde as realizações constituem um dos valores fundamentais, o sexo tornou-se um campo de prova para muitos. Para muitas pessoas não basta usufruir o prazer da atividade sexual. Em vez disso, elas podem se sentir compelidas a serem "totalmente liberadas", ou sempre fazer da relação sexual uma experiência extática ou realizarem o ato sexual de forma radicalmente diferente e superior todas as vezes.

Como o sexo é uma forma de diversão, ele obviamente é prejudicado por qualquer obrigação ou esforço de fazê-lo direito. É por esse motivo que, nas novas terapias sexuais, o terapeuta ensina os que estão tendo dificuldades na vida sexual a deixarem de *tentar alcançar* um resultado específico. Eles não devem tentar alcançar o orgasmo ou, na verdade, qualquer outro tipo de realização. Em vez disso, são orientados a ver o sexo como uma atividade descompromissada e livre de exigências ou julgamentos acerca de desempenho "correto" ou "incorreto". O sexo não é o terreno apropriado para buscarmos um sucesso extraordinário de qualquer tipo.

Embora esse conselho seja útil, livrar-se da ansiedade de desempenho é coisa fácil de dizer e difícil de fazer. Muitas pessoas continuam registrando, em algum nível, como está o "escore" no que quer que estejam fazendo. Não é de surpreender, portanto, que essas preocupações invadam o terreno sexual, reduzindo a espontaneidade e o prazer.

Os que usam o método de Libertação antes de se envolver em atividades sexuais relataram uma sensível melhora na qualidade de sua experiência sexual. A seguir, apresentamos relatos de casais que usaram a Libertação com esse objetivo.

Problema Sexual 1

Para os convidados que compareceram ao casamento deles, Terry e Mark pareciam o casal ideal. Terry tinha acabado de se graduar por uma das melhores universidades dos Estados Unidos e era uma bela noiva. Enquanto ela caminhava em direção ao altar, com seus finos cabelos loiros presos num simples coque, sua família, constituída por destacados cidadãos da comunidade, admirava-a com orgulho. Mark, que se destacava pela altura, havia-se formado recentemente numa faculdade de direito e estava iniciando uma promissora carreira. Ao saírem de braços dados da igreja, ele também era uma figura imponente.

Sobre o relacionamento deles, porém, havia uma sombra. Embora Terry e Mark estivessem vivendo juntos havia mais de dois anos, eles ainda não tinham resolvido um problema sexual incômodo que tornava o casamento estressante para ambos.

Terry era "não-orgásmica" (ela detestava a palavra frígida) e, a não ser que fumasse maconha, não conseguia sentir-se à vontade ao entregar-se à atividade sexual. Ao pensar em fazer sexo, seu corpo ficava tenso e ela começava a falar compulsivamente — sobre toda e qualquer coisa. Essas crises de tagarelice ocorriam regularmente, embora ela certamente considerasse Mark o homem mais desejável que conhecera. Para seu espanto, parecia-lhe que era justamente por ele ser tão atraente e tão "certo" para ela que a idéia de irem para a cama fazia com que ela ficasse tensa e se tornasse, conforme ela disse posteriormente em sessões de aconselhamento matrimonial, "uma perfeita aluna de colégio interno".

Terry tinha freqüentado boas escolas e observado apropriadamente todas as tradições religiosas. Seu pai era professor; seu avô, um destacado pastor da comunidade, e desde pequena ela se orgulhava de ser extraordinariamente séria e controlada. Não foi nenhuma surpresa ela ter se tornado uma grande amazona e ter excedido todas as expectativas da família em concursos hípicos na infância e na adolescência. Ela tinha uma postura elegante e mantinha o tempo todo um perfeito controle sobre si mesma e o cavalo. Seu comportamento durante as exibições era impecável.

A bela postura de Terry, todavia, não atuava em seu favor quando ela estava na cama com o marido. Era como se algumas das próprias qualidades que haviam atraído Mark até ela — o fato de ela ser uma figura popular na universidade, segura de si, atraente e assediada — estivessem agora interferindo com a sua liberdade ao fazer amor. Para Terry, ser menos do que perfeita na cama com Mark era uma idéia assustadora.

Assim como muitos outros universitários, ela havia fumado maconha algumas vezes e, nessas ocasiões, não raro conseguia mostrar maior interesse sexual durante o relaxamento passageiro induzido pela droga. Fazer uso da droga, porém, criou novos problemas para ela. Sua necessidade de autocontrolar-se permanentemente era tão forte que ela tendia a ficar longe de qualquer droga, incluindo o álcool, que pudesse reduzir o seu controle sobre si mesma. O resultado foi que, quando ela e Mark iam para a cama, ela freqüentemente não se envolvia com a experiência sexual, permanecendo distante.

Para Mark, Terry ainda era a garota dos seus sonhos e, assim, a falta de resposta da parte dela fazia com que ele começasse a duvidar da própria competência sexual. Isso, por sua vez, acabava resultando em discussões que às vezes tinham colocado em risco o relacionamento entre eles, mas que ambos atribuíam à instabilidade e insegurança de não estarem oficialmente casados.

Para eles, portanto, foi um choque descobrir que o casamento não melhorou a vida sexual. O problema continuou e pareceu até ficar pior. Terry, então, procurou solucionar o impasse dedicando-se tão intensamente à vida social, à equitação e às atividades comunitárias que Mark acusou-a de ser uma "esposa só para festas".

Embora ficasse cada vez mais evidente que o casal precisava de ajuda profissional, era difícil para Terry concordar em discutir sua vida sexual com um estranho, mesmo em sessões de aconselhamento matrimonial. Com o passar do tempo, porém, o casal de fato procurou aconselhamento e, para facilitar o progresso no tratamento, ensinei a ambos a técnica da Libertação.

Depois que eles dominaram o método básico, sugeri a Mark que abrisse mão de sua necessidade de obter a própria aprovação quando estivesse praticando a relação sexual (preferencialmente antes de começar o ato) e que também se libertasse de querer a aprovação de Terry. Isto foi feito com o propósito de ajudar Mark a lidar com seus problemas relacionados com a dificuldade de Terry para responder e também para ajudá-lo com qualquer tipo de insegurança residual que ele pudesse ter.

Sugeri a Terry que usasse a técnica de Libertação de forma um pouco diferente. Em suas sessões de aconselhamento, ela havia dito que, ao começar a sentir-se excitada, respondendo aos carinhos de Mark e tomando consciência de reagir com crescente excitação, era como se, em suas palavras, "toda uma série de rostos familiares passasse por minha mente". Ela via a mãe ajeitando-lhe o pequeno vestidinho branco elegante e as meias brancas ou, então, o rosto da mãe censurando-a porque o seu quarto não estava suficientemente limpo ou por ela não ter esfregado as mãos ao lavá-las. Nessas ocasiões, ela também imaginava o rosto de seu avô sobre o púlpito, sério, grave e aprovando o grande *autocontrole* de Terry. Ou, então, tinha visões fugazes dela mesma cavalgando em concursos hípicos, mantendo-se ereta e equilibrada mesmo durante os saltos mais difíceis. Parecia haver muitas diferentes formas de aprovação em relação às quais Terry tinha de renunciar.

Quando ela começou a desapegar-se da necessidade de aprovação, teve dificuldade para lidar com a questão de forma direta, mas conseguiu abrir mão do *sentimento* de querer aprovação. Ela estava familiarizada com esse sentimento e descobriu que podia abrir mão de uma pequena parcela dele, talvez 1% de cada vez. Mesmo essa pequena parcela pareceu tirar-lhe um fardo dos ombros e, depois das sessões de Libertação, os rostos recriminadores de sua família pareceram sair de cena, deixando-a livre para ser ela mesma, sozinha com Mark.

A par da necessidade de Terry conseguir aprovação, havia também uma extraordinária necessidade de exercer um rígido controle sobre si mesma. Desde o tempo em que, quando criança, ela havia conseguido agradar à mãe — aprendendo a usar o banheiro com sete meses de idade, controlando com seu sistema nervoso ainda imaturo funções intestinais extremamente difíceis de serem controladas —, até as ocasiões em que ela estoicamente havia suportado quedas de cavalos, levantando-se, cerrando os dentes e recusando-se a chorar, Terry sempre havia procurado ter um rígido controle sobre as coisas ao seu redor, seus sentimentos e suas reações físicas.

Em alguns aspectos, esse controle havia permitido que, à sua própria maneira, ela tivesse se tornado muito eficiente. Infelizmente, porém, ela era incapaz de escolher *o momento* de exercer um rigoroso controle sobre si mesma. Havia ocasiões em que um intenso controle era desejável, como num concurso de equitação ou quando ela estava sendo a anfitriã de uma festa. O problema era que ela não conseguia soltar as rédeas quando este tipo de controle não era apropriado.

Aprender a libertar-se de querer controlar a si mesma foi fundamental para a reeducação sexual de Terry. Para ajudá-la, sugeri que ela primeiramente se libertasse ao *imaginar-se* tendo relações sexuais com Mark. Ao pensar em fazer amor, ela conseguiu abrir mão de querer controlar as suas reações diante dele. Ela também conseguiu abrir mão de querer aprovação — aprovação de *todo mundo* — dela mesma, de Mark, de sua família e de seus amigos. Este foi um passo crucial para Terry porque, para ela, a liberdade sexual parecia ser uma assustadora perda de controle. Ela mesma comparou essa liberdade à perda de controle que uma garota muito pequena poderia sentir se molhasse a calcinha numa festa de aniversário, sujasse o seu lindo vestido de festa e, então, se sentisse profundamente envergonhada. Terry conseguiu lembrar-se desse incidente que aconteceu em sua infância. Ele havia permanecido em sua mente durante anos.

Por fim, Terry costumava sentir-se envergonhada com a aproximação do orgasmo e era importante para ela livrar-se dessa vergonha. Isso ela conseguiu fazer abrindo mão da vontade de querer *mudar* a vergonha e simplesmente deixando que ela "existisse". Quando fez isso pela primeira vez, foi uma experiência extraordinária. Ela nunca havia imaginado que seria possível sobreviver a essa vergonha sem que algo terrível lhe acontecesse. Todavia, quando ela permitiu a si mesma, em sua imaginação, sentir plenamente a vergonha, senti-la queimando dentro de si, ela se viu passando pela experiência e emergindo incólume do outro lado. Para ela, isso foi uma revelação. Ela sentiu que nunca mais voltaria a ter o mesmo medo da vergonha e percebeu, sem dizer palavra, que não era mais a garotinha que molhara a calcinha na festa.

Terry em pouco tempo adquiriu o hábito de libertar-se sempre que começava a sentir-se tensa ao perceber que Mark buscava o sexo. Ao abrir mão de querer controlar o comportamento dele (e o seu próprio), ela pensava: "Eu não tenho de *pensar* nisto agora; vou apenas relaxar e sentir prazer por alguns momentos."

Em conseqüência disso, o excesso de controle começou a deixar de se fazer presente em suas experiências sexuais e ela conseguiu viver mais intensamente o momento presente. Embora a tensão voltasse esporadicamente — a lembrança das palavras ou expressões reprovadoras de sua família e a necessidade de estar impecavelmente arrumada — ela logo aprendeu a se libertar sempre que isso ocorria. Seu padrão espontâneo de pensamento passou a ser este:
"Posso abrir mão da vontade de querer controlar o meu corpo?"
"Posso abrir mão da vontade de querer controlar os meus sentimentos?"
"Posso abrir mão da vontade de querer controlar a minha excitação?"
"Posso abrir mão da vontade de querer controlar o prazer?"

Terry, em seguida, tornou-se mais ousada em suas "libertações". "Posso abrir mão da vontade de querer controlar a penetração?", perguntou ela a si mesma certa vez. A pergunta pareceu-lhe uma declaração de independência. Finalmente, ela sentiu-se humana, e não uma garotinha num vestido todo branco.

Terry então se viu começando a ter mais prazer com a atividade sexual. Ela se tornou mais espontânea durante o ato sexual, conhecendo uma sensação de prazer e liberdade que nunca havia conhecido antes. Para seu alívio, também descobriu que, apesar da liberdade, conseguia facilmente exercer controle em outras circunstâncias de sua vida, quando isso se mostrava necessário. Em suma, ainda podia usar o "vestido branco" quando isso era apropriado, mas agora ela o fazia somente quando *decidia* fazê-lo.

Quanto a Mark, a libertação quanto à sua necessidade de ter a própria aprovação e seu relaxamento crescente diante da maior liberdade de Terry começaram a dar-lhe a sensação de que ambos estavam na mesma sintonia. Ambos agora estavam mais livres para se expressar do modo como realmente queriam, tanto na cama como fora dela. Desse ponto em diante eles fizeram um rápido progresso no aconselhamento matrimonial e, dentro em breve, puderam ir abandonando o tratamento à medida que assumiam a responsabilidade por sua nova vida.

Problema Sexual 2

Embora no início do casamento Natalie e Jim tivessem apreciado a companhia um do outro, sexualmente e de muitas outras maneiras, a recordação daqueles dias agora parecia distante. Onze anos mais tarde, após o nascimento de seus três filhos, a monotonia havia-se instalado. Agora, parecia que eles estavam sempre conversando sobre as mesmas coisas — filhos, parentes e amigos — e sua vida sexual havia se tornado tão rotineira que as coisas pareciam sempre iguais.

Quando o casal participou de um *workshop* sobre Libertação, ambos ficaram entusiasmados com o valor da técnica, e não demorou muito para que Natalie tivesse a idéia de se libertarem antes de irem para a cama juntos. Ela sugeriu isso a Jim, que estivera usando a Libertação em outros aspectos de sua vida, incluindo os seus negócios, e achava que ela tinha sido útil. Ele ficou imediatamente interessado e, quando eles se sentaram na sala de estar, determinada noite, libertaram-se de querer controlar o que o outro iria fazer quando finalmente fossem para a cama — se o outro iria ou não dar o primeiro passo, como eles iriam se acariciar, como iriam se comportar em relação aos outros aspectos do ato sexual, e assim por diante.

Quando finalmente foram para a cama, descobriram com surpresa que estavam antegozando o ato sexual, um sentimento que eles tinham quase esquecido. Havia uma aura de excitação, de desconhecido, na prelibação dessa experiência.

Ao começar a trocar carícias, eles se libertaram em voz alta em relação a quererem controlar as reações um do outro e acharam tudo isso muito divertido. Natalie deu uma risadinha (algo que há muito tempo ela não fazia durante o ato sexual) e ambos acharam engraçado ter sido necessário abrir mão de tantas formas complexas de controle de um sobre o outro, de cada um sobre si mesmo e sobre o próprio corpo.

Depois disso, entraram no ritmo "da coisa" e começaram a se desapegar do controle sobre as sensações produzidas pelas carícias, movimentos e posições. Em seguida, abriram mão da vontade de querer controlar os órgãos genitais e as reações físicas um do outro, bem como suas próprias reações sexuais. Por fim, ficaram em silêncio. O processo de Libertação, depois de iniciado, é como uma bola de neve rolando montanha abaixo. Ele continuou a aumentar de intensidade ao mesmo tempo que eles passaram a se libertar silenciosamente de quererem controlar todos os aspectos da experiência sexual.

Para espanto de ambos, naquele dia fizeram amor de forma espontânea, divertida e *nova*. Foi como se cada um estivesse descobrindo um novo parceiro sexual. Conforme Natalie comentou posteriormente, ao relatar-me a experiência: "Foi como se eu estivesse tendo um caso! Foi maravilhoso!"

Jim havia tido a mesma reação e, daquele momento em diante, os dois nunca foram para a cama sem antes se libertarem. Conforme ele disse, a Libertação "foi uma incrível descoberta".

Curiosamente, a Libertação que eles realizaram na cama teve um efeito impressionante sobre o resto da vida deles. Logo se viram fazendo juntos coisas que não faziam havia anos — caminhar pela floresta, fazer longas viagens para visitar amigos que moravam longe, jogar tênis — e descobriram outras atividades que gostavam de praticar juntos, ao passo que anteriormente eles haviam perseguido apenas os seus interesses individuais.

Ao se libertarem da vontade de querer controlar um ao outro sexualmente, haviam construído o hábito de se desapegar da idéia de quererem controlar um ao outro de maneira geral. Agora, eles se viam libertando-se automaticamente de querer controlar o modo como o outro nadava na praia, assava os hambúrgueres sobre o fogo ou o modo como ela falava nas festas. Para esse casal, a Libertação foi uma maneira de trazer a espontaneidade de volta para a vida deles. Ela reavivou-lhes a imaginação e deu-lhes uma nova juventude e liberdade.

Problema Sexual 3

Lawrence, um executivo de uma grande empresa, estava divorciado, e parecia haver uma quantidade infinita de mulheres interessadas nele. Lawrence, todavia, não se sentia muito feliz com isso, pois ainda não se havia recuperado do tremendo golpe em sua auto-estima provocado pelo fracasso de seu casamento. Ele ficava deprimido sempre que pensava nos problemas que haviam ocorrido entre ele e a mulher — que anteriormente o havia admirado muito. Conquanto tivesse dito repetidas vezes a si mesmo que havia esquecido Roxanne, atormentava-o a idéia de que ele nunca havia realmente satisfeito sua esposa, seja como amante ou como marido. A sombra do que ele considerava o seu fracasso sexual continuava a acompanhá-lo.

Não era que Lawrence não tivesse sido ativo sexualmente. Ele havia, de fato, sido inflexível em suas exigências sexuais em relação a Roxanne, insistindo em que eles fizessem amor todas as noites, sem falta, e que buscassem as experiências sexuais mais excitantes e diferentes. No início, Roxanne concordara com esse frenesi sexual mas logo começou a retrair-se. Havia alguma coisa no comportamento do marido que a incomodava. Sua insistência em novas e incomuns variações do ato sexual parecia ter pouco ou nada que ver com *ela*. A esposa achava que o comportamento do marido tinha mais que ver com alguma imagem dele mesmo que, por motivos apenas dele, ele estava tentando manter.

Talvez fosse a expressão do rosto de Lawrence — um rosto distante e ensimesmado que ela havia notado com freqüência cada vez maior — que tivesse feito Roxanne começar a encontrar desculpas para não fazer sexo com a mesma freqüência de antes. O resultado foi uma insistência cada vez maior por sexo da parte dele e uma aparente determinação de tomar de assalto as defesas que ela havia erguido e recuperar sua admiração.

Essa, todavia, foi uma manobra contraproducente. Quanto mais Lawrence tentava ser um amante excepcional, mais Roxanne sentia-se alheia ao ato, tornando-se defensiva e retraída. Isto levou-o a se esforçar ainda mais intensamente até que, por fim, zangado com Roxanne por causa do que aparentemente era o seu próprio fracasso, Lawrence procurou outra mulher.

Em seu relacionamento com essa nova mulher, ele descobriu que, com a ajuda de alguns drinques, ele poderia chegar àquilo que ele havia descrito como "sexo absolutamente selvagem". Todavia, ele ignorou convenientemente o fato de essa mulher, que também era casada, poder encontrar-se com ele apenas ocasionalmente e por curtos períodos, não estando portanto sujeita, como Roxanne havia estado, a seus esforços diários para provar a própria virilidade. As poucas horas durante as quais os dois conseguiam ficar juntos num motel pareciam-lhe momentos de êxtase, e ele não tinha de se preocupar com o modo como essa mulher iria reagir às suas investidas caso elas ocorressem regularmente.

Por fim, o prolongado relacionamento extramatrimonial de Lawrence resultou num confronto com Roxanne, o qual produziu amargura, acusações e, por fim, a separação e o divórcio. Depois disto, ele rapidamente rompeu com a nova mulher e iniciou um outro tipo de atividade amorosa.

Ele agora evitava qualquer relacionamento amoroso que pudesse lhe trazer o tipo de rejeição, humilhação e fracasso que ele havia experimentado com Roxanne. Em vez disto, ele iniciou uma série de casos de curta duração. De modo geral, estes casos eram com mulheres casadas e, portanto, inatingíveis. Sua reputação, que no início era brilhante, foi sendo gradualmente maculada à medida que diversas mulheres desiludidas descobriam que ele estava atirando para todos os lados e não tinha a intenção de comprometer-se seriamente com nenhuma delas. Elas detectaram algo de frenético em seus esforços para seduzir o sexo feminino.

Foi nessa altura que Lawrence desenvolveu graves cefaléias tensionais, as quais ocorriam quando ele deveria estar se divertindo. Ele se descobriu particularmente inclinado a essas dores de cabeça quando estava prestes a se encontrar com uma mulher atraente para uma experiência que prometia ser particularmente excitante. Foi esse o sintoma que o levou a tratar-se com uma colega psicóloga, a qual, por sua vez, recomendou que Lawrence participasse de um de meus *workshops* sobre a Libertação. A terapeuta que o estava tratando acreditava que seria útil para ele aprender as técnicas de Libertação para lidar com a excessiva intensidade com que ele parecia entregar-se a encontros sexuais.

Nessa altura, Lawrence estava sofrendo daquilo que é conhecido como "ansiedade de desempenho", um forte medo (muitas vezes não consciente) de ser incapaz de ter um desempenho sexual adequado. Ele parecia ter medo de ser incapaz de provocar nas mulheres a excitação que iria provar de uma vez por todas que ele era um "homem de verdade".

Esse padrão de comportamento tinha origem na história de vida de Lawrence, e sua terapeuta trabalhou com ele para descobrir quais eram os elementos de sua vida que poderiam ser responsáveis por essa frenética necessidade de provar a própria virilidade. Entre esses estava a lembrança de um pai fraco e ineficiente, o qual havia sido um modelo insatisfatório para o garoto em fase de crescimento.

Somada às descobertas que Lawrence estava fazendo através da psicoterapia, a Libertação revelou-se de grande ajuda para reduzir sua ansiedade de desempenho. A sua terapeuta sugeriu-lhe que ele usasse a Libertação como uma forma de terapia sexual. Tão logo ele aprendeu a técnica, a terapeuta aconselhou-o a reservar alguns instantes antes de dedicar-se à atividade sexual e abrir mão de querer mostrar-se "fantástico na cama". A terapeuta também sugeriu que Lawrence abrisse mão de querer controlar reações específicas da mulher em relação a ele e que ele abrisse mão de querer controlar as próprias ereções.

Lawrence aplicou entusiasticamente a técnica da Libertação às suas experiências sexuais, inventando rapidamente maneiras de libertar-se da vontade de querer controlar todos os aspectos de seu próprio corpo e as reações de sua parceira. Ao fazê-lo, ele começou a perceber que estava se sentindo mais à vontade com suas parceiras sexuais e menos propenso a ter dores de cabeça antes de fazer sexo. Para sua surpresa, ele também descobriu que, às vezes, poderia até mesmo ficar quieto e passivo durante o ato sexual e não sentir nenhuma necessidade particular de mu-

Para Libertar-se em Relação às Experiências Sexuais

Pense consigo mesmo ou diga em voz alta:

"EU PODERIA ABRIR MÃO DA VONTADE DE QUERER
CONTROLAR _____?"

Relação de Possíveis Categorias
(Complete com palavras ou frases
que tenham um significado para você.)

ELE/ELA _____

O PRAZER _____

COMO FAÇO _____

O QUE ACONTECE _____

MINHAS REAÇÕES _____

MEU CORPO _____

(Outras) _____
_____
_____
_____
_____

Liberte-se também da vontade de querer a aprovação de seu/sua parceiro/a ou de querer a sua própria APROVAÇÃO!

dar *isso*. Ele nunca havia passado por isso anteriormente, e essa sua aceitação de uma passividade ocasional foi para ele um grande triunfo, ajudando-o a eliminar o hábito autodestrutivo de usar o sexo apenas como uma forma de reforçar sua auto-estima como "homem de verdade" e permitindo-lhe vivenciá-lo como um meio de alcançar um prazer genuíno.

Cada pessoa encontra as frases peculiares que funcionam melhor ao libertar-se em relação ao sexo. Elas freqüentemente incluem palavras curtas que realmente "falam" com a pessoa. Não foi nenhuma surpresa Lawrence ter encontrado várias e engenhosas maneiras de pedir a si mesmo que abrisse mão de querer controlar o seu pênis. Sempre que fazia isso, ele sentia a ansiedade diminuir e, com o tempo, a questão do desempenho sexual passou a ter menos importância. O sexo estava se tornando mais divertido e ele não estava mais propenso a aterrorizar sua parceira amorosa com um excesso de intensidade que parecia antinatural para a mulher envolvida.

O uso da Libertação, somado à psicoterapia intensiva, acabou ajudando Lawrence a lidar com seus problemas sexuais e resultou numa mudança no relacionamento tanto para as mulheres como para ele mesmo. Ele não sentia mais necessidade de beber antes de fazer sexo e, com o passar do tempo, conseguiu estabelecer um relacionamento permanente com uma mulher, desta vez numa base menos ardente do que seu tumultuado casamento anterior com Roxanne. Curiosamente, ele não deixou de usar a técnica de Libertação quando as coisas melhoraram e resolveu incorporá-la à sua vida sexual como parte integrante dessa experiência, considerando o sexo mais como uma diversão e um jogo do que como uma meta na vida.

A Libertação, dessa forma, ajuda as pessoas a lidar com diversos tipos de problemas sexuais. Ela ataca diretamente as questões relativas a aprovação-reprovação, as quais podem inibir a liberdade sexual — aqueles desagradáveis remanescentes da infância. Ela também pode aliviar a ansiedade de desempenho, devolvendo ao sexo a sua função de proporcionar prazer e não de acumular pontos para aumentar o próprio escore. Ela pode renovar a reação da sexualidade, acrescentando liberdade num cenário dominado pela monotonia.

O último aspecto é particularmente importante. Se o sexo torna-se mecânico, muitos casais buscam novos parceiros sexuais porque estes parecem oferecer-lhes a terra prometida. Isso pode dar início a uma busca incansável dos sonhos perdidos da juventude ou do retorno a um relacionamento que em algum momento foi viável mas que agora não é mais. Libertar-se antes do ato sexual permite que o casal se livre de rotinas antigas e repetitivas. Esse expediente faz com que a experiência tenha um novo e revigorante caráter de expectativa e liberdade, o que pode proporcionar à pessoa uma nova experiência sexual e eliminar a necessidade de buscar um novo parceiro sexual.

Todavia, você não precisa ter problemas de ordem sexual para beneficiar-se com a Libertação. Essa técnica serve para aumentar o prazer de uma experiência que já seja deliciosa. Muitas pessoas gostam de usá-la desta maneira.

Capítulo 12

Libertação Para Problemas Entre Pais e Filhos

Mesmo os melhores pais podem vir a ter dificuldades com a criação dos filhos. Problemas ligados ao relacionamento entre os membros da família e à interação da criança com o mundo faz com que criar os filhos seja ao mesmo tempo algo recompensador e frustrante. As crianças, muitas vezes, também têm dificuldade para se relacionar com os pais.

A Libertação pode acabar com possíveis conflitos no seio da família e a simplificar o convívio diário no lar. Os seguintes relatos de pessoas que usaram a Libertação em relação aos problemas entre pais e filhos representam apenas algumas das possibilidades de equilíbrio da vida familiar com o uso dessa técnica.

Dificuldades Entre Pais e Filhos 1

Quando Beatrice veio para o aconselhamento, ela estava em situação angustiante. Apesar do fato de seu filho, John, de sete anos de idade, estar passando por sessões de psicoterapia numa clínica de orientação, as dificuldades que ela tinha com ele continuavam a ser um ponto central em sua vida.

A filha mais velha de Beatrice, uma garota de onze anos, era benquista pelos colegas de classe e amigos, e o filho mais novo era uma criança divertida. Mas o filho do meio, John, parecia esforçar-se para infernizar a vida da mãe. Seu temperamento irascível, seus amuos freqüentes e sua incapacidade de se relacionar com as outras crianças sem ter explosões de cólera eram uma constante fonte de sofrimento para os seus pais. Devido ao seu comportamento, John nem parecia ser filho deles. Diferentemente de qualquer outra pessoa da família, ele conseguia passar horas sozinho com seu brinquedo de armar mas não conseguia relacionar-se bem com os outros.

Além disso, a própria Beatrice passara por um período difícil e infeliz em sua infância, durante o qual ela também não se dava bem com as outras crianças. Mais tarde, ela desenvolvera maneiras de se relacionar com os outros que haviam funcionado bem mas, em seu íntimo, ela nunca estivera totalmente segura de ser aceita por um grupo, e esta era uma das razões pelas quais ela ficava tão incomodada quando John hostilizava os filhos de vizinhos cuja amizade ela tanto se esforçara por conquistar.

Quando Beatrice encarou esses aspectos de seu relacionamento com John nas sessões de psicoterapia, ficou claro que era preciso fazer alguma coisa para ajudá-la a lidar com as discussões diárias com o filho. A despeito de uma promissora reação à psicoterapia, o fato era que, *naquele momento*, ela estava muito sensível a qualquer coisa que John fizesse. A menor ameaça da parte dele fazia com que ela se precipitasse no esforço de controlá-lo e evitar o comportamento que ela temia. Beatrice compreendia que estava agravando o comportamento do filho ao tentar contê-lo — muitas vezes ela achava que John na verdade usava esse comportamento irritante para forçá-la a dar atenção a ele — mas parecia não ser capaz de mudar as próprias reações. Em suma, John ainda parecia ser capaz de pressionar os botões que faziam sua mãe ficar num estado extremamente exaltado com o qual ambos sofriam.

A essa altura da terapia, ensinei a Beatrice a técnica da Libertação. Ela a aprendeu rapidamente e conseguiu usá-la de imediato em suas reações a John. Em primeiro lugar, ela perguntou a si mesma se poderia abrir mão da vontade de querer *controlar* John, "ainda que só um pouquinho". Ela logo descobriu que a tática de deixar de querer controlar o filho por *um ou dois segundos apenas* era o modo mais eficiente de conseguir isso. Se ela conseguisse pôr de parte o sentimento, então ela sentiria uma diminuição no seu impulso de controlá-lo. Depois disso, ela descobriu que era razoavelmente fácil abrir mão de uma quantidade maior dessa necessidade para controlar o comportamento de John.

Enquanto Beatrice ensaiava mentalmente como seria libertar-se em relação a John (antes de tentar fazer isso em casa), de repente ela se sentiu menos responsável pelo comportamento do filho. Passou-lhe pela cabeça a idéia de que, se ele agisse daquela forma com as crianças da vizinhança, isso era problema *dele*. Ela, por sua vez, poderia agir como quisesse com relação aos pais dessas crianças. Isso deu-lhe uma nova perspectiva sobre o problema e, pela primeira vez, parecia que ela via John como uma pessoa com vida própria. De fato, ele só tinha sete anos de idade, mas era uma pessoa. Ela agora o via "agindo à sua própria maneira" e, de certo modo, sendo responsável por isso, assim como ela, Beatrice, era responsável pelo seu próprio comportamento com relação a seus amigos.

Ela saiu do consultório sentindo que um fardo lhe fora tirado dos ombros e disse-me que, sempre que possível, usaria a técnica em sua casa. Observei-lhe que, no início, ela poderia se esquecer de usá-la no calor de uma discussão com John — afinal de contas, era um hábito dela reagir ao comportamento dele — mas que, nesse caso, ela poderia decidir parar sempre que percebesse que fora atraída para um confronto e depois, quando estivesse sozinha, poderia reviver a cena e libertar-se com relação a ela.

Beatrice concordou em tentar fazer isso. Quando voltei a vê-la, uma semana depois, sua atitude para com o filho mudara significativamente. Ela me disse que chegara em casa, depois da primeira sessão de Libertação, e encontrara John sentado ao lado do filho mais novo, esmurrando-o de uma forma que ela considerou perigosa. O que a surpreendeu de imediato, porém, foi a diferença no modo como ela lidou com a situação dessa vez.

Enquanto entrava na sala, ela pensou consigo mesma: "Eu poderia abrir mão da vontade de querer *controlar* os murros de John?" Conquanto naquele momento ela conseguisse abrir mão completamente dessa vontade, algo fez com que ela se acalmasse tão logo pensou na pergunta da Libertação. Com isso, ela conseguiu entrar na sala em silêncio. Em vez de gritar para que as crianças parassem de brigar, ela andou até eles, parou ao lado dos dois e, delicada mas firmemente, colocou as mãos nos ombros de John e disse: "Quero que você pare imediatamente."

Embora no início ele parecesse não ter ouvido o que ela havia dito, ela se viu repetindo, com voz forte porém ainda bem modulada: "Imediatamente." Agora ela não estava expressando raiva mas, sim, firmeza confiante, algo que não acontecia anteriormente, quando ela travava as suas batalhas para controlar John. Graças à Libertação, o seu comportamento desvairado desapareceu e, em pouco tempo, John, obviamente sentindo uma diferença no modo como ela estava reagindo a ele, soltou o seu irmão e, emburrado, foi para o quarto, *sem brigar.*

Esse foi o início de uma semana de intensa Libertação para Beatrice. Às vezes, ela precisava usar diversas táticas de abertura para alcançar a libertação. Certa noite, quando John chegou emburrado para jantar, ela ficou aborrecida pois dava muito valor a um bom relacionamento entre os membros da família. Beatrice usou a tática de dividir para conquistar para lidar com os seus sentimentos. Ela começou por abrir mão do seu desejo de mudar o modo como o cabelo de John estava caindo sobre a testa; em seguida, fez o mesmo em relação a querer controlar o fato de a camisa dele não estar dentro das calças; depois, a respeito de querer mudar o rubor em suas bochechas, e assim por diante, ao longo de uma extensa lista de detalhes acerca de seu filho, em relação a cada um dos quais ela sucessivamente *abriu mão da vontade de querer controlar.*

O resultado dessa Libertação foi que Beatrice começou a observar algumas coisas interessantes. Pela primeira vez ela notou que John passava boa parte do tempo observando o pai pelo canto do olho. Várias vezes ele tentou falar com o pai, apenas para ser ignorado e depois vê-lo conversar com alguma das outras crianças. Isso fez com que Beatrice percebesse que havia algo entre o pai e o filho que antes ela nunca parara para observar. Ela tinha ficado tão absorvida em querer forçar John a mudar, que não conseguira observar atentamente o que ele estava fazendo. Agora, essa observação de sua parte levou-a a sentir que ela queria mudar o *marido,* e ela também abriu mão de querer controlá-*lo.*

Então, ela conversou calmamente com o marido. Como ela já não queria controlar o modo como ele se comportava em relação a John, seus comentários foram feitos em tom casual e baseados em fatos, e ele não reagiu a eles com hostilidade. Na verdade, ele estava ouvindo-a com mais atenção do que de costume, e eles começaram uma conversa amigável, durante a qual ele disse que pensaria acerca de suas reações a John. E ele realmente o fez, pois mais tarde, naquela noite, ela o viu levando John para dar um passeio de carro. Os dois foram sozinhos até uma loja de autopeças, sem levar as outras crianças. À medida que Beatrice continuava libertando-se de querer mudar a atitude do marido em relação a John, ela se viu começando a se arrepender por não ter se mostrado mais sensível às necessidades do filho. Agora, ela percebia aspectos importantes da situação que antes não haviam sido notados. A essa altura, felizmente, ela reconheceu que talvez fosse útil se ela se libertasse da sua necessidade de controlar (mudar) os *próprios* atos.

Beatrice, então, abriu mão de querer mudar o fato de que *no passado* ela errara no trato com John e deixara de perceber determinados fatos importantes. Ela acabou por dizer a si mesma: "Eu poderia abrir mão de querer mudar o fato de que, em determinados aspectos, eu não tenho sido uma boa mãe para ele?" Conforme Beatrice foi se desapegando de seu impulso interior de mudar o modo como ela se comportara no passado, a pressão pareceu diminuir dentro dela e, para sua surpresa, agora se sentiu mais interessada em fazer algo por John. Ocorreu-lhe até mesmo que seria agradável se ela procurasse tratá-lo de forma a "reconquistá-lo", encontrando nele virtudes que antes não percebera.

Esse pensamento levou-a a prosseguir com renovado entusiasmo seu programa de libertação com relação ao filho. Agora ele parecia estar dando resultados. Ela iria descobrir coisas novas sobre o seu filho do meio, que, até então, ela realmente não conhecera e cuja companhia, até o momento, ela não fora capaz de desfrutar plenamente.

O novo otimismo de Beatrice em relação a John teve efeitos imediatos sobre o filho. Ele percebeu rapidamente que a mãe estava interessada nele e, provavelmente, reconheceu, a partir da expressão do rosto e do seu tom de voz, que ela estava começando a vê-lo como uma fonte de prazer. Diferentemente do que ele costumava fazer antes, agora ele erguia os olhos e observava a mãe com interesse quando ela começava a conversar com ele. Quando ele fez isso, Beatrice percebeu que, antes, ele costumava evitar olhá-la nos olhos, o que a fazia sentir-se rejeitada e, depois, irritada e vingativa.

O que estava acontecendo era o início de um "círculo virtuoso" (o contrário de um círculo vicioso). Quando John olhava nos olhos da mãe, Beatrice tinha uma sensação de contato que jamais tivera antes. O comportamento dele com o irmão mais novo começou a melhorar de forma tão acentuada, que ela descreveu-o como "quase milagroso". Ele também estava brigando muito menos com as crianças da vizinhança.

John ainda se retirava para o seu quarto para brincar com os seus jogos de armar, mas então Beatrice passou a encarar isso como algo interessante. Certo dia, ao vê-lo no quarto, absorto na construção de um carrossel, ela abriu mão da vontade de querer controlá-lo usando todas as táticas de abertura que conseguiu imaginar. Conforme ela foi abrindo mão de querer mudar o comportamento dele, o objeto que ele estava montando pareceu-lhe bastante incomum, dando-lhe a impressão de ser intrincado e quase engenhoso. Ela se surpreendeu dizendo inesperadamente: "Esse é um carrossel diferente. O que ele faz?" Em vez de gritar para que ela saísse do quarto como habitualmente fazia quando estava absorto com suas construções, John olhou para o alto e respondeu: "Ele foi feito para parar e recomeçar várias vezes enquanto gira, de modo que os assentos balancem para a frente e para trás e as pessoas se divirtam mais." Essa pareceu uma boa idéia a ela. Sem querer, deu um sorriso de contentamento. John, retribuindo, também sorriu.

Libertar-se com relação ao comportamento de John aos poucos produziu em Beatrice algumas mudanças que lhe permitiram reconstruir o seu relacionamento com ele e, de fato, encontrar no filho uma fonte de muitos prazeres inesperados. Seu marido também conseguiu ver características interessantes no comportamento "diferente" de John. Uma nova e gratificante era havia começado para a família.

Libertar-se em Relação à Idéia de Ser uma "Boa Mãe"

A pergunta "Eu poderia abrir mão de mudar o fato de que não fui um bom pai?" tem sido usada também por outros pais (com as variações apropriadas) com excelente resultado. Uma jovem mãe que estava tentando de forma conscienciosa lidar com dois filhos que estavam na pré-escola, cada um deles valendo por meia dúzia, descobriu que sua capacidade de lidar eficazmente com os filhos aumentava sensivelmente quando ela perguntava a si mesma: "Eu poderia abrir mão de querer ser uma boa mãe?"

Ela sabia exatamente o que queria dizer com isso. Ela, na verdade, não queria abrir mão de ser uma boa mãe. Ela estava apenas perguntando a si mesma se poderia abrir mão de querer ser uma mãe extraordinária, irrepreensível, alguém que fazia tudo com perfeição. Quando ela abriu mão desse esforço excessivo em busca do desempenho perfeito, ela se viu mais segura, calma e paciente com os seus filhos, e ainda mais apta a discipliná-los efetivamente quando isso se mostrasse necessário.

Ela também descobriu que a Libertação ajudou-a nas ocasiões em que os filhos encontraram dificuldade na pré-escola. Se ela entrava na sala e notava que seu filho estava discutindo com um colega ou que sua filha não era tão "altruísta" quanto a professora pretendia que ela fosse, ela abria mão da aprovação das outras mães ou da professora. Essa libertação livrou-a de qualquer sentimento de preocupação em relação ao comportamento dos filhos. Como resultado disso, deixou de intervir sem um motivo justo, o que a tornou mais apta a intervir quando *era* realmente necessário.

Essa mãe descobriu que ter dois filhos na pré-escola significava que ela tinha de libertar-se várias vezes por dia. Segundo ela, foi isso, mais do que qualquer outro fator individual, que fez com que ela conseguisse tomar conta de seus filhos com calma e tranqüilidade.

Problemas da Adolescência

Embora os primeiros anos da infância possam criar muitas frustrações para os pais, provavelmente nenhuma fase cria mais *stress* entre pais e filhos do que a adolescência. O antagonismo entre filhos adolescentes e pais desorientados, ansiosos ou ressentidos está na origem de grande parte dos encaminhamentos para qualquer clínica de orientação.

Muitas são as razões para que isso aconteça. Nossa sociedade não nos proporciona uma transição suave da infância para os desafios competitivos da vida adulta. Ao contrário de seus predecessores de várias gerações atrás, que freqüentemente participavam da execução das tarefas da casa (particularmente no meio rural), a criança típica de hoje é um indivíduo relativamente protegido e despreocupado até a metade da adolescência. Então, num fato súbito que a maioria de nós considera natural, por causa do nosso estilo de vida, a criança é colocada numa posição em que deve competir ferozmente com muitos outros jovens para ser admitida numa instituição de ensino superior ou para conseguir um emprego bem remunerado.

Esse tipo de exigência competitiva é imposto cada vez mais tanto aos homens quanto às mulheres, e a proteção das sociedades mais antigas (quaisquer que possam ter sido os seus inconvenientes), na qual os jovens pelo menos sabiam que iriam entrar num nicho bem definido e eram preparados para isso durante a adolescência, não existe mais. As crianças não podem mais passar imperceptivelmente ao papel de adultos. Elas precisam ajustar-se a uma mudança em seu estilo de vida fundamental.

Esses fatores contribuem para o dilema dos jovens quando eles atingem a idade oficial de início da fase adulta, fazendo com que essa seja uma fase de muito *stress*, o qual, por sua vez, se reflete na unidade familiar. Se a transição do jovem é relativamente suave e sem acontecimentos marcantes, a família se congratula por não haver tido os problemas comuns que as outras famílias enfrentam com os seus adolescentes. Todavia, se antigas tensões ou problemas familiares são revividos nos anos da adolescência, ou se a família enfrenta uma crise nessas ocasiões, tal como instabilidade econômica, doença grave, divórcio ou separação, o adolescente, com seu ajustamento instável por natureza, pode ficar muito desorientado, tendo como conseqüência o surgimento de distúrbios de comportamento.

A Libertação pode ter um papel extremamente importante para os pais que estão tentando lidar com o desconcertante comportamento de um filho que tenha entrado na adolescência ou na idade de jovem adulto de um modo que esteja causando sofrimento aos outros membros da família ou, talvez, uma franca crise familiar.

Dificuldades Entre Pais e Filhos 2

Arthur orgulhava-se do fato de que, enquanto outros pais talvez tivessem filhos que deixavam de cooperar com os pais, sua família funcionava com a precisão de um navio bem comandado. Ele próprio fora capitão da marinha de guerra e freqüentemente usava a expressão "à moda da marinha" para descrever a maneira como sua casa era organizada. Cada pessoa da família conhecia o seu lugar e os seus deveres. Como em geral os membros da família se mostravam amistosos uns com os outros, as exigências um tanto rigorosas que Arthur impunha sobre os seus filhos raramente encontravam resistência. Na verdade, os seus filhos nunca haviam pensado em se rebelar — até chegarem à adolescência.

Quando Dan, o filho mais velho, fez dezessete anos, esse foi para ele o ano da mudança. Embora a crise de Dan na verdade fosse interior, ela se manifestou na forma de um comportamento que pareceu distanciar-se claramente do modelo militar dentro do qual a família vinha operando. Conquanto em outras famílias o comportamento de Dan talvez não tivesse parecido ser particularmente incomum, no contexto específico da sua casa, ele incomodava e era impossível ser ignorado.

Dan notara que a independência de julgamento era uma exigência no mundo adolescente em que vivia, e ele sentiu que cada vez mais seus amigos e colegas de turma, e por exemplos veiculados na televisão, nos filmes e em outros lugares, exigiam que ele "pensasse por si próprio" e "fosse ele mesmo". Isso, a princípio, foi para ele um choque, pois sempre acatara o julgamento do pai. Em virtude de sua criação autoritária, teve de aprender muita coisa em pouco tempo para ficar no mesmo nível que os amigos, os quais lhe pareciam ser mestres na arte de expressar as próprias opiniões e de serem donos do próprio nariz. A fim de não parecer um poltrão aos olhos dos colegas, Dan sentiu que tinha de declarar um tipo de independência em relação ao controle absoluto exercido pelo pai.

Nessa família, não era preciso nenhuma atitude violenta para se declarar a independência. Bastava sair fora da linha. Dan descobriu que o carro da família era um símbolo apropriado de liberdade pessoal. O carro era particularmente significativo para ele porque, durante a infância, ele havia ajudado o pai a cuidar do carro e a mantê-lo impecável. Quando Dan tirou sua carteira de motorista, o ato de dirigir pareceu-lhe uma maneira óbvia de provar que ele tinha mais independência de julgamento do que qualquer pessoa tivesse percebido até então.

Seguiu-se, então, uma série de incidentes, todos centrados na questão de saber se Dan iria ou não cumprir o rigoroso toque de recolher estabelecido pelo pai, o qual exigia que todos estivessem em casa às 23:00h. Durante várias semanas, Dan deixara de fazer isso, mas sempre telefonara e explicara os motivos pelos quais não poderia chegar em casa a tempo. Para Dan, até isso lhe parecia ser uma atitude ousada, tendo em vista a autoridade absoluta com a qual ele sempre tinha convivido dentro da família. Como suas explicações foram aceitas pelo pai, ainda que a contragosto, pareceu a Dan que uma declaração de independência mais drástica se fazia necessária antes que ele pudesse se sentir uma pessoa dona do próprio nariz.

Foi mais ou menos nessa época que Arthur e sua esposa Alice freqüentaram um *workshop* sobre Libertação, a pedido dela. Arthur simplesmente viera junto para descobrir o que vinha a ser uma técnica de controle de *stress*, bem como para diminuir uma relutante percepção de que ele deveria fazer algo para reduzir o *stress* em sua vida, pois o seu médico havia lhe dito que ele poderia estar com uma úlcera incipiente e que a prática regular de *jogging* não o ajudara.

Dois dias antes de seus pais participarem do *workshop* sobre Libertação, Dan havia declarado sua independência de forma mais vigorosa, precipitando uma crise familiar. Com a permissão do pai, ele pegara emprestado o carro da família mas, dessa vez, quando entrou em vigor o toque de recolher das onze da noite, ele não telefonou para dizer que iria chegar atrasado. Ele simplesmente não ligou, e o telefone silencioso serviu como a barragem de artilharia inicial daquilo que prometia ser uma escaramuça decisiva.

Alerta para algum tipo de perigo que ele mal podia acreditar que estivesse ocorrendo, Arthur ficara esperando o filho voltar para casa. Ele esperou por uma hora e quarenta e cinco minutos, sentado diante do televisor, com um drinque nas mãos para se acalmar. O incomum nessa experiência era que Arthur não estava apenas irritado mas também com uma vaga sensação de medo. Coisas que tinham corrido bem desde que ele constituíra sua família, agora pareciam estar em risco de escapar-lhe por entre os dedos. Para ele, o episódio era particularmente angustiante porque sempre tivera um bom relacionamento com Dan, nunca tendo entrado em conflito com ele por causa de valores familiares. Havia também uma outra fonte de preocupação. Arthur sentia uma crescente rebelião em Dan e temia que o filho pudesse ficar fora de controle, o tipo de garoto que não deporia em seu favor como pai.

Quando Dan finalmente entrou em casa, bem depois de meia-noite, seu pai estava pálido e carrancudo. Ele fez alguns comentários e logo pronunciou a pena. Dan ficaria "confinado" por uma semana. Ao sair da escola, ele viria diretamente para casa e não sairia dali até ir novamente para a escola na manhã seguinte. Essa era a penalidade inicial. Se ele reincidisse, ficaria confinado por duas semanas. Na terceira vez, ficaria confinado por um mês. Uma quarta vez e ele perderia o privilégio de dirigir.

Enquanto falava com o filho, Arthur notou no rosto de Dan uma expressão que ele nunca vira antes, uma expressão firme e distante. No momento de proclamar a pena e de aplicá-la, Arthur sabia que poderia estar criando entre ele e o filho um abismo que seria difícil de reparar. Ao ir para a cama, ele não se sentia triunfante. Pelo contrário, seu sono foi intranqüilo e seus pensamentos diziam respeito às terríveis conseqüências que ele mal podia formular para si mesmo.

Dan aceitou o confinamento sem dizer palavra, mal falando com o pai à mesa do café da manhã ou em qualquer ocasião posterior. Podia-se sentir na casa a aproximação de uma tempestade e foi nesse estado de inquietação que Arthur e Alice chegaram ao *workshop* sobre Libertação, no qual já se haviam inscrito anteriormente.

Alice aprendeu facilmente a libertar-se, mas Arthur parecia ter mais dificuldade, afirmando que "um pensamento prático, como o de 'abrir mão' daquilo que de qualquer forma você não tem como fazer, é simplesmente o que toda pessoa sensata faz". Todavia, quando ele se sentou, no primeiro dia do *workshop*, ele absorveu mais do que parecia estar absorvendo; e no final do segundo dia, quando andei por entre o grupo pedindo que cada participante escolhesse um problema que tivesse ocorrido *fora* do *workshop*, para poder libertar-se com relação a ele, Arthur se surpreendeu admitindo, na frente de estranhos (algo que para ele era inadmissível), que de fato tinha um problema que o estava preocupando muito. De certo modo, ele parecia aliviado porque a estrutura do *workshop* permitia que falasse sobre isso, e ele nos contou, com a precisão e o controle que lhe foram possíveis, o dilema em que se encontrava.

Para ajudá-lo a compreender como poderia ser a Libertação, eu conduzi Arthur ao longo de uma experiência desse tipo. Perguntei a ele se poderia "voltar no tempo" até aquele dia em que Dan ficou fora com o carro até 00:45h. Ele seria capaz de se lembrar do primeiro momento em que percebeu que Dan não iria trazer o carro a tempo? Onde ele estava sentado naquele momento? O que estava fazendo? Como ele se sentiu interiormente?

Arthur conseguiu se lembrar facilmente da situação e, como ele descreveu um sentimento que era mais de ansiedade que de raiva, perguntei-lhe se ele poderia abrir mão de querer mudar aquele "vago medo" e, simplesmente, deixá-lo lá por um momento... e ver como lhe parecia deixar que o medo "existisse".

Arthur sentou-se inquieto na beira da cadeira, deixando o medo "encontrar o seu próprio nível". Ele pressionou o punho contra a boca e, quando levantou o rosto, havia uma expressão de surpresa nos seus olhos. Quando ele conseguiu deixar aflorar a ansiedade, ela não o afligia mais como antes.

Então, fizemos vários outros exercícios para deixar que a ansiedade simplesmente "existisse". Perguntei a Arthur como ele via, naquele momento, a cena de Dan chegando tarde em casa. Nesse ponto, a mandíbula de Arthur fixou-se numa expressão determinada, suas bochechas enrubesceram e ele sentiu com uma intensidade muito maior a raiva que se acumulara dentro dele e que, uma vez mais, vinha à tona. "Maldito!", ele gritou. "Ele está declarando guerra!"

Sugeri que Arthur deixasse que sua raiva "simplesmente existisse", sem ter de justificá-la nem tentar detê-la, por cerca de trinta segundos. Depois de ter feito isso, ele sentou-se em sua cadeira, com os ombros mais relaxados.

Eu não iria tentar mudar os padrões de Arthur ou suas metas para o filho. Isso tinha uma longa história e a técnica da Libertação não busca modificar metas pessoais. Às vezes, depois da Libertação, as pessoas podem passar a ter novas metas, mas essa é uma escolha que deve ser feita apenas por elas. Perguntei a Arthur se ele poderia abrir mão apenas do *sentimento* de querer controlar o modo como Dan entrou andando na casa no dia em que ele chegou da rua bem depois da meia-noite.

Ele relutou em fazer isso mas, ao mesmo tempo, conseguiu argumentar consigo mesmo: "Por que não abrir mão do *sentimento*? Não vou perder nada com isso." Depois, conseguiu abrir mão.

Repetimos isso diversas vezes. Em cada uma delas Arthur abriu mão de mais uma parte de seu sentimento de urgência. Embora eu nunca tivesse questionado se ele deveria ou não controlar Dan, ou se era razoável tentar fazê-lo, depois que Arthur abriu mão do sentimento de querer controlar o filho, ele sentiu um grande alívio e comentou que "isso já estava feito quando Dan chegou em casa. O modo como ele entrou andando era apenas o final da história. Agora tudo isso era passado".

Então eu perguntei a Arthur se ele poderia abrir mão do *sentimento* (do *sentimento*, não da intenção) de querer que Dan o obedecesse. A palavra *obedecer* parecia ser fundamental. Curiosamente, como ele já abrira mão do sentimento (de querer controlar o filho), Arthur surpreendeu-se ao constatar que ele podia facilmente abrir mão de *querer* que seu filho o obedecesse. Ele não abriu mão da meta de fazer com que seu filho o obedecesse, mas renunciou ao sentimento que acompanhava esse objetivo, e isso permitiu que seu monitor se abrisse.

Conseqüentemente, agora Arthur estava na posição de perceber que o fato de seu filho chegar atrasado era um problema prático que precisava ser resolvido, e não necessariamente uma "declaração de guerra". Ele também percebeu mais claramente o comportamento do filho. Ele agora conseguia ver em Dan as boas coisas que sempre lhe agradaram e também a rebelião atual do filho. Ele chegou até mesmo a lembrar-se de um incidente semelhante em sua própria adolescência, quando ele desobedecera o pai numa questão relativamente sem importância. Ele percebeu que, de fato, fizera o mesmo tipo de coisa e que *ele* não se saíra tão mal. Com esse pensamento, veio uma outra libertação, e a questão pareceu adquirir uma nova perspectiva.

Arthur sentiu que, se estivesse conversando com o filho naquele momento, ele não iria dar tanta importância ao episódio. Ele iria simplesmente discutir com Dan a respeito do carro da família e, junto com o filho, planejar melhor a maneira como ele seria usado. Essa foi a primeira vez que ocorreu a Arthur que havia uma outra solução além de "capitular ou quebrar a espinha de Dan".

Ele começou a pensar em como poderia discutir toda a situação com Dan de forma racional e, ao fazer isso, pareceu-lhe razoável supor que os dois poderiam chegar a um acordo mutuamente satisfatório. Ele então percebeu que não teria de manter o castigo do confinamento; parecia-lhe mais importante que ele e Dan chegassem a um acordo para a definição de um plano. Dessa maneira, em vez de ter um garoto emburrado por ter sido colocado de castigo, poder-se-ia pôr um ponto final no incidente e a família poderia voltar ao normal.

Agora, o monitor de Arthur estava aberto. Ele era capaz de perceber outras opções e sabia que, se precisasse libertar-se da situação novamente, seria capaz de fazê-lo; de qualquer modo, a solução já estava encaminhada. Na reunião seguinte do *workshop*, ele contou que estava indo tudo bem na família depois que ele conversara com Dan. A tempestade que estava se formando parecia ter-se dissipado quando ele abriu mão da sua necessidade de exercer um controle excessivo e, em vez disso, restabeleceu um *razoável* controle sobre a família.

Arthur conseguiu reagir positivamente à libertação com relação ao seu problema com o filho porque, para começar, seu relacionamento com o filho era, de modo geral, bom. Se não fosse esse o caso, talvez pudesse ter sido necessária alguma outra forma de aconselhamento ou psicoterapia, junto com a Libertação, para ajudar a família a recuperar o equilíbrio.

Dificuldades Entre Pais e Filhos 3

Existem ocasiões em que problemas entre um dos pais e um filho ocorrem porque os pais estão buscando a aprovação do filho. Isso parece ter acontecido com Sarah, cuja filha de quatorze anos começara a criticar a aparência e o comportamento da mãe.

Esse comportamento crítico tinha surgido numa época em que sua filha, Marsha, começara a ter um grande interesse pela própria aparência. Tendo sido uma menina um tanto levada e masculinizada na infância, apenas recentemente Marsha tomara consciência de sua feminilidade. Foi nesse ponto que ela começou a criticar o modo como sua mãe penteava os cabelos, os sapatos que ela usava, o fato de os vestidos da mãe serem excessivamente decotados e vários outros detalhes acerca do comportamento da mãe.

Sarah sentiu-se magoada por essa súbita sucessão de críticas. Ela sempre fora íntima de Marsha. As duas tinham sido grandes companheiras. Agora, apesar de sua maior capacidade de julgamento, Sarah sentia-se de alguma forma traída por esse comportamento por parte da filha. Tendo aprendido a libertar-se alguns meses antes, ela resolveu aplicar a técnica a esse problema.

Sarah perguntou a si mesma se ela seria capaz de abrir mão da necessidade de conseguir a aprovação de Marsha, mas descobriu que isso era surpreendentemente difícil de fazer, de modo que ela mudou a pergunta de Libertação e apresentou-a a si mesma de forma positiva. Ela poderia *aceitar* apenas 1% da *reprovação* de Marsha? Isto ela se viu capaz de fazer. O 1% de reprovação que Sarah podia aceitar eram os "comentários tolos" que a filha fizera naquela manhã enquanto observava a mãe dar os retoques finais em sua maquiagem — as palavras da filha agora lhe pareciam triviais e ela, pelo menos, foi capaz de aceitá-*las*. Ao fazer isso, Sarah sentiu-se imediatamente aliviada; a reprovação de Marsha subitamente pareceu-lhe muito menos ameaçadora.

Aceitar 1% do comportamento crítico da filha tinha proporcionado a Sarah a libertação de que precisava. Então, ela passou a ver Marsha a partir de uma nova perspectiva, como uma garota tão insegura que precisava entrar em conflito com a própria mãe, que era uma mulher atraente e equilibrada. Quando o seu monitor se abriu, Sarah não se sentia mais incomodada pelo dilema de Marsha. Ela agora conseguia pensar em ajudar a filha a aprender coisas como pentear-se adequadamente, coisas que ela achava que a ajudariam a se tornar uma jovem mais confiante. O resultado foi a restauração da intimidade entre mãe e filha. Ao libertar-se de querer a aprovação de Marsha, Sarah evitou um problema potencialmente sério.

Dificuldades Entre Pais e Filhos 4

Nem todas as dificuldades que os pais encontram no relacionamento com os filhos dizem respeito a diferenças de pontos de vista ou a atitudes de rebeldia. A preocupação com os filhos pode ser fonte de muita angústia.

As preocupações que os pais têm com os filhos adolescentes podem ser particularmente grandes. Os adolescentes muitas vezes buscam novas maneiras de se comportar e, ao fazer isso, podem se envolver em atividades perigosas. Isso pode incluir qualquer coisa, desde jogar futebol de forma excessivamente violenta, esquiar num lugar particularmente perigoso, viajar para locais distantes com proteção inadequada contra doenças, pegar carona ou diversas outras travessuras que podem causar uma profunda preocupação em seus pais.

Olivia expressou essa preocupação num *workshop* sobre Libertação. Seu filho tinha-se formado recentemente numa faculdade e estava viajando sozinho por um país subdesenvolvido. A família não recebia notícias dele havia três semanas e não tinha nenhum endereço através do qual pudesse comunicar-se com ele. O país onde eles acreditavam que ele pudesse se encontrar naquela época estava em evidência nos jornais por causa de uma crise política e, obviamente, não era um lugar seguro para norte-americanos. Por ser uma pessoa sensível, Olivia sentiu que não deveria estar se "metendo" nisso, embora ficasse apreensiva ao ler a respeito da convulsão política pela qual passava esse país, sem ter nenhuma informação sobre o paradeiro do filho.

Seria melhor se ele tivesse telefonado para dizer que estava tudo bem; mas ela sabia que os jovens de hoje "relutam em fazer isso". Ela apressou-se em comentar que o filho era uma "pessoa maravilhosamente independente" e que ela não queria que ele mudasse. Era óbvio que Olivia estava escondendo seus sentimentos e suportando bravamente o sofrimento. Embora essa seja uma característica admirável em determinadas circunstâncias, não se trata da estratégia mais adequada quando você quer se libertar.

Quando ela comentou que estava preocupada com o filho, sugeri-lhe que substituísse a palavra preocupada por "assustada". Conquanto seja mais digno usar uma expressão mais amena, como "preocupada", é mais fácil nos libertarmos em relação a uma palavra como "assustada" por ela ser mais forte. Ela iria dizer que estava assustada com Steven?

Olivia teve de admitir que estava assustada com a possibilidade de que alguma coisa pudesse ter acontecido ao filho. Quando ela teve dificuldade para abrir mão de seu sentimento de estar assustada, eu perguntei-lhe se conseguira se libertar satisfatoriamente em alguma outra ocasião durante o *workshop*. Ela disse que sim e, então, eu lhe perguntei se se lembrava de como se sentira durante a libertação. Ela lembrou-se facilmente.

Eu, então, sugeri-lhe que fizesse exatamente a mesma coisa — abrir mão de se sentir assustada e deixar a sensação familiar de libertação permanecer com ela. Em seguida, repeti uma variante da minha pergunta original: "Olivia, você poderia abrir mão de se sentir assustada com o seu filho?"

Ela sentou-se em silêncio, fitando atentamente o vazio, com a testa ligeiramente franzida. Então, os músculos de sua face relaxaram e a expressão de sarcasmo desapareceu de seu rosto. Ela fez que sim com a cabeça, inclinando-a lentamente. Eu lhe perguntei se ela abriria mão de ficar assustada e ela fez que sim, inclinando novamente a cabeça. Ela sentira a libertação e, para ela, isso foi um alívio.

Como ela se sentia com relação ao fato de ainda não ter recebido notícias do filho? Ela disse que, obviamente, estava preocupada com isso e que eles certamente não deixariam de pensar nele até saberem se ele estava bem; agora, no entanto, o sentimento de preocupação tornara-se menos incômodo. Ela sabia que, no momento, não havia nada que pudesse fazer acerca da situação, e não se sentia mais na obrigação de fazer alguma coisa. Caso se passasse mais algum tempo e a família continuasse sem notícias, eles poderiam entrar em contato com a embaixada dos Estados Unidos naquele país; de qualquer modo, ela já não via mais a situação como antes. Ela descreveu a si mesma, nesse momento, como uma pessoa mais prática e menos emotiva.

Olivia tinha se libertado com relação a seus medos acerca do filho e o fizera abrindo mão deles (o método direto da Libertação aplicado às emoções). Isso permitiu que ela começasse a lidar de forma mais eficiente com uma situação na qual simplesmente sentir-se assustada não tinha contribuído para se chegar a uma solução.

Dificuldades Entre Pais e Filhos 5

Ruth estava ansiosa por causa de Susan, sua filha de dezessete anos. Susan saíra de casa no começo da noite com uma amiga, uma garota de sua classe que ela havia apresentado à mãe como Carolyn. Ela havia dito que ambas iriam para a casa de Carolyn estudar álgebra. Susan não tinha permissão para ficar fora de casa até tarde nos fins de semana mas, com o propósito de estimular a independência da filha (ela era filha única e, sob muitos aspectos, ainda muito dependente de seus pais), Ruth, estoicamente, havia concordado em deixá-la sair para estudar, pensando que não deveria haver nenhum problema, pois Susan sempre chegava em casa antes das 22:00h nos dias de semana. Susan não sabia onde Carolyn morava ou qual era o seu sobrenome; porém, uma vez mais, para encorajar a independência de Susan, ela se absteve intencionalmente de fazer perguntas a esse respeito.

Posteriormente, quando o relógio marcava 00:30h e Susan ainda não havia chegado em casa, Ruth começou a entrar em pânico. Ela se viu imaginando diversas coisas terríveis — o carro quebrando, Susan sozinha numa estrada deserta, Susan estuprada, Susan envolvida num acidente... seu medo aumentava numa velocidade alarmante.

A essa altura, Ruth censurou-se amargamente por não ter perguntado aonde a filha estava indo. Ela não tinha como dar um telefonema a fim de verificar o paradeiro de Susan e, para ela, a noite transformou-se num pesadelo. Embora seu marido se mantivesse calmo, ela estava certa de que algo acontecera, pois a filha em geral era bastante confiável.

Quando Susan finalmente voltou para casa, à 00:45h, parecia tranqüila e explicou que ela e a amiga ficaram estudando matemática durante muito tempo, até conseguirem compreender o assunto. Ruth então se viu, pela primeira vez naquela noite, lembrando-se de usar a técnica da Libertação, que ela aprendera uma semana antes, num *workshop*. Por causa de seu medo, ela havia se esquecido de libertar-se. Agora, sentindo alívio ao ver Susan, concordou em abrir mão de querer mudar a situação e isso fez com que ela se acalmasse um pouco, tornando-a mais apta a ouvir o que Susan tinha a dizer. Depois de libertar-se uma vez mais a respeito da situação, ela voltou-se para a filha com uma expressão séria no rosto e, fitando-a nos olhos, disse calmamente: "Eu simplesmente não quero que você faça isso novamente. Por mim. Fiquei muito preocupada. No futuro, quero que você telefone quando tiver de ficar fora de casa até tarde."

Havia um tom de calma autoridade na voz da mãe, e Susan compreendeu a mensagem. Ela entendeu que, sem querer, havia feito a mãe sofrer (algo em que ela pouco havia pensado até aquele momento) e concordou seriamente em não voltar a fazer aquilo.

Quando Ruth compareceu ao seu segundo *workshop* sobre Libertação, uma semana depois, ela relatou esse incidente ao grupo. Seus sentimentos a respeito do ocorrido ainda eram confusos. Por um lado, ela estava contente por ter sido capaz de libertar-se depois de ver Susan e, em conseqüência, ter sabido lidar com o incidente. Todavia, ela estava descontente por ter ficado tão apavorada a ponto de não ter conseguido pensar claramente acerca da situação *quando* ela estava ocorrendo. Sugeri que Susan fizesse mais uma libertação para eliminar a carga que sobrara do incidente.

Ela descreveu seus sentimentos enquanto esperava Susan chegar como "pânico progressivo". Perguntei a ela se seria capaz de, primeiramente, voltar a vivenciar esse pânico e, depois, *abrir mão da vontade de querer mudar o pânico* e deixar que ele "ficasse com ela" por cerca de trinta segundos. Ruth empertigou-se e fez uma longa pausa antes de responder. Então, ela relaxou perceptivelmente, suspirou e assentiu com um movimento de cabeça.

Pedi que ela se lembrasse de como se sentira enquanto estava sentada em casa, sem saber onde Susan estava, e pedi que ela se libertasse de querer mudar o fato de que ela *ficara sem saber* onde Susan estava.

Ela conseguiu fazer isso e, quando verificamos como ela estava se sentindo quanto ao fato de Susan "não estar em casa", ela me disse que o medo fora reduzido um pouco mas que ela ainda estava imaginando coisas terríveis que poderiam ter acontecido.

Em seguida, fiz a Ruth uma pergunta com a qual eu sabia que ela talvez tivesse dificuldade em lidar. Expliquei-lhe que eu queria que ela só prosseguisse se se sentisse capaz de fazê-lo. Sugeri que se imaginasse de volta àquela noite e fizesse a si mesma a seguinte pergunta: "Eu poderia abrir mão de querer mudar o fato de que Susan pudesse ter se ferido gravemente?"

Conforme eu esperava, Ruth teve muita dificuldade para fazer isso. Como ela poderia *não* desejar que sua filha tivesse evitado um perigo grave?

Ela não poderia, obviamente. O que eu estava pedindo era que Ruth *aceitasse* o fato de que sua filha poderia ter sido vítima de algum incidente. Eu não estava sugerindo que ela deixasse de querer a segurança da filha.

"Vamos formular a pergunta de outra forma", sugeri eu, ao ver a expressão no rosto de Ruth. "Você poderia *aceitar* o fato de que ela poderia ter sido seriamente ferida? Poderia aceitar isso como uma possibilidade e prosseguir a partir daí?"

Isso Ruth era capaz de fazer. A palavra *aceitar* era a chave. Uma possibilidade, afinal de contas, é algo que deve ser levado a sério. Se você levá-la em conta, talvez haja algo que você possa fazer a respeito.

Nesse ponto Ruth conseguiu sentir-se capaz de aceitar o fato de que Susan poderia ter sido seriamente ferida e, ao fazer isso, abriram-se para ela possibilidades que anteriormente estavam fechadas a partir disso. Seu monitor agora estava aberto, de modo que ela conseguiu avaliar essas possibilidades e começou a ter idéias acerca do que teria sido possível fazer. Ocorreu-lhe que ela teria de verificar se ocorrera algum acidente e que, no caso, ela teria de entrar em contato com a polícia.

Ela também poderia ter telefonado para uma das colegas de classe da filha e perguntado se conheciam Carolyn. Alguém certamente já teria ouvido falar dela.

Expliquei a Ruth que ela não tinha sido capaz de obter o número do telefone de Carolyn porque ela estivera tão emocionalmente envolvida que isso havia feito o seu monitor se fechar. Conquanto ela pudesse ter pensado em algumas coisas que ela poderia ter feito na ocasião, elas somente se tornaram possibilidades depois que ela se libertou acerca da situação. Quando o seu monitor se abriu, ela tornou-se capaz de pensar em outras maneiras de agir.

Agora Ruth estava conseguindo pensar. Ela percebeu que, se tivesse se libertado enquanto esperava por Susan, teria dito à polícia que Susan sabia trocar um pneu e que, portanto, não poderia ser um pneu furado. Ela também poderia ter perguntado à polícia se havia relatos de acidentes ou se haviam encontrado algum carro abandonado e teria fornecido a eles o número da placa e uma descrição do carro de Susan. Ela também teria verificado junto aos hospitais. Se ela tivesse obtido alguma informação com as amigas de Susan quanto ao lugar onde Carolyn morava, então ela teria ligado para a polícia e informado alguns lugares prováveis onde eles poderiam procurar.

Agora, o monitor de Ruth estava totalmente aberto. Desse momento em diante, ela conseguia pensar em diversas coisas construtivas que poderia ter feito. Ela também voltou a lembrar, com um senso de prazer, o modo como Susan de fato chegou em casa em segurança pouco depois de 00:45h, com sua lição de casa concluída e o modo como ela ficou sinceramente arrependida por haver deixado a mãe preocupada e como se mostrou pronta a cooperar para evitar uma situação como essa no futuro.

Aceitar plenamente uma situação pode ser o primeiro passo para *realmente* modificá-la.

Dificuldades Entre Pais e Filhos 6

Embora sejam necessárias técnicas especiais para ensinar uma criança pequena a se libertar com relação ao pai ou à mãe, os adolescentes aprendem rapidamente essa técnica e conseguem aplicá-la com proveito a dificuldades por que eles possam estar passando com seus "pais-problema".

Judy foi visitar o pai logo depois de ter aprendido a técnica da Libertação. Seus pais estavam divorciados havia vários anos e o pai, sob muitos aspectos, era um estranho para ela. Ela não costumava visitá-lo com freqüência porque achava essas visitas muito desagradáveis.

Seu pai, um professor de matemática austero e dado a fazer julgamentos negativos, parecia encontrar defeito na filha desde o momento em que essa punha os pés na casa dele. Era quase como se ele tivesse preparado uma lista de defeitos que ele tinha de encontrar no modo como ela levava a sua vida. Depois das saudações preliminares, ele começaria a criticar os amigos dela, suas notas na universidade, sua falta de objetivos na vida, seus valores, os livros dos quais ela gostava, seus hábitos e "quase tudo que dissesse respeito a mim".

Como a visita inevitavelmente se transformava no que parecia ser uma longa batalha cada vez que eles se encontravam, ela vinha evitando visitá-lo por períodos cada vez mais longos, e agora fazia seis meses que não o via. Depois de concluir o *workshop* sobre Libertação, todavia, ela sentiu que agora estaria mais apta a lidar com o pai e fez planos para visitá-lo. Num certo sentido, ela via isso como um teste para saber se ela seria ou não capaz de libertar-se em relação a uma situação desagradável.

Tão logo Judy chegou à casa do pai, este, como era seu costume, começou a criticá-la por diversos motivos, incluindo o fato de ela ter participado do *workshop*, coisa que ele descreveu como "mais uma de suas manias".

Dessa vez, enquanto o pai falava, Judy descobriu que não estava seguindo seu padrão usual de tentar rebater seus ataques reunindo argumentos em sua própria defesa. Em vez disso, ela passou o tempo ouvindo e libertando-se em relação ao que ele estava dizendo:

"Eu poderia abrir mão de querer mudar o que ele está dizendo?"

"Eu poderia abrir mão de querer mudar o modo como ele está gesticulando?"

"Eu poderia abrir mão da vontade de querer mudar o seu tom de voz?"

Dentro de pouco tempo ela se sentiu extraordinariamente calma e, para sua própria surpresa, não discutiu com o pai. Em suas próprias palavras, ela conseguia ser capaz de deixar o seu pai "grunhir e arengar". Quando ficou particularmente desaforado, ela então usou a tática de "dividir para conquistar". Ela fez isso concentrando sua atenção nas grossas sobrancelhas do pai ou em alguma outra característica secundária que lhe parecesse particularmente desagradável e pensou consigo mesma: "Será que eu poderia abrir mão de querer mudar a forma das sobrancelhas dele?... Eu poderia abrir mão da vontade de querer mudar o modo como o cabelo dele foi cortado?... Eu poderia abrir mão da vontade de querer mudar o modo como ele está segurando o cigarro?..."

Libertar-se em relação a esses detalhes acerca do pai serviu para deixar Judy tão calma que as coisas que ele estava dizendo não lhe calaram tão fundo e ela sentiu que estava tendo mais controle sobre si mesma. A Libertação também ajudou-a a sentir que os ataques dele eram muito menos importantes do que tinham lhe parecido no passado. Volta e meia ele dizia alguma coisa que a deixava zangada, e nessas ocasiões ela perguntava a si mesma: "Eu poderia abrir mão da vontade de querer proteger a mim mesma?" Essa pergunta pareceu ser a chave para a solução do problema. Quando ela usou da vontade de querer proteger a si mesma, tornou-se "totalmente desnecessário", em suas próprias palavras, "fazer qualquer outra coisa acerca da situação".

O mais gratificante para Judy, porém, foi o fato de que, ao continuar a libertar-se em relação ao comportamento do pai, ela começou a achar esse comportamento interessante. Ela começou a observar o pai tal como observaria alguém em um filme, uma pessoa excêntrica representando um papel incomum. Ela se viu até mesmo sentindo que o seu pai tinha direito de ter aquele "comportamento estranho": "Era como se ele tivesse de prosseguir com essa representação e eu não quisesse impedi-lo. Eu poderia deixá-lo continuar assim, se é que era isso o que ele queria. Eu não precisava resistir desesperadamente nem ficar assustada."

Um dos resultados surpreendentes desse teste foi o seu efeito sobre o pai de Judy. Quanto mais ela se libertava de querer mudá-lo, mais ele parecia estar buscando no rosto dela evidências de suas reações a ele. Quando ela falava, sua própria voz lhe parecia incomumente "razoável". E Judy não estava insistindo em nenhum ponto específico nem tentando convencê-lo a adotar os pontos de vista dela.

Curiosamente, todas as vezes que Judy falava com o pai dessa maneira, ele parecia acalmar-se ainda mais. Por fim, ele ficou em silêncio, voltou-se para ela e simplesmente perguntou: "Por que não reservamos uma mesa e saímos para jantar?"

Tendo se libertado, Judy não tinha nenhuma razão para fazer-se de orgulhosa e, assim, aceitou o convite. Eles foram jantar e ela descreveu essa refeição como a primeira vez que se lembra de ter tido uma "conversa realmente humana com o pai". No jantar ele começou a falar sobre assuntos que interessavam a ele, assuntos que ele discutiu com ela de igual para igual. Ele pediu que ela opinasse e houve então um verdadeiro diálogo. A disputa de vontades estava terminada.

A Libertação, portanto, pode ser um instrumento igualmente útil tanto para os pais como para os filhos. No que tange aos resultados, quanto maior o número de pessoas de uma casa que tiverem aprendido a técnica, tanto melhor; todavia, mesmo quando uma única pessoa se liberta, num contexto de tensão familiar, como no caso de Judy, a libertação realizada até mesmo por uma única pessoa freqüentemente altera as reações de outros membros da família, dando início a um "círculo virtuoso". A partir daí a maré pode virar e o problema evoluir para uma solução.

A Libertação ajuda os pais a escapar da armadilha de tentar controlar o comportamento indesejável de um filho através da aplicação de uma força em sentido contrário, a qual inevitavelmente gera resistência e, conseqüentemente, mais problemas. A técnica interrompe um círculo vicioso e estimula a formação de um círculo virtuoso. Ela ajuda pais e adolescentes a lidar com rejeições reais ou imaginárias por parte de outros membros da família, reduzindo a possibilidade de ocorrência de qualquer tipo de crise familiar. Ela serve para lidar com algumas das intensas ansiedades que os pais venham a sentir com relação aos filhos e os ajuda a viver confortavelmente com os erros que cometeram na criação dos filhos, além de ajudar os filhos a conviver com as limitações dos pais.

A Libertação também é muito eficaz para problemas com os quais nos defrontamos no local de trabalho. Passaremos agora a discutir o seu uso nessa importante área da vida.

Capítulo 13

Libertação no Local de Trabalho

Com a remoção dos obstáculos às realizações, o desempenho profissional daqueles que praticam a Libertação pode ser melhorado e sua satisfação pessoal com o emprego aumentada.

A Libertação também pode ter um efeito benéfico no que se refere a problemas de saúde relacionados com o trabalho. Um grupo de médicos, comandado pelos drs. Meyer Friedman e Ray Rosenman, identificou um padrão de comportamento que se comprovou estar correlacionado com as doenças cardíacas coronarianas — o "Comportamento Tipo A". O complexo de traços de personalidade que caracteriza as pessoas do Tipo A são aqueles dos famosos *workaholics* — pessoas movidas por padrões perfeccionistas e pela necessidade compulsiva de controlar o seu ambiente, traços que podem resultar num sério comprometimento da saúde.

A típica pessoa do Tipo A é descrita como sendo excessivamente competitiva, agressiva, impaciente e atormentada por uma sensação de urgência. As pessoas Tipo A parecem estar envolvidas numa luta crônica e incessante consigo mesmas, com o tempo e com a vida em geral.

Existe também uma personalidade do "Tipo B", que é o exato oposto da do Tipo A. Essas pessoas raramente se afligem com o que possa acontecer e não se sentem pressionadas por uma excessiva necessidade de controlar o ambiente em que vivem. Curiosamente, as pessoas do Tipo A têm sete vezes mais chances de sofrer de doenças coronarianas do que as pessoas do Tipo B, embora estas tenham tanta ou mais ambição do que as do Tipo A. As pessoas do Tipo B talvez tenham também um considerável "ímpeto", mas de tal forma que isso parece fortalecê-las e dar-lhes confiança e segurança em vez de deixá-las atormentadas, irritadas ou furiosas, como ocorre com as pessoas do Tipo A. Curiosamente, as pesquisas têm mostrado que pessoas com personalidade do Tipo A ou do Tipo B são encontradas com freqüência semelhante entre os líderes na área dos negócios, da indústria ou do governo. Com efeito, parece haver uma tendência para que, entre os executivos de alto nível, tais como presidentes de empresas ou líderes políticos, haja mais pessoas do Tipo B do que do Tipo A. Isso talvez ocorra porque é importante o indivíduo sentir-se menos pressionado pelos cronogramas e não se deixar afligir excessivamente ao lidar com responsabilidades de alto nível e suas inevitáveis frustrações.

A maioria das pessoas é, obviamente, uma mistura das características presentes nas pessoas do Tipo A e do Tipo B. Como as características da personalidade Tipo A estão estreitamente ligadas a uma excessiva necessidade de controle, provavelmente não causa nenhuma surpresa que aqueles de nós que usaram a técnica de Libertação tenham notado uma tendência para que indivíduos predominantemente do Tipo A mudem para um padrão do Tipo B depois de terem começado a praticar a Libertação. Junto com isso, pode ocorrer um aumento na eficiência e na capacidade de tomar decisões. A pessoa que usa a Libertação costuma desperdiçar menos energia tentando controlar o incontrolável e concentra seus esforços em metas mais factíveis. A seguir, apresentamos relatos de pessoas que usaram a Libertação para problemas relacionados ao trabalho.

Problema de Trabalho 1

Richard vivia das comissões que ganhava com a venda de apólices de seguro de vida. Embora, de modo geral, ele fosse um excelente corretor de seguros, bem informado e atencioso, a tarefa de buscar novos clientes sempre lhe parecera desagradável. O resultado era que, apesar de sua elevada capacidade, ele estava obtendo apenas pequenos acréscimos em sua renda.

O que incomodava Richard era o número cada vez maior de rejeições nos "telefonemas" frios, através dos quais ele solicitava entrevistas com clientes em potencial, com os quais ele ainda não tivera nenhum contato. Assim como a maioria dos vendedores que trabalha por telefone, em muitos dias ele iria receber uma série de respostas negativas por parte das pessoas para quem ele telefonava. Depois de repetidas recusas, ele começava a esperar que o próximo telefonema também não obtivesse sucesso e começava a se preparar para isso. Sua voz adquiria um tom mais defensivo e ele passava a falar mais depressa do que de costume. O resultado é que, quando ele recebia respostas negativas em vários telefonemas consecutivos, ele aumentava as chances de ser rejeitado nas chamadas seguintes, pois sua voz traía sua crescente ansiedade.

Depois de aprender a Libertar-se, ele resolveu aplicar a técnica no seu trabalho para resolver esse problema. Agora, cada vez que pega o telefone para fazer uma chamada, ele primeiramente liberta-se de querer controlar o modo como os seus clientes irão reagir e, em seguida, abre mão de querer a aprovação deles. Se recebe um "não", ele imediatamente abre mão de querer mudar esse "não" logo depois de colocar o fone no gancho. Isso serve para zerar o jogo, de modo que a chamada seguinte tenha a natureza de um novo começo.

O fato de Richard ter usado a técnica da Libertação em suas chamadas telefônicas teve um efeito imediato sobre o seu trabalho. Agora, as chamadas malogradas tinham tanto um aspecto *positivo* quanto um negativo, pois cada chamada malsucedida significava que ele tinha de se libertar. Quanto mais ele se libertava em relação às chamadas malsucedidas, mais fácil se tornava para ele libertar-se e, em conseqüência, maior a sua facilidade para lidar com quaisquer problemas que pudessem surgir. Muitas vezes, depois de ter recebido a quantidade usual de respostas negativas, ele se via terminando uma hora de chamadas telefônicas sentindo-se extremamente relaxado. Rindo, ele contou à esposa que os dias em que ele recebia a maior quantidade de rejeições eram dos mais produtivos porque a libertação com relação às chamadas telefônicas o deixava em excelente forma para os encontros com seus clientes reais e potenciais, realizados na segunda parte do dia de trabalho.

A estratégia da Libertação provocou uma reviravolta na carreira de Richard. Ele estava conseguindo uma quantidade muito maior de entrevistas pessoais com clientes em potencial. As pessoas a quem ele telefonava pareciam reagir à aparente falta de urgência em sua voz e sentiam confiança num homem que não parecia estar desesperado para fazer negócio com elas. Desse modo, ele conseguiu aumentar substancialmente as suas vendas e, conseqüentemente, os seus rendimentos.

Todavia, a melhora do desempenho profissional através do uso da técnica da Libertação não se limita às pessoas que trabalham com vendas. O presidente de uma empresa pública do ramo das comunicações, por exemplo, conta-nos que, nos últimos três anos, tem se libertado imediatamente antes de cada reunião anual com os acionistas. Ele descobriu que isso lhe permite administrar o dia mais difícil do ano com uma facilidade muito maior.

A capacidade de tomar decisões criativas, de trabalhar harmoniosamente em conjunto com outras pessoas, de suportar frustrações, de aprender a partir dos erros, de receber as críticas com maior tranqüilidade e de lidar com divergências — esses e muitos outros atributos essenciais para o sucesso no mundo dos negócios podem melhorar muito com a prática regular da Libertação. As situações encontradas no trabalho reagem positivamente a uma capacidade de abrir mão de um esforço ou agressividade excessivos na busca de resultados.

A seguir apresentamos relatos de pessoas que usaram a Libertação para aumentar sua capacidade de lidar com problemas no trabalho.

Problema de Trabalho 2

Gertrude tinha tanto medo de perder o emprego, que simplesmente ao falar sobre essa possibilidade suas mãos ficavam geladas. Ela descrevia sua chefe como uma executiva dinâmica e bem-sucedida, que a repreendia por cada erro cometido mas que quase não reconhecia as tarefas bem feitas. Quando essa mulher convocou-a para ir até a sala dela, a mente de Gertrude "ficou entorpecida", e ela sentiu que não seria capaz de atender às exigências de sua chefe.

Como ela estava se sentindo muito intimidada por sua chefe, o primeiro passo de Gertrude foi libertar-se em relação à sua ansiedade simplesmente aceitando essa ansiedade e deixando-a "existir". Depois de ter feito isso por cerca de 30 segundos, o seu medo pareceu diminuir e encontrar o seu próprio nível. Ela conseguiu respirar mais facilmente e não se sentir tão confusa. Depois de ter se libertado mais duas vezes da mesma forma, o seu medo diminuiu sensivelmente.

Agora, em vez do medo, Gertrude sentiu-se zangada, e libertou-se da raiva, usando a mesma técnica. Feito isso, ela ainda sentia raiva, mas com uma diferença. Dessa vez, ela sentiu como se estivesse "conseguindo alguma coisa" com sua raiva. Ela estava começando a sentir que gostaria de falar com franqueza com sua chefe. E sentiu-se bem ao pensar assim; sua face ficou corada, seus olhos brilharam e ela endireitou as costas.

Depois de ela ter aceitado plenamente seu medo e ter se libertado em relação a ele, a sensação de raiva impotente — que provavelmente existia sob a superfície o tempo todo — veio à tona. Depois de se libertar dessa raiva impotente, ela sentiu uma raiva construtiva. Nesse ponto, ela conseguia pensar em proteger a si mesma e gostou dessa idéia.

No dia seguinte, voltando ao escritório, ela conseguiu enfrentar sua chefe com mais coragem. Embora tivesse decidido não dizer umas verdades à chefe, Gertrude agora sentia-se no controle. Ela sabia que poderia falar francamente em defesa própria, se quisesse fazer isso.

Problema de Trabalho 3

Gary sentia-se aliviado por ter um emprego. Ele e a esposa estavam esperando seu segundo filho, e ela estava planejando demitir-se do emprego para cuidar do novo bebê. A hipoteca da casa que eles tinham acabado de comprar era alta e bons empregos estavam se tornando cada vez mais raros. Por tudo isso, ele estava ansioso por deixar sua marca no departamento para o qual trabalhava.

Ainda que Gary estivesse bem preparado para a posição que lhe havia sido atribuída, suas incertezas acerca do futuro da empresa às vezes o faziam tentar obter as coisas com excessivo afinco. Recentemente, ele procurara conseguir uma importante conta para sua empresa e estivera tentando fazer contato por telefone com George Chambers, vice-presidente da empresa que ele queria conquistar.

Quando, finalmente, conseguiu falar com Chambers, a conversa não transcorreu conforme Gary havia esperado. Antes de ter conseguido ir muito longe com seu discurso de vendedor, Chambers interrompeu-o com uma sucessão de perguntas, algumas das quais requeriam informações de que Gary não dispunha no momento e que só seriam obtidas depois de considerável pesquisa.

Desnorteado por essa inesperada reviravolta, Gary fez o que posteriormente considerou ser um grave erro. Ele tentou blefar em vez de admitir não saber as respostas para algumas das perguntas, e Chambers rapidamente concentrou-se nas áreas sobre as quais Gary tinha menos conhecimento. Conquanto o resultado não tenha sido conclusivo, Gary estava pessimista quanto às suas chances de efetuar a venda. Depois disso, ele repreendeu a si mesmo por não ter dito a Chambers que voltaria a ligar com as informações que ele solicitara. Quando chegou ao *workshop* sobre Libertação, alguns dias depois, o infeliz incidente ainda estava vivo em sua memória, e ele aceitou de bom grado a oportunidade de lidar com ele.

Pedi que Gary começasse reconstituindo detalhadamente o telefonema e abrindo mão de querer mudar o que tinha acontecido. Quando ele teve dificuldade para fazer isso, sugeri que ele se libertasse com relação a pequenos segmentos, um de cada vez (a tática de dividir para conquistar). Primeiro, ele abriu mão de querer mudar o fato de ter digitado um determinado conjunto de números no telefone; em seguida, de querer mudar o fato de que a voz de Chambers parecera rude quando atendeu à ligação; depois, de querer mudar o conteúdo das observações iniciais que ele fizera a Chambers e, finalmente, em relação ao fato de Chambers tê-lo interrompido, não permitindo que ele fizesse a apresentação que preparara. A essa altura, ele estava pronto para se libertar em relação à rápida sucessão de perguntas feitas por Chambers.

Ele quase podia ouvir mentalmente a voz do outro homem dizendo: "Eu realmente não tenho tempo para ouvir uma história longa, senhor Stevens. Tenho algumas perguntas a lhe fazer." Essa declaração tinha feito Gary cair do cavalo. Com efeito, sua reação a ela era tão forte que ele teve de dividir a sentença em frases e libertar-se com relação a cada frase separadamente. Esse é um exemplo da tática dividir e conquistar, através da qual o indivíduo volta-se para detalhes secundários a fim de poder lidar com uma situação difícil.

As palavras iniciais da declaração de Chambers tinham sido "Eu realmente não tenho tempo..." Gary abriu mão de querer mudar essa frase em particular e, então, acrescentou a frase seguinte "Eu realmente não tenho tempo para ouvir uma longa história", e também se libertou com relação a ela. Gary chegou à conclusão de que isso poderia acarretar diversas conseqüências, algumas das quais talvez não lhe tivessem sido desvantajosas.

O passo seguinte foi acrescentar o nome de Gary à frase de Chambers, tal como este realmente havia dito: "Eu realmente não tenho tempo para uma longa história, senhor Stevens." Gary poderia abrir mão de querer mudar o fato de Chambers ter acrescentado as palavras "senhor Stevens?" Isso ele conseguiu fazer facilmente.

Então veio a declaração de Chambers: "Tenho algumas perguntas a lhe fazer." Para sua própria surpresa, pois antes tinha sido um problema de difícil superação, Gary agora conseguiu abrir mão facilmente de mudar o fato de Chambers ter dito isto. Ele teve o palpite de que, em alguma parte ao longo do caminho, ele já poderia ter aberto mão da vontade de querer mudá-la de forma automática. Quando uma pessoa se liberta em relação a uma parte da situação, ela pode se libertar automática e simultaneamente de outras partes da situação.

Agora poderíamos ir diretamente para a pergunta que deixara Gary mais perturbado. Depois de fazer várias perguntas que Gary não soube responder, Chambers tinha perguntado sobre o cronograma de entrega de pedidos para o outono, e Gary não soubera responder.

Como ele achou extremamente difícil libertar-se com relação a isso, resolvi aplicar a tática do exagero, pedindo que, mentalmente, Gary fizesse uma representação exagerada da voz de Chambers. Ele deveria fingir estar ouvindo um alto-falante amplificando a voz de Chambers enquanto este lhe perguntava sobre o cronograma de entregas e repetir mentalmente esse exercício várias vezes. Então eu pedi que Gary continuasse "a resistir e a combater — continuasse pensando na expressão 'cronograma de entrega' e *querendo mudar essas palavras...*"

À medida que Gary se empenhava nessa tarefa, ficava claro que ele estava enfrentando um conflito interior. Por fim, depois de cerca de um minuto desse exagero, ele começou a sorrir. A frase estava perdendo seu efeito sobre ele. Agora era como se ele estivesse ouvindo um disco várias vezes seguidas; em pouco tempo, a pessoa deixa de prestar atenção às palavras.

Gary agora tinha se libertado com relação a muitos aspectos do telefonema original, estando pronto para ir diretamente para a última parte da sentença, "para o outono". Nessa altura, ele sentiu que não valia a pena se preocupar com o incidente e que era inútil ficar se torturando por causa disso. Nós então juntamos as duas partes para formar a sentença completa e ele achou surpreendentemente fácil abrir mão de querer mudar o fato de que Chambers lhe perguntara: "Qual é o cronograma de entrega de pedidos para o outono?"

Agora Gary estava começando a sentir que as perguntas que Chambers formulara não teriam feito muita diferença; quaisquer que fossem elas; haveria muitas coisas que Gary não teria sabido responder. Ocorreu-lhe também que Chambers não tinha realmente esperado que ele soubesse todas as respostas. Havia a possibilidade de que Chambers simplesmente precisasse dessas informações em vez de estar tentando avaliar Gary para descobrir se ele conseguia ou não obter as respostas de imediato. Nesse caso, nem tudo estava perdido, pois Gary ainda dispunha de tempo para obter as informações e entrar em contato com Chambers. O monitor de Gary agora se abrira e ele estava processando a situação de forma diferente. A tática de dividir para conquistar tinha funcionado.

Freqüentemente, podemos aceitar uma parte mínima até mesmo de uma situação difícil. O que nos perturba não são os detalhes mas, sim, o quadro total do que está acontecendo tal como o concebemos em nossa mente. Quando escolhemos alguns detalhes pouco importantes e nos libertamos em relação a eles isso pode fazer com que se torne mais fácil nos libertarmos da situação como um todo. Quando Gary tinha acabado de se libertar quanto aos detalhes, o incidente havia perdido sua carga emocional e ele passou a encarar de forma diferente seu problema de trabalho. Ele agora conseguia proceder de forma pragmática para adquirir as informações necessárias e voltar a telefonar para Chambers, o qual, conforme se verificou posteriormente, estava interessado em obter maiores informações sobre a proposta de Gary.

Problema de Trabalho 4

Pam fazia parte do quadro de secretárias de seu escritório e, portanto, tinha muitas oportunidades para comparar-se desfavoravelmente com outras mulheres. Ela se sentia constrangida por causa de seu problema com o peso e, freqüentemente, se via contando o número de vezes em que os homens do escritório falavam com as outras secretárias e não com ela, dizendo a si mesma que as outras mulheres da sala eram mais atraentes do que ela.

Essa preocupação na verdade não tinha fundamento. Pam era uma mulher bonita — apenas com um ligeiro excesso de peso — e popular, tanto entre os colegas do sexo masculino como entre as outras mulheres do escritório. Nada disso, porém, parecia causar-lhe impressão. Ela sentia-se insignificante quando as outras mulheres recebiam atenção.

Já que Pam fazia psicoterapia no intuito de lidar com seus problemas emocionais, recomendei que ela continuasse com o tratamento e também ensinei-a a libertar-se e sugeri que ela aplicasse a técnica o mais rapidamente possível às dificuldades que estava enfrentando no escritório. Pam aprendia rapidamente e em pouco tempo dominou o método. No primeiro dia após o aprendizado, ela teve oportunidade de libertar-se por si mesma.

A caminho do trabalho, pela manhã, ela imaginou o seu chefe ignorando-a e parando para conversar com a secretária da mesa ao lado. Por ser muito suscetível em relação a isso, era difícil para ela abrir mão da vontade de querer a aprovação do chefe; todavia, em breve, ela conseguiu abrir mão de 10% e, depois, de 20% desse *querer*. Depois de mais algumas libertações ela abriu mão da maior parte desse sentimento e passou a ver toda a situação por uma nova ótica. Ocorreu-lhe que, embora o seu chefe pudesse achar que outras mulheres do escritório fossem atraentes ou interessantes, isso não significava necessariamente que ele não dava valor a Pam.

Como o seu monitor agora se abrira, ela chegou ao escritório com melhor disposição de espírito, o que, para ela, foi uma grande sorte. Uma das secretárias estava com um belo bronzeado e tinha vindo trabalhar com uma roupa nova linda, que ressaltava os dotes de seu corpo escultural. Em comparação, Pam sentia-se gorda e desajeitada, um sentimento tão forte que, naquele momento, não lhe ocorreu libertar-se. Quando ela se lembrou de aplicar a técnica da Libertação, achou difícil fazê-lo na presença da outra mulher e, por isso, foi até o banheiro das mulheres.

Sozinha, diante do espelho, ela conseguiu abrir mão de querer controlar a aparência da outra secretária e, em seguida, conseguiu abrir mão de querer mudar as roupas que a outra mulher usava, de sua silhueta esguia e de seu bronzeado. Enquanto se libertava sucessivamente de cada um desses detalhes, Pam podia sentir os músculos da mandíbula e do pescoço relaxando. Ao voltar para o escritório, um pensamento passou-lhe pela mente. Se a outra mulher podia vestir-se de forma tão atraente, adquirir um lindo bronzeado e emagrecer, Pam *também* poderia fazer essas coisas. A secretária magra agora lhe parecia um modelo a ser seguido. Enquanto pensava em competir com a outra mulher, ocorreu a Pam que ela talvez pudesse lidar melhor com os seus sentimentos fazendo dieta em vez de se pôr a comer para consolar a si mesma. Essa decisão foi o início de um plano bem-sucedido para perder peso.

No decorrer do dia, Pam encontrou mais oportunidades para libertar-se. Ela abriu mão de querer controlar o modo como um dos executivos cumprimentava uma outra funcionária do escritório. Ela abriu mão de mudar o fato de uma mulher do escritório ter dito estar noiva. Ela também abriu mão de querer controlar o mau humor de seu chefe.

À medida que foi se acostumando com a Libertação, Pam teve cada vez menos dificuldade para realizá-la. Entretanto, se acontecia de ela estar absorta com o trabalho quando algum incidente subitamente a deixava sobressaltada, ela freqüentemente não pensava em libertar-se a não ser que lembrasse a si mesma da necessidade de fazê-lo. Para contornar esse problema, ela imprimiu um "L" maiúsculo num cartão e colocou-o sobre a mesa. Agora, sempre que se voltava para sua mesa ela via um "L" maiúsculo que servia como um sinal para ela se libertar.

Em pouco tempo ela não esperava mais uma situação desagradável surgir e simplesmente se libertava sempre que via o "L". Isso levou-a a libertar-se de querer mudar o modo como os seus papéis estavam espalhados sobre a mesa, de querer controlar a tagarelice na sala, de querer mudar o fato de seus sapatos novos estarem apertados ou em relação a qualquer outra coisa que estivesse lhe causando problemas.

Posteriormente, Pam afirmou que essa prática freqüente da libertação com respeito a questões de menor importância provavelmente fez mais por ela do que qualquer outra coisa. À medida que ela se libertava com relação a diversos tópicos secundários ao longo do dia, ela passava a ter uma disposição de espírito propícia para a Libertação. Depois disso, a Libertação se tornaria uma resposta automática para toda situação que a exigisse.

O uso da estratégia de Libertação foi muito útil para Pam. Desse momento em diante, ela conseguiu trabalhar mais diligentemente na sua psicoterapia e, com o tempo, conseguiu tornar-se capaz de ter mais controle sobre sua vida social e profissional. Ela também perdeu boa parte de seu excesso de peso porque viu que era capaz de abrir mão de querer mudar o fato de *outras* mulheres à sua volta serem magras e atraentes.

Problema de Trabalho 5

Edith concluíra um importante projeto bem antes do prazo estabelecido pelo seu departamento e fizera isso de modo minucioso além do necessário. Ela trabalhara com excepcional afinco porque tinha sido levada a acreditar numa promoção.

Como se verificou posteriormente, não foi isso o que aconteceu. Apesar do excepcional trabalho que ela havia feito, a empresa anunciou uma reestruturação em seu departamento e suspendeu todas as promoções. O cargo ocupado por Edith seria redefinido, mas ela não receberia nenhuma vantagem, quer em salário quer em prestígio. Com efeito, ela provavelmente receberia maior responsabilidade sem nenhuma compensação adicional.

Perplexa diante do que acontecera, Edith solicitou imediatamente uma reavaliação do vice-presidente encarregado do seu departamento. Disseram-lhe rudemente que era assim que as coisas seriam e que todos teriam de se adaptar. A porta tinha-se fechado na sua cara e restou-lhe a certeza de que a recusa da empresa em ouvir o seu lado da história tinha sido extremamente injusta.

Quando participou de um *workshop* sobre Libertação, pouco depois desse episódio, o sentimento de injustiça ainda a exasperava e ela queria libertar-se com respeito a ele. Outros membros do *workshop* concordaram ser desejável que a empresa mantivesse a promessa feita a um empregado mas observaram que Edith ainda podia atuar sobre si mesma. Ela seria capaz de abrir mão de querer que a empresa fosse *justa*?

Essa pergunta surpreendeu-a e, no início, ela foi incapaz de conceber a possibilidade de se libertar com relação à "justiça". Dentro de pouco tempo, porém, ela conseguiu se libertar em relação a pequenas partes, separadamente (aceitar apenas 1% da "injustiça") e, em alguns instantes, sentiu que podia abrir mão completamente de querer que a sua empresa fosse "justa".

Ao fazer isso ela sentiu-se profundamente aliviada. Edith suspirou perceptivelmente depois de experimentar a libertação e disse: "Acho que eu estava procurando algo que simplesmente não estava onde eu queria que estivesse."

Agora, enquanto se lembrava da cena em que ela havia discutido a reorganização com o vice-presidente, seus sentimentos com relação ao assunto se modificaram. Dessa vez, ela estava interessada principalmente em arranjar outro emprego o mais rápido possível. Em vez de tentar reparar uma iniqüidade do passado, seus pensamentos se voltavam para o futuro.

Algo acontecera com Edith no momento em que ela foi solicitada a abrir mão de querer que a empresa fosse "justa". Nesse momento, ela percebeu que o seu comportamento simplesmente refletia o modo como ela funcionava. Ao equacionar o problema da justiça, ela percebeu que não havia sido a única cujo valor não tinha sido apreciado pela empresa mas que, naquele momento, todas as outras pessoas da empresa estavam passando pela mesma situação. A própria empresa estava com problemas. Ela vira a mensagem rabiscada na parede alguns meses atrás, mas achara que poderia vencer o jogo fazendo um trabalho soberbo e conquistando reconhecimento. Agora ocorreu-lhe que os problemas da empresa eram maiores do que ela e que não havia possibilidade de ganhar. Todavia, enquanto ela analisava a situação com o seu monitor completamente aberto, ela percebeu que algumas outras empresas poderiam usar a sua capacidade e que o projeto que ela acabara de finalizar não seria perdido. Agora, ela poderia sair com excelentes recomendações.

Problema de Trabalho 6

Problemas no trabalho nem sempre envolvem o destino de apenas uma pessoa. Eles podem estar misturados intrincadamente com o destino de outras pessoas por quem o indivíduo é responsável.

Tom se viu envolvido num conflito com seu chefe por causa do tratamento dado a um grupo de funcionários que ele supervisionava. Sua empresa introduzira um novo sistema computadorizado, um sistema complexo que Tom e o gerente de projetos haviam discutido detalhadamente. Para testar os procedimentos a serem executados no caso de um colapso do sistema, eles haviam feito planos de fazer um exercício.

A maior parte da responsabilidade por esse exercício recaiu sobre Tom, e ele sentou-se com seus empregados para conversar a respeito do que eles poderiam fazer caso esse colapso eletrônico ocorresse. Antes que a discussão se iniciasse, porém, o gerente de projetos irrompeu na sala e, simulando uma emergência, bradou: "O sistema caiu! O que vocês vão fazer?"

Tom protestou dizendo que ainda não tivera oportunidade de instruir aquelas pessoas e que não haveria como eles poderem saber o que deveria ser feito. O chefe não lhe deu atenção. Os empregados tiveram de responder por seus atos durante o exercício simulado e Tom ficou furioso. Em sua opinião, perguntar aos empregados o que eles fariam antes de terem recebido as instruções apropriadas era como ensinar crianças a nadar jogando-as em águas profundas. Ele sentiu que deveria ter tido tempo para realizar o exercício do modo como havia planejado, principalmente levando-se em conta que, originalmente, o seu chefe havia concordado com esse procedimento.

Tom ficou irritado e faltou pouco para que pedisse demissão. Dias depois, ele ainda se via lutando interiormente com seu chefe e querendo mudar a forma como seu chefe havia se comportado.

Quando ele começou a se libertar em relação a isso, durante um *workshop*, ele ainda relutava em abrir mão de querer mudar o comportamento do chefe. Ele sentia que, se fizesse isso, não poderia ser um intermediário eficaz para os seus subordinados, dos quais ele gostava e que, de fato, eram bons funcionários.

Expliquei a Tom que não lhe estava sendo pedido que abrisse mão da *meta* de mudar o comportamento de seu chefe — isso parecia ser uma coisa razoável. O que eu estava sugerindo é que ele abrisse mão dos seus *sentimentos* — sentimentos de urgência e desespero.

Quando isso se esclareceu, Tom conseguiu prosseguir. Usando diversas táticas de abertura, ele conseguiu abrir mão de querer mudar o comportamento de seu chefe. Ao refletir sobre o ocorrido, ele conseguia ver as coisas a partir de uma nova perspectiva. Enquanto ele imaginava a voz do chefe perguntando a seus subordinados o que eles iriam fazer a respeito da emergência simulada, ele se viu quase sorrindo quando lhe ocorreu que, se tivesse ficado em silêncio, o chefe teria feito papel de bobo. A repreensão do chefe teria falado por si mesma. Teria ficado óbvio o fato de que apressar o exercício não era uma boa idéia.

Embora Tom tivesse se libertado da vontade de querer controlar o seu chefe, ele não renunciara ao propósito de defender os direitos dos seus funcionários. Ele ainda sabia o que ele achava que deveria ter sido feito para essas pessoas e, agora, sentia que poderia defender esse ponto de vista de forma mais eficiente.

Ao voltar à fábrica, na manhã seguinte, Tom enfrentou o chefe de um modo diferente. O gerente de projetos ficou desorientado pois não sabia mais em que pé estava o seu relacionamento com Tom. Este, por outro lado, sabia exatamente como se sentia. O resultado foi que, num período relativamente curto, Tom convencera o chefe de que seria mais acertado proceder de forma diferente no futuro.

Ao aprender a se libertar, algumas pessoas, equivocadamente, acham que libertar-se em relação a uma discussão significa render-se e desistir dela. Na verdade, a Libertação aumenta as suas opções e permite que você reconheça mais possibilidades para uma ação eficaz. Ela também lhe proporciona confiança para pôr em prática essas possibilidades.

A Libertação pode ser usada para melhorar de diversas maneiras a vida profissional do indivíduo. Ela pode criar uma atitude mais equilibrada com relação às inevitáveis decepções da vida profissional, neutralizar as rejeições às tentativas de vender produtos e serviços, aumentando enormemente a flexibilidade da pessoa. Ela também pode ajudar as pessoas a lidar com a ansiedade associada à ameaça de perda do emprego, reduzir conflitos interdepartamentais e aliviar a preocupação improdutiva do indivíduo com o próprio desempenho.

Essas são apenas algumas das maneiras pelas quais a Libertação pode melhorar nossa vida profissional. No capítulo seguinte, iremos analisar outro tipo de problema profissional em que a Libertação pode ser útil — planejamento de carreira e as dificuldades que ela nos impõe em termos de opções de vida e *marketing* de *nós mesmos*.

Capítulo 14

Libertação na Carreira Profissional

Existem problemas especiais para pessoas que trabalham como profissionais autônomos. Elas talvez se vejam na situação de terem de comercializar o próprio trabalho. O problema de ter de vender a si mesmos pode ser encontrado em diversos grupos, tais como empreiteiros, advogados, artistas, médicos, escritores e outros.

Todavia, o planejamento de uma carreira a longo prazo não afeta apenas os profissionais autônomos. No ramo da indústria e dos negócios, esse é um problema que diz respeito a muitas pessoas que procuram planejar sua carreira. Apresentamos a seguir relatos de pessoas que aplicaram a técnica da Libertação a problemas relacionados com suas carreiras profissionais.

Problema de Carreira 1

As ambições de Burt iam muito além da empresa para a qual ele trabalhava, e ele via o seu cargo atual simplesmente como uma etapa de uma carreira que, esperava ele, o levaria a ser um alto executivo de uma grande empresa. Essa não era uma ambição totalmente irreal de sua parte, pois ele era um executivo capaz e inteligente; contudo, a sua própria ambição parecia ser um obstáculo para um planejamento construtivo.

Burt estabelecera limites arbitrários para o tempo que ele queria passar numa determinada empresa. Conquanto uma decisão relativa ao tempo de permanência num determinado cargo possa ser uma diretriz útil, para Burt essas idéias não eram diretrizes, mas *regras*. Seu ambicioso planejamento havia se tornado tão inflexível, que passara a limitar sua liberdade de escolha.

Depois de ter ficado cinco anos na mesma empresa, o cronograma de Burt determinava que ele deveria pedir demissão e procurar outro emprego. O problema estava deixando-o confuso, todavia, porque naquele momento muitas oportunidades interessantes estavam se abrindo em sua empresa atual. Os negócios estavam se expandindo rapidamente e parecia que Burt poderia arranjar para si um lugar no qual o trabalho seria mais interessante e ele poderia usar mais plenamente sua capacidade. Essa mudança poderia ser importante para ele a longo prazo e dar um impulso na sua carreira, não por meio da mudança para uma outra empresa, mas dentro da empresa onde ele estava empregado.

Nesse momento Burt se viu dividido entre seus planos cuidadosamente traçados e a mudança nas circunstâncias. Em virtude de sua preocupação em subir mais rapidamente, ele carecia da flexibilidade necessária para considerar ambos os lados da questão com objetividade. O resultado foi *stress* físico e emocional. Burt se viu sofrendo de inquietação, de insônia e de uma tendência para fumar mais do que de costume. Sua esposa queixou-se de que ele estava se afastando dela e dos amigos e que, de fato, ele parecia estar se retirando para uma contemplação solitária do seu dilema.

Felizmente, Burt e a esposa freqüentaram nessa época um *workshop* sobre Libertação. Quando perguntei quais membros do grupo estavam se defrontando com decisões com as quais gostariam de lidar melhor, Burt disse que estava diante de uma difícil decisão quanto à sua carreira. Ele sentiu que era um bom candidato para a "estratégia de tomada de decisões", assunto que eu estava prestes a abordar.

Essa estratégia destina-se àqueles que se vêem divididos entre dois cursos de ação. Estamos obviamente familiarizados com a prática de arrolar vantagens e desvantagens de uma futura decisão em duas colunas e, então, compará-las. Ela é útil até certo ponto, mas pode nos deixar mergulhados em tamanha confusão que não saberemos como agir. A rotulação categórica não é o expediente mais útil quando queremos pensar com mais clareza.

A Libertação através da "estratégia de tomada de decisões" faz uso da lista de vantagens e desvantagens mas com uma diferença: quando as pessoas relacionam cada vantagem e desvantagem, elas se libertam de querer *mudar* (ou "controlar", se for esse o caso) essa vantagem ou desvantagem, ou de querer aprovação com respeito à vantagem, neutralizando, assim, um esforço excessivo *em qualquer das duas direções.*

Para iniciar Burt nessa estratégia, pedi que ele citasse uma das maneiras pelas quais ele poderia tomar a decisão profissional. Ele citou a possibilidade de deixar a empresa para buscar um cargo melhor e eu anotei essa opção no alto da lousa.

Em seguida, pedi que ele citasse uma *vantagem* para mudar de empresa. A primeira que lhe veio à mente é que ele estava na idade perfeita para fazer essa mudança. Continuando a questioná-lo, ele identificou isso como uma questão de controle — ele queria controlar sua carreira de modo que ela se desenvolvesse exatamente da forma como planejara.

Quando pedi que ele abrisse mão da vontade de querer controlar *o momento exato* em que sairia da empresa, Burt teve dificuldade em libertar-se e descobriu que precisaria usar uma tática de desbloqueamento. Para ele, a mais eficaz parecia ser a exageração. Ele estava decidido a controlar a idade exata em que faria a mudança e, então, passou a fazer isso cada vez mais *intensamente*. Ele realmente entrou no espírito dessa exageração e, por fim, chegou a querer controlar exatamente o dia, a hora e o minuto em que faria a mudança! A partir daí, obviamente, a coisa toda subitamente pareceu-lhe ridícula! Com um amplo sorriso, Burt então abriu mão de querer controlar o *momento* em que a mudança iria ocorrer. A questão da idade agora lhe parecia algo secundário e sem importância.

Para Burt, o passo seguinte seria identificar uma *desvantagem* de sair da empresa imediatamente. Ele prontamente respondeu que, se fizesse isso, estaria se privando de uma importante oportunidade.

Uma vez mais, a estratégia consistiu em abrir mão de querer controlar a possibilidade de vir ou não a aproveitar essa importante oportunidade. A palavra-chave aqui era *controle*. Seria razoável para ele querer essa oportunidade o quanto quisesse, mas era preciso renunciar a um *esforço excessivo* para obtê-la. Usando a tática da exageração, que funcionara tão bem com ele, Burt conseguiu libertar-se de querer controlar o fato de vir ou não a aproveitar essa oportunidade. Ao fazer isso, se sentiu mais relaxado.

Ele então citou uma outra vantagem de mudar de empresa — ele provavelmente receberia um salário maior — e, em seguida, abriu mão de querer controlar a possibilidade de vir a conseguir um aumento de salário.

Depois disso, ele identificou outra desvantagem de partir — gostava dos amigos que fizera nessa empresa — e abriu mão de querer controlar a possibilidade de vir ou não a permanecer perto dos seus amigos.

Seguindo as regras simples da estratégia de tomada de decisões, Burt ficou oscilando entre vantagens e desvantagens e libertando-se consecutivamente com relação a cada lado da questão, até ter completado uma longa lista. Ao libertar-se em relação a ambas as opções, ele percebeu que o seu sentimento de urgência havia-se amenizado. Para sua surpresa, ao chegar ao fim da página, ele estava começando a se sentir bastante à vontade com toda aquela situação. Ele não sentia mais que havia tantas coisas dependendo de sua decisão. Pela primeira vez, sentiu-se livre para decidir da forma como quisesse. A importância excessiva que ele atribuíra a ambas as possibilidades que lhe estavam abertas havia sido neutralizada.

Quando Burt levou para casa o diagrama de tomada de decisões, conseguiu realizar mais algumas libertações e, em conseqüência, conseguiu chegar a uma decisão segura. Ele optou por continuar na empresa por mais dois anos para descobrir como poderia ser o seu futuro tendo em vista os novos acontecimentos. Essa sua decisão não foi um evento dramático mas um processo calmo. Ele analisou com cuidado a situação e, de forma equilibrada, fez aquilo que considerou ser a escolha mais prática. Ele se sentiu à vontade com relação ao que havia decidido, estava dormindo melhor e a compulsão para fumar um cigarro atrás do outro havia desaparecido.

Um exemplo de tabela de tomada de decisões é apresentado na página 149. As letras "C" e "A" representam "Controle" e "Aprovação". Para cada vantagem, coloque uma marca apropriada na coluna de aprovação, ou de controle (ou em ambas) para cada vantagem ou desvantagem; depois disso, liberte-se da forma apropriada.

Estratégia de Tomada de Decisões

1. Escreva no alto de uma página uma opção que você esteja considerando (por exemplo, "Sair do meu emprego agora", ou "Não sair do meu emprego agora").

2. Divida a página em duas colunas: "Vantagens" e "Desvantagens". Sob a coluna de Vantagens, anote a primeira vantagem que lhe vier à mente. Descubra se ela está relacionada com o desejo de obter aprovação ou controle ou com ambos. Liberte-se.

3. Na coluna de Desvantagem, relacione uma desvantagem. Identifique se ela está relacionada com o desejo de aprovação ou de controle. Liberte-se.

4. Alternativamente, relacione uma vantagem e uma desvantagem e, então, liberte-se de cada uma delas até ter completado a sua lista.

5. Se em algum ponto você não conseguir mais pensar em vantagens e desvantagens, trace uma linha de fora a fora e vá para a próxima coluna.

6. Continue fazendo isso até não conseguir mais pensar em vantagens nem em desvantagens.

7. Se precisar trabalhar um pouco mais essa decisão, transforme a opção verbal da sua opção no seu oposto (se ela tiver sido expressa de forma positiva, expresse-a agora de modo negativo, e vice-versa) e repita todo o processo.

8. Quando tiver terminado, dedique-se a uma atividade diferente. Em pouco tempo você conseguirá tomar uma decisão de forma equilibrada e sem *stress* emocional.

OPÇÃO: _____

VANTAGENS	C	A	DESVANTAGENS	C	A
1.			1.		
2.			2.		
3.			3.		
4.			4.		
5.			5.		
etc.			etc.		

Problema de Carreira 2

A carreira de Marjorie como advogada estava progredindo de forma um tanto lenta e ela teve a idéia de criar oportunidades para falar nas reuniões das organizações locais de mulheres com o objetivo de ficar mais conhecida na comunidade.

Recentemente, ela havia sido convidada para falar num clube feminino a alguns quilômetros de sua casa. Depois de dirigir por cerca de uma hora, ela chegou a seu destino e descobriu que a sala onde a reunião deveria ser feita estava trancada. Ela estava para ir embora quando chegou uma mulher de carro e informou-a de que, lamentavelmente, o encontro havia sido adiado.

Aborrecida, porém mantendo um rígido controle sobre si mesma (ela não queria pôr em risco o seu relacionamento com esse grupo comunitário), Marjorie discutiu a situação com a mulher, ficando combinado que esta iria telefonar-lhe entre 14 e 15 horas da sexta-feira seguinte para comunicar-lhe a data e o horário para os quais o encontro havia sido remarcado.

Na sexta-feira, Marjorie esperou em seu escritório no horário combinado mas ninguém ligou. Exatamente às 15h10, quando Marjorie estava em conferência com um cliente, a mulher telefonou para dizer que lamentava não ter sido suficientemente clara mas que o encontro tinha sido definitivamente cancelado. Marjorie agradeceu-a asperamente e desligou o telefone. A mulher voltou a ligar e perguntou por que Marjorie desligara o telefone. Marjorie explicou que ficara desapontada e, mais uma vez, tomou a iniciativa de encerrar a conversa.

O que ainda estava perturbando Marjorie quando ela chegou ao *workshop* sobre Libertação, uma semana depois, foi o fato de ela não ter expressado seus verdadeiros sentimentos diante da falta de consideração desse grupo. Para ajudar Marjorie a lidar com esse problema, pedi que ela voltasse ao momento em que o problema surgiu. Em sua imaginação, ela voltou no tempo até o momento em que ela chegou ao local onde se daria a reunião, pronta para falar.

Ela podia imaginar a cena vividamente — a porta fechada, nenhuma pessoa presente, a mulher chegando de carro e comentando descuidadamente que não haveria reunião naquele dia. Enquanto ela descrevia isso, ficou bastante claro para Marjorie que ela tinha ficado muito zangada. Ela também preferiria ter agido de forma diferente e verificado se haveria a palestra em vez de ter se deslocado até o local desnecessariamente naquela tarde.

Começamos pelo seu desejo de ter confirmado o compromisso antes de partir. Sugeri que Marjorie abrisse mão de querer mudar o fato de que ela *não havia* feito a confirmação.

Essa libertação foi realizada facilmente. Enquanto ela fazia uma retrospectiva da situação, após ter se libertado, ela percebeu que, quando estava dirigindo seu carro rumo ao local onde falaria, ela tivera uma sensação incômoda na boca do estômago e, ao mesmo tempo, ocorrera-lhe que devia ter verificado o compromisso. Ela não havia dado atenção a esse pressentimento. Da próxima vez que ocorresse algo semelhante, ela *prestaria* mais atenção — talvez parando e dando um rápido telefonema para confirmar o compromisso. Ela aprendera algo com essa experiência. Assim como freqüentemente acontece com a Libertação, Marjorie percebeu uma lição positiva produzida pela situação, que antes ela não tinha percebido.

Em seguida, ela se libertou do telefonema da sexta-feira à tarde. Embora isso tivesse deixado Marjorie aborrecida, ela conseguiu abrir mão de 1% do desejo de mudar a situação. Depois disto, quando ela voltou a pensar no que ocorrera, ela encarou o problema de forma diferente, imaginando agora ela e a outra mulher envolvidas numa comédia de erros com a qual nenhuma das duas sabia como lidar.

Enquanto refletia a respeito disso, Marjorie começou a rir, e seu riso foi-se tornando mais forte até seus ombros se erguerem e seu rosto ficar ruborizado. A Libertação nem sempre resulta em risos mas, quando o faz, você pode ter certeza de que se libertou! Aos poucos Marjorie abrira mão da importância que havia atribuído a essa situação, que, com o tempo, foi neutralizada.

Problema de Carreira 3

Pouco depois de ter aprendido a se libertar, Phyllis sofreu uma decepção. Atriz ambiciosa mas pouco conhecida, ela havia sido escalada para fazer uma série de leituras dramáticas numa organização feminina de âmbito nacional. Essa era uma grande oportunidade para ela, e Phyllis escolheu uma fotografia excelente sua para o grupo usar na brochura de apresentação. Entusiasmada com a perspectiva da ampla publicidade produzida pelo evento, foi um choque para Phyllis descobrir, ao receber a brochura pelo correio, que a organização havia usado outra foto sua! Em vez da atraente foto de publicidade, eles haviam usado uma fotografia antiga, tirada com *flash*, que haviam encontrado em seus arquivos. Estava desbotada e pouco nítida, e a boca de Phyllis estava aberta demais, dando-lhe um ar de tola. A foto publicitária que ela enviara tinha-se perdido e a secretária desencavara a pouco lisonjeira fotografia antiga. O editor presumira que essa era a fotografia correta.

Phyllis tivera muita esperança de um desempenho coroado de sucesso sob os auspícios dessa organização. Ao ver a brochura, sentiu-se profundamente frustrada e passou o resto do dia preocupada com esse acontecimento lamentável.

Seus pensamentos consistiam principalmente em tentar corrigir mentalmente a situação, imaginando-se com um comportamento diferente daquele que de fato tivera. Ela estava empenhada numa elaborada tentativa de reescrever a história. Com monótona regularidade, ela se viu repetindo mentalmente as palavras exatas que ela havia dito para a secretária ao telefone e, então, imaginando uma mudança no que ela havia dito, de modo que não houvesse nenhum engano.

O problema com o ensaio mental de Phyllis era que ela estava ensaiando para um evento do *passado*! Naquele momento, não havia absolutamente nada que ela pudesse fazer a respeito do engano — os folhetos já tinham sido expedidos. No entanto, embora soubesse disso, ela não conseguia deixar de oscilar entre voltar e tentar mudar o passado e uma absurda fantasia atual de tirar o folheto de cada caixa de correspondência!

Conquanto sua preocupação com o assunto diminuísse durante o dia, enquanto ela se ocupava com as suas audições, à noite o pensamento circular voltava com toda a força.

Tendo geralmente conseguido libertar-se com sucesso, Phyllis decidiu atacar o problema. Quando ela tentou libertar-se de querer a aprovação de todas aquelas pessoas que iriam ver o folheto, intensos sentimentos impediram-na de fazer isso. Ela estava muito zangada. Em seguida, quando se libertou da vontade de querer mudar ou justificar a sua raiva, permitindo que ela existisse em seu estado puro e não adulterado, outro sentimento veio à superfície. Era o constrangimento. Ela se sentia humilhada por estar sendo apresentada por essa ótica desfavorável.

Quando ela abriu mão de querer mudar o seu sentimento de humilhação, Phyllis teve então uma sensação de paz interior. Ela se viu respeitando os próprios sentimentos, até mesmo o sentimento de humilhação. "Essa é uma parte de mim, afinal de contas, um sentimento a que eu tenho direito." Vislumbres de imagens do passado passaram rapidamente diante de seus olhos — imagens dela mesma quando menina, embaraçada e tentando ocultar o embaraço. Quando ela percebeu que agora não havia nenhuma necessidade de esconder esses sentimentos, os seus pensamentos compulsivos de mudar a situação desapareceram.

Entretanto, havia outros níveis do problema a serem abordados. Quando acordou, na manhã seguinte, ela descobriu que, para seu desgosto, o pensamento relativo ao folheto voltara com força total. Ela que pensara ter se libertado em relação a ele!

O monitor de Phyllis estava tão fechado que seriam necessárias diversas rodadas de libertação para que o assunto pudesse ser resolvido. Ela agora se surpreendeu sentindo raiva da "estupidez" da secretária mas, consciente de que isso seria improdutivo, resolveu libertar-se. Uma vez mais, ela abriu mão da vontade de querer mudar ou justificar a sua raiva. Phyllis deixou que ela existisse como um sentimento forte em todo o seu corpo e, dessa vez, conseguiu uma profunda libertação.

Phyllis experimentara aquilo que eu chamo de efeito "caixa de surpresas" — uma tendência para que reações emocionais intensas voltem a ocorrer, havendo necessidade de mais libertações. Quando isso acontece, sua segunda ou terceira rodada de libertação freqüentemente é mais eficiente que a primeira. É como se cada sessão de Libertação subseqüente lidasse com mais uma camada da aflição inicial, até finalmente alcançar a solução do problema.

Depois de sua segunda sessão de Libertação, os pensamentos de Phyllis a respeito de desfazer a situação original haviam desaparecido. Em seu lugar havia a sensação de ter sido mal compreendida. Sua raiva havia diminuído gradualmente. O incidente com a foto publicitária parecia-lhe distante, quase engraçado. Ela agora nem sequer estava segura de que a fotografia desfavorável iria reduzir o público presente em sua apresentação e, mesmo que isso acontecesse, o evento ainda poderia ser um sucesso.

Na verdade, Phyllis tinha topado com a solução tentando diversas abordagens diferentes da Libertação e, então, fazendo a mesma coisa no dia seguinte, em circunstâncias diferentes. Sua experiência destaca a conveniência de se tentar outras táticas de Libertação quando as primeiras não funcionam, até se encontrar uma que produza bons resultados.

A Libertação pode ser útil para estimular o avanço de uma carreira e pode ajudar você a lidar com as frustrações envolvidas com o *marketing* dos seus talentos. Ela pode ajudá-lo a lidar com a inevitável rejeição que surgirá em seu caminho e fazer com que se torne mais fácil tomar decisões acertadas em relação à sua carreira. Essa técnica também pode ajudá-lo de diversas outras maneiras, incluindo as situações nas quais você tem de lidar com a necessidade de *ter um excessivo controle* sobre o seu destino.

Embora problemas ligados a situações nas quais estamos sendo avaliados surjam inevitavelmente durante o planejamento de uma carreira, assim como aconteceu com Phyllis, eles muitas vezes também são vistos em várias outras esferas da vida. Eles merecem um capítulo à parte. Agora veremos de que modo a Libertação acaba com a ansiedade que freqüentemente sentimos em situações nas quais somos avaliados.

Capítulo 15

Libertação Para Quando Você Estiver Sendo Avaliado

Provas no ensino fundamental, exames para ingresso em universidades, entrevistas para seleção de funcionários a serem contratados, avaliações no trabalho — o processo de enfrentar avaliações parece nos perseguir durante toda a vida. Para muitas pessoas isso pode ser tão estressante que elas não conseguem dar o melhor de si quando estão sendo avaliadas. Os relatos apresentados a seguir foram feitos por pessoas que usaram a Libertação para se ajudarem a lidar melhor com essas avaliações.

Um dos exemplos mais comuns de *stress* relacionado com avaliações são as entrevistas para seleção de funcionários a serem contratados. Nessas ocasiões, a necessidade tácita de vender a si mesmo pode fazer com que essa experiência torne-se desagradável. A capacidade de vender a si mesmo pode ter pouco que ver com a capacidade de a pessoa executar as tarefas exigidas pelo emprego.

Problema de Avaliação 1

Leslie era extremamente tímida e não conseguia se expressar verbalmente de forma a causar boa impressão num possível empregador. Entretanto, ela era uma bioquímica competente e sua combinação de inteligência e excelência profissional era exatamente o que o laboratório farmacêutico onde ela seria entrevistada precisava.

Consciente de que estava bem qualificada para o emprego, o problema de Leslie era a entrevista. Esta prometia ser particularmente difícil em seu caso porque ela queria muito esse cargo. Conseguir esse emprego lhe permitiria mudar-se para uma outra cidade, na qual ela preferia morar e onde havia interessantes oportunidades de trabalho com pesquisas científicas. O fato de desejar tanto esse emprego fez com que a entrevista lhe parecesse um teste no qual teria de passar a qualquer custo.

Foi uma sorte Leslie ter freqüentado nessa época um *workshop* sobre Libertação, no qual ela teve a oportunidade de se livrar da ansiedade em relação à entrevista de seleção para o emprego. Como se pode imaginar, ela queria muito controlar o modo como a entrevista se desenvolveria e isto significava que ela estava tentando controlar um grande número de fatores que estavam além de sua influência. Os candidatos a um emprego pouco podem fazer além de estabelecer uma boa comunicação com o entrevistador e se apresentar da melhor maneira possível. Fatores que podem determinar a decisão final da organização, tais como as condições econômicas, as qualificações dos outros candidatos, direitos de antigüidade na função ou atributos especiais necessários para o exercício do cargo estão fora do alcance de qualquer tipo de influência que o entrevistado possa exercer.

O desejo de Leslie conseguir esse emprego levou-a a sentir que ela *precisava* obtê-lo, e ela colocou sobre os próprios ombros toda a responsabilidade de fazê-lo. Assim, foi necessário que ela primeiro se libertasse da sua necessidade de controlar o *resultado* da entrevista. Ter esperança de se sair bem seria uma meta válida. Ela precisava abrir mão do excesso de empenho — uma exigência excessiva sobre si mesma para controlar algo que estava fora de seu controle.

Leslie logo descobriu que, para isso, teria de usar a tática de dividir para conquistar. Ela poderia abrir mão de querer controlar detalhes aparentemente sem importância, tais como o tipo de sala onde a entrevista poderia ser conduzida, o modo como o diretor de pesquisas poderia se vestir ou se ela ficaria esperando muito tempo antes de ser admitida na sala do diretor. Ao abrir mão de querer controlar esses aspectos aparentemente secundários da entrevista, ele se viu entrando numa "disposição de espírito favorável à libertação". Para sua surpresa, dentro de pouco tempo ela conseguiu abrir mão do sentimento de querer controlar o próprio resultado da entrevista. Tão logo conseguiu fazer isso, ela sentiu a tensão desaparecer e surgir uma atitude mais equilibrada, do tipo "vamos-ver-o-que-acontece".

Em seguida, Leslie voltou sua atenção para o modo como ela poderia estar tentando controlar *a si mesma* nessa situação. Ela queria ter certeza de que se sairia bem na entrevista e iria se comportar de uma forma que seria particularmente agradável para si mesma. Ela também teria de se libertar quanto a esse aspecto da situação. Infelizmente, quando tentamos com excessivo empenho controlar o nosso comportamento, temos bem menos chance de nos comportarmos de forma flexível. Embora a técnica da Libertação não requeira que abandonemos o planejamento construtivo, ela de fato nos ajuda a abrir mão de controlar excessivamente a nós mesmos.

Leslie conseguiu abrir mão de querer controlar diversos detalhes acerca de como ela estaria no dia da entrevista — o grau de energia com que ela iria acordar naquela manhã, o modo como ficariam os seus olhos depois que fizesse a maquiagem, que penteado usaria, a maneira como iria apertar a mão do diretor de pesquisas e assim por diante.

Depois de ter se libertado quanto aos detalhes relativos ao modo como ela se apresentaria no referido dia, ela inesperadamente se sentiu capaz de abrir mão de querer controlar o modo como ela se sairia na entrevista. Ela agora conseguia aceitar a idéia de que o que tivesse de acontecer iria acontecer. Ao aceitar isso, parecia que um peso havia sido tirado de seus ombros.

Nos dias seguintes, ao preparar-se para a viagem até a cidade onde seria feita a entrevista, Leslie observou com grande interesse seu estado de espírito. Quando ela se via ficando ansiosa por causa da entrevista, ela se libertava. Ela abriu mão de querer a aprovação do diretor de pesquisas, de querer a sua própria aprovação, de querer mudar diversos detalhes da entrevista imaginada e, depois disso, libertou-se em relação a diversas outras questões envolvendo controle. Ela começou a interpretar cada uma de suas "preocupações" como um sinal para começar mais uma sessão de Libertação, sendo que cada nova sessão fazia com que ela se tornasse menos preocupada com a futura entrevista.

Ao desembarcar do avião, ela continuou a libertar-se em relação a diversos aspectos da entrevista e, ao abrir mão de querer mudar cada um deles, relaxou ainda mais. O resultado foi que, no momento da entrevista propriamente dita, a situação já havia perdido grande parte de sua carga emocional. Ela tinha "passado" por todas as principais dificuldades e conseguira administrá-las, libertando-se antecipadamente em relação a elas. Através dessa seqüência de libertações, ela conseguiu relaxar, liberar o seu monitor e livrar-se da incerteza.

Durante a entrevista, ela se sentiu realmente à vontade. Pela primeira vez em toda a sua vida profissional ela conseguiu se sentar e ouvir calmamente as perguntas do entrevistador, em vez de preocupar-se em pensar no que ela iria dizer em seguida. Como Leslie abrira mão da sua desesperada necessidade de controlar o resultado da entrevista, ela também conseguiu assumir o risco de descrever honesta e plenamente o modo como ela iria se desincumbir das tarefas que lhe fossem atribuídas. Ela apresentou-se de modo mais favorável do que em qualquer uma das entrevistas de seleção às quais ela se havia submetido. O diretor de pesquisas ficou bem impressionado e em uma semana foi informada de que havia sido escolhida para o cargo.

O mais importante com respeito à entrevista foi que Leslie tinha descoberto como usar a Libertação para situações nas quais ela exigia muito de si mesma desnecessariamente, com o objetivo de causar boa impressão. No futuro, ela poderia usar essa capacidade para se preparar para eventos sociais, festas e situações afins. A libertação, para ela, representou a descoberta de uma nova fonte de poder.

Avaliações no Emprego

As avaliações a que somos submetidos no emprego podem causar ainda mais ansiedade do que uma entrevista para a contratação de novos funcionários. Uma pessoa pode ou não conseguir um determinado emprego quando se submete a uma entrevista, mas em geral existem outras entrevistas pendentes. Uma avaliação no emprego, porém, pode significar a diferença entre um aumento ou uma promoção e seu oposto. Às vezes, ela pode significar a diferença entre a pessoa permanecer no emprego ou ser demitida. A ansiedade por sobreviver pode estar presente nas avaliações realizadas no emprego e, muitas vezes, podem impedir a pessoa de atingir o seu melhor desempenho.

Problema de Avaliação 2

Embora Alan estivesse lecionando há relativamente pouco tempo, era notável seu talento para tornar a matemática interessante até mesmo para os estudantes mais avessos à matéria. Apesar disso, ele ficava paralisado quando a supervisora entrava na sala de aula. Tão logo a via sentada no canto da sala, a didática de Alan tornava-se pomposa e empolada e ele perdia o seu maior trunfo, a capacidade de olhar para o rosto dos alunos e avaliar precisamente o envolvimento de cada um. Tudo o que ele via naquele momento (pelo canto dos olhos) era a supervisora. Por causa disso, quando sob supervisão, seu desempenho era adequado, mas desinteressante.

Quando Alan freqüentou um *workshop* sobre Libertação, juntamente com outros professores de sua escola, ele manifestou sua preocupação a respeito do seu fraco desempenho durante as avaliações e quis libertar-se antecipadamente em relação à próxima visita da supervisora. Ele também queria aprender a libertar-se *durante* a sessão de avaliação propriamente dita.

Ficou claro que, para Alan, aprovação era uma questão fundamental. Assim como ele era extremamente sensível à maneira pela qual poderia conseguir a aprovação de seus alunos (o que o ajudara a tornar-se um professor carismático), a sua própria capacidade de ser sensível à aprovação de fora prejudicava o seu desempenho quando a supervisora entrava na sala. Era como se, nessas ocasiões, ele fosse um menino pequeno sendo avaliado por um pai ou mãe onipotentes.

Quando conversamos sobre esse problema, Alan descobriu que uma forma eficiente de libertar-se com respeito à sua supervisora era abrir mão de querer mudar de alguma maneira as reações dela. Primeiro, ele abriu mão de querer mudar detalhes pouco importantes relativos a ela — a cor do cabelo, sua maneira de se vestir, o modo como ela ficava sentada na cadeira, a maneira como ela escrevia em seu caderno de notas, o modo como os olhos dela se fixavam nele e voltavam a se concentrar na página enquanto ela o estava avaliando e outras coisas relacionadas a ela. Ao fragmentar pela primeira vez essa situação em sua mente (dividindo-a e conquistando-a), ele conseguiu libertar-se da vontade de querer mudar o comportamento dela como um todo. Tão logo fez isso, ele descobriu que poderia "deixá-la ser do jeito que ela era". Ele também notou que naquele momento, ao imaginar a cena, ela não parecia mais tomar toda a sala com a sua presença; ela era apenas uma pessoa sentada no canto da sala, exercendo a sua função. Isso deixou Alan livre para se relacionar com os alunos.

Em conseqüência dessa libertação antecipada, ele estava preparado para lidar com o desafio de forma diferente quando, na semana seguinte, a supervisora entrou inesperadamente na sala de aula. Embora ele sentisse um tremor passageiro, lembrou-se da estratégia de Libertação e abriu mão de querer controlar o lugar onde ela iria se sentar. Em seguida, abriu mão de querer mudar o lugar onde ela de fato se sentou. Para sua própria surpresa, isso foi tudo o que ele teve de fazer para dar início à seqüência automática de eventos que conduziam à Libertação. Ele se viu continuando a libertar-se facilmente na presença da supervisora sem ter de pedir a si mesmo para fazê-lo. Dentro em breve, ele percebeu que não tinha nenhuma intenção de deixar que a presença da mulher prejudicasse o seu desempenho como professor. Em vez disso, ele se viu envolvido em animada interação com a classe. Alan estava novamente sentindo-se à vontade.

Depois disso, ele conseguiu esquecer-se da presença de sua supervisora durante longos períodos. O resultado foi uma entusiástica avaliação por parte da supervisora, que o informou de que a qualidade da sua aula "melhorara imensamente" e que ela estava muito satisfeita com o seu progresso. Na verdade, o progresso de Alan estava no modo como ele lidou com a avaliação e não na sua didática. Ele agora dispunha de um instrumento — a Libertação — que lhe permitiria enfrentar com tranqüilidade outras avaliações no futuro.

Para Enfrentar os Exames

Existem pessoas que se perguntam se é desejável eliminar a ansiedade que acompanha a realização de exames. Suponha que os estudantes pudessem libertar-se de querer controlar o seu desempenho num exame ou o cuidado com que estudaram, preparando-se para ele — isso não resultaria em preguiça e num desempenho medíocre? Alguns estudantes acreditam que, se não sentirem ansiedade antes de um exame, não conseguirão se ver obrigados a estudar em preparação para a prova. Portanto, eles encaram a ansiedade associada aos exames como necessária.

Na verdade, esses estudantes não precisam dessa ansiedade, seja para estudar adequadamente, seja para irem bem nos exames. Eles irão descobrir que a agitação e a sensação de estarem "estimulados" no dia do exame é muito útil mas que entre esses sentimentos não precisa estar incluída a ansiedade. Embora a idéia de que a ansiedade seja necessária para um bom desempenho escolar não passe de um mito, são compreensíveis as razões pelas quais tantas pessoas acreditam nela. Isso se deve ao que eu chamo de "erro da foca treinada".

O pessoal de circo conta uma história sobre uma foca treinada chamada Oscar, que costumava realizar truques notáveis em troca dos quais recebia diariamente uma porção de peixe fresco. Ela era uma artista famosa, a única foca que conseguira aprender a equilibrar uma pequena bola, quase do tamanho de uma bola de golfe, na ponta do focinho e mantê-la assim durante um minuto. Ela conseguia pegar essa bola mesmo depois de ela ter sido lançada para cima até atingir uma altura de nove metros — uma proeza espetacular.

Oscar tinha um procedimento especial para conseguir fazer isso. Para apanhar a bola quando ela estava caindo, ela inclinava a cabeça para trás e fixava o olhar num brilhante holofote que pendia do teto da tenda do circo. Ao fazer isso, ela conseguia ver a bola, mover-se para apanhá-la com o focinho e manter a cabeça inclinada para trás, de modo que a bola permanecesse equilibrada. Durante esse delicado procedimento, Oscar quase era cegada pelo brilho do holofote. Tão logo ela terminava o seu notável feito, o público irrompia em aplausos e o seu treinador colocava três peixes frescos em sua boca. Oscar ficava deleitada com tudo isso e considerava o seu truque uma excelente maneira de ganhar fama e comida.

Durante todos os anos em que ela se apresentou, porém, não ocorreu a ninguém a idéia de perguntar a Oscar em que ela pensava enquanto estava executando o seu número. Por fim, uma outra foca, com um interesse maior que o usual pela comida, certo dia perguntou-lhe como ela fazia para obter tantos peixes frescos. Oscar respondeu: "É fácil, você simplesmente olha para aquela luz ofuscante e, se conseguir suportar durante tempo suficiente, uma bola cai no seu focinho. Então você olha mais uma vez para a luz ofuscante e, se conseguir suportar isso um pouco mais, a bola continua no seu focinho. Depois eles vibram e aplaudem e alguém lhe dá três peixes frescos."

O importante nessa história é que Oscar não conhecia a extensão da sua capacidade. Na verdade, ela poderia ter executado o seu número igualmente bem caso o holofote estivesse colocado no chão e não sobre a sua cabeça, ou até mesmo se não houvesse nenhum holofote. Para executar o seu truque, ela simplesmente tinha de aprender a inclinar sua cabeça para trás e manter os olhos fixos na bola, como sempre fizera. Todavia, como a luz sempre ofuscara os seus olhos no exato momento em que ela estava apanhando a bola, ela acreditava sinceramente que o holofote era o responsável pelo seu sucesso.

Moral da história: *Nem sempre sabemos qual é a causa dos nossos triunfos!*

Muitos estudantes acreditam que sua ansiedade e desespero é que haviam feito com que estudassem com sucesso para os exames. O que eles não percebem é que andaram fazendo muitas outras coisas enquanto sentiam ansiedade e desespero. Eles fizeram coisas como reler trechos de compêndios, rever anotações de aula, fazer resumos e memorizar coisas fundamentais. Essas atividades são muito úteis para ajudar a pessoa a ser aprovada nos exames, ao passo que ansiedade e desespero não são nada úteis. Na experiência dos alunos, porém, a ansiedade e o desespero, no passado, se manifestaram juntamente com esses atos construtivos. Assim como Oscar, esses estudantes acreditaram equivocadamente que a recompensa (passar nos exames) foi resultado de algo que na verdade nada teve que ver com o sucesso que eles obtiveram. Eles passaram nos exames *apesar*, e não por causa, de sua ansiedade e do excesso de pressão que impuseram a si mesmos. Eles se sairiam melhor ainda se tivessem se libertado desses sentimentos negativos.

Existem muitas situações na vida que são acompanhadas de ansiedade, pressão e de uma necessidade exagerada de controle. Quando essas situações têm um final feliz — e freqüentemente isso acontece, pois se trabalha duro para garantir que o resultado seja esse — é fácil cometer o erro da foca treinada e acreditar que foi a ansiedade e a necessidade de controlar que *produziram* o sucesso. Quando nos libertamos dessas coisas desnecessárias, porém, o que nos resta são os atos que de fato nos ajudaram a realizar aquilo que queríamos, sem cobrar o seu tributo em termos de saúde e bem-estar. O resultado é que provavelmente nos saímos ainda melhor.

Problema de Avaliação 3

Embora os problemas de avaliação em sala de aula geralmente digam respeito à questão da aprovação, eles nem sempre envolvem a aprovação de uma outra pessoa. A auto-estima da pessoa pode estar em jogo.

Dirk estava se saindo satisfatoriamente bem nas disciplinas da universidade mas estava descontente consigo mesmo devido ao que considerava ter sido um desempenho sofrível num exame escrito. Como era seu costume, ele havia deixado para estudar nos últimos dias e, então, se viu incapaz de cobrir adequadamente toda a matéria. Como o assunto o interessava, ele sabia que poderia ter se saído bem caso tivesse começado a estudar antes e mostrava-se incapaz de perdoar a si mesmo pelo adiamento.

Ao aprender a libertar-se numa das minhas aulas, na universidade onde eu lecionava, Dirk decidiu usar a técnica para lidar com sua auto-recriminação acerca desse exame. Ele identificou a questão básica de querer a sua própria aprovação, libertou-se da questão da aprovação e, então, abriu mão de querer controlar o *modo* como ele havia estudado. Em suma, isso significava pedir a si próprio que "parasse de lutar consigo mesmo".

A princípio, ele descobriu que poderia abrir mão de apenas 1% da vontade de controlar o fato de aprovar ou não o modo como ele havia estudado. Então, ele conseguiu abrir mão de 5%, 10% e, por fim, de 80% desse desejo. Depois de ter feito isso, ocorreu-lhe que a questão de ter ou não estudado para o exame já era algo que pertencia ao passado. Ao fazer mais algumas libertações sobre a questão de querer a própria aprovação, a situação começou a ficar gradualmente menos dramática na mente de Dirk. Conseqüentemente, ele passou a pensar de forma diferente. Daí em diante, passou a ver esse seu comportamento simplesmente como "irresponsável" e sentiu-se mais inclinado a esperar pelo resultado dos exames em vez de se aborrecer. Talvez ele não tivesse se saído tão mal quanto imaginava. Ele sempre havia passado nos exames, de modo que não havia motivo para temer uma reprovação. Seus pensamentos nesse momento se voltaram para uma prova de física que se aproximava e para a qual ele sentiu que poderia começar a estudar. Isso pareceu-lhe ser um modo mais construtivo de usar sua energia em vez de ficar se martirizando por não ter estudado com tranqüilidade para o exame anterior. A Libertação abrira o seu monitor e ele estava em condição de lidar de forma mais eficiente com o exame a que iria se submeter a seguir.

Problema de Avaliação 4

Às vezes, a ansiedade relacionada com uma avaliação em sala de aula está ligada a toda uma situação e não a um exame ou entrevista em particular. Foi isso o que aconteceu com Grace, que se sentiu pouco à vontade ao inscrever-se num curso que iria prepará-la para começar a trabalhar, o que era muito importante para ela.

Fazia muitos anos desde a última vez que Grace freqüentara uma escola; nesse período, ela estivera ocupada criando uma família. Quando ela começou a fazer planos para dar continuidade aos estudos, perguntou a si mesma como seriam os outros alunos do curso. Quando fez isso, em sua imaginação eles aparentavam mais segurança, e agiam com mais segurança do que ela. Grace também imaginou-os sendo bem mais jovens do que ela.

Esses pensamentos fizeram Grace sentir-se em desvantagem e ela passou a sentir um "frio na barriga" quando pensava em como seria a primeira aula. Quando Grace compareceu a um *workshop* sobre Libertação, ela já estava inscrita no curso, que começaria em duas semanas. Para ajudá-la a se libertar, pedi que ela imaginasse com todos os detalhes como seria o primeiro dia de aula. Como ela imaginava que seria a sala de aula? E os outros alunos? E o professor?

Grace contou que, na sua imaginação, a sala de aula era surpreendentemente parecida com as salas de aula que ela conhecera na escola fundamental. Ela parecia ser grande e austera, com um imenso quadro-negro. Os outros alunos da classe eram todos jovens, competentes e cheios de energia. Ela notou que a maioria deles eram mulheres. O professor parecia ser um homem mais velho, com cabelos brancos espetados para cima e que falava depressa, passando muitas informações em pouco tempo. Grace sentia-se pouco à vontade e deslocada nesse quadro. Uma vez mais, ela teve a sensação de frio na barriga.

Perguntei-lhe se ela poderia abrir mão de querer mudar essa sensação e simplesmente "deixá-la lá" por cerca de trinta segundos. Depois que conseguiu fazer isso, ela se sentiu mais decidida e conseguiu imaginar como seria a aluna sentada ao lado dela na sala de aula. Segundo a descrição de Grace, sua colega de classe imaginária era uma jovem atraente e bem vestida. Ela era ativa, tinha olhos brilhantes, "um corte de cabelo adorável e natural", e parecia saber exatamente o que estava fazendo — quando anotar o que o professor tinha dito, quando apenas prestar atenção e como lidar com a situação. Em suma, ela parecia ter tudo sob controle, exatamente o mesmo controle que Grace gostaria de ter.

Nós então usamos a tática de "dividir-o-que-foi-dividido", imaginando um detalhe da cena de cada vez. Começamos com o caderno de anotações que a jovem tinha diante de si (imaginado, obviamente) — será que Grace poderia abrir mão de querer mudar o modo como as páginas desse caderno permaneciam abertas enquanto ele ficava apoiado no colo da outra estudante?

Grace poderia abrir mão facilmente de querer mudar as páginas (isso lhe parecia uma coisa neutra) e, quando o fez, o caderno de notas começou a parecer-lhe mais bonito. Em seguida, ela conseguiu abrir mão de querer mudar o modo como a mulher segurava o lápis e abriu mão de querer mudar o modo como o cabelo dela caía ao redor das orelhas. Esses detalhes tinham tão pouca importância, que Grace não sentiu dificuldade em libertar-se com relação a eles e, assim, conseguiu dar o passo seguinte — abrir mão de querer mudar o modo como a jovem estava olhando para o professor e prestando atenção na aula.

Quando se libertou com respeito a isso, Grace comentou que agora ela via algo diferente na cena imaginária. Ela gostou do modo como a sua jovem colega parecia absorver tudo com um "olhar fixo e decidido". Ocorreu-lhe que talvez ela mesma pudesse aprender alguma coisa com o modo como a outra estudante se comportava.

Depois disso, ela voltou sua atenção para o professor. Grace conseguiu abrir mão de querer mudar o modo como os seus rebeldes cabelos brancos estavam penteados. Isso, na verdade, fez com que ela risse e se sentisse mais à vontade em relação a ele. "Pelo menos, ele não é perfeito." A seguir, ela abriu mão de querer mudar o fato de que ele olhava para sua vizinha de carteira — a jovem sobre quem ela estivera falando antes — e, em diversas sentenças, deu a impressão de estar falando diretamente com ela. Ao libertar-se disto, Grace sentiu que as várias sentenças "não pareciam realmente ser muito importantes".

A essa altura, sugeri-lhe que imaginasse o professor voltando-se para o quadro-negro e escrevendo nele o programa do curso. Ele estaria escrevendo rapidamente e pondo muitas informações na lousa, as quais ela não tinha certeza de estar compreendendo. Ela poderia abrir mão de querer mudar o que ele estava escrevendo na *primeira linha* da lousa?

Grace conseguiu facilmente abrir mão de querer mudar a primeira linha. Então, ela conseguiu abrir mão de querer mudar a segunda e a terceira linhas. A tática de dividir-e-subdividir estava funcionando. Quando chegamos à quarta linha, Grace disse espontaneamente que poderia abrir mão de querer mudar tudo o que estava escrito na lousa. "Acabo de compreender que esse é apenas o modo de ele fazer as coisas", comentou ela.

Grace parecia não estar sentindo nenhuma dificuldade específica quanto ao fato de estar ou não compreendendo a matéria. Ela percebeu que isso era simplesmente informação e ocorreu-lhe que ela poderia copiar, se quisesse, e tentar posteriormente compreender o seu significado. Afinal de contas, era de se esperar que fosse indicado um livro didático ao qual ela pudesse recorrer para esclarecer o que não tivesse entendido. Ela poderia até mesmo tirar suas dúvidas com o professor, no final da aula. O acúmulo de informações não lhe parecia mais ser um problema.

Então, passamos à dificuldade seguinte. Eu lhe pedi para olhar em torno da sala imaginária e observar os outros estudantes. Como ela os via a essa altura do processo?

Na verdade, eles agora lhe pareciam mais simpáticos e ela passou a vê-los por um ângulo mais favorável. Ela podia perceber que eles estavam concentrados no que estavam fazendo, mas ocorreu-lhe que também eles talvez não estivessem entendendo tudo o que estava sendo colocado na lousa. O que havia mudado era a sua perspectiva. Nesse momento, esses estudantes lhe pareciam mais humanos.

A essa altura, Grace empolgou-se com a idéia de voltar a freqüentar uma sala de aula, algo que ela nunca sentira antes. Pela primeira vez, ela estava consciente de que iria aprender a lidar com o material na sala de aula de um modo que ela não teria sido capaz de fazer há alguns anos. Agora ela se sentia segura de que, usando o bom senso e observando o que os outros alunos da classe faziam, ela poderia se sair igualmente bem.

Como a maioria das coisas com relação às quais ela se queixara já pareciam estar resolvidas, eu lhe perguntei se havia algo em toda aquela situação que ainda a incomodava.

Grace hesitou e, então, disse: "Sim. A minha idade. Ainda me sinto um pouco deslocada porque todos os outros alunos da classe acabaram de sair da universidade!"

Grace estava pronta para se libertar com relação a esse último aspecto de seu projeto de voltar-à-sala-de-aula. Pedi-lhe que pensasse novamente em sua vizinha de carteira, a jovem em relação à qual ela se havia libertado anteriormente. Ela poderia abrir mão de querer mudar o fato de que essa jovem já fora uma garotinha de cinco anos de idade? Grace sorriu. Como ela poderia dizer não a uma pergunta como essa?

Perguntei-lhe se ela poderia abrir mão de querer mudar o fato de que essa jovem um dia tivera quinze anos de idade. Ela libertou-se também com relação a isso.

Ela poderia abrir mão de querer mudar o fato de que a jovem tinha a sua idade atual e se formara recentemente em uma universidade?

Ela podia fazê-lo. "Isso é inegável. Trata-se de um fato", disse ela.

"Você poderia abrir mão de querer mudar o fato de que *você* tem a sua idade atual?"

Grace descobriu que também poderia abrir mão de querer mudar isso. Quando ela o fez, sua maneira de encarar a própria idade mudou drasticamente.

"Quando abro mão de querer mudar a minha idade, consigo perceber que ela simplesmente existe", disse ela, "da mesma forma como as árvores estão no jardim ou o chão está sob os meus pés. Trata-se de algo que simplesmente 'existe'."

Depois de se libertar com relação à idade, Grace ficou em silêncio por um momento e, então, relatou um fato surpreendente. Ela não estava mais imaginando que todas as mulheres de sua classe eram tão jovens. Muitas delas ainda lhe pareciam jovens, mas agora ela imaginava várias outras pessoas da sua idade e, até mesmo, algumas que ela achou que poderiam ser mais velhas do que ela. Finalmente, ela se sentiu bem. Quem eram essas pessoas não lhe parecia mais ter muita influência sobre o modo como ela iria aprender a matéria. Ela agora achava que iria aprender com o seu próprio esforço e que a sua idade na verdade não iria ter nenhuma influência sobre o seu desempenho. Para sua surpresa, Grace quis que o curso começasse o quanto antes. Ela estava impaciente por iniciar a sua nova aventura.

Avaliação e Processo Criativo

Embora a avaliação seja inerente ao processo criativo, a criatividade pode ser prejudicada pelo desejo de aprovação da audiência, do editor, dos leitores ou de outras partes que, em última análise, julgarão a obra de arte. No caso dos que criam solitariamente, isso pode envolver a busca da aprovação de um público invisível. Para os que se apresentam em público, um auditório ao vivo representa a avaliação do produto criativo conforme ele está sendo produzido.

Além das considerações mercadológicas, o artista também precisa lidar com a sua autocrítica. A crítica do próprio trabalho é algo essencial. Por meio desse *feedback* com nós mesmos, a nossa criação pode ser mais eficaz, bonita ou poderosa — algo que, de outra forma, seria impossível. Todavia, uma crítica construtiva é muito diferente de uma crítica negativa. É com respeito a essa última que precisamos nos libertar para podermos utilizar plenamente as nossas energias criativas.

Problema de Avaliação 5

Apesar de ser uma escultora talentosa, uma ou duas vezes por ano Camilla se via entrando no que ela chamava de um "período negro", um período de um mês ou mais durante o qual o seu trabalho lhe parecia insatisfatório e sem inspiração. Nessas ocasiões, ela perdia o entusiasmo criativo, que não fluía mais, responsável por uma produção que ela considerava estimulante. No decorrer de sua psicoterapia, ensinei a Camilla a técnica da Libertação e ela resolveu aplicá-la ao problema que seus períodos representavam. Como nessas ocasiões sua autocrítica estava muito exacerbada, nós começamos por aplicar a libertação diretamente à sua vontade de conseguir a própria aprovação para o trabalho que ela estivesse realizando na ocasião.

No início, Camilla teve dificuldade para encontrar um modo de abrir mão de querer a própria aprovação. Ela podia abrir mão mas apenas do *sentimento* de querer essa aprovação. Depois, ela conseguiu abrir mão desse desejo durante apenas um segundo. Através de uma série de quatro ou cinco passos, ela acabou conseguindo abrir mão de esforçar-se por obter a própria aprovação. Quando fez isso, ela viu a possibilidade de simplesmente "brincar" durante algum tempo com a argila de escultura. À medida que continuou a libertar-se, ela também percebeu que não precisava representar um determinado modelo de *uma* única maneira — que havia à sua disposição várias possibilidades. Ela então sentia que poderia brincar com elas, postergando sua avaliação artística para mais tarde, quando ela poderia escolher a abordagem que lhe parecesse mais apropriada.

Camilla descobriu que abrir mão de querer a própria aprovação era a chave para lidar com seus períodos negros. Quando ela se tornou perita em libertar-se dessa maneira, a técnica interrompeu o círculo vicioso de autocríticas. Sua criatividade voltava a se manifestar quando ela se permitia brincar no seu trabalho. Isso, para ela, foi uma revolução. A Libertação tornou-se um importante recurso que ela poderia usar sempre que estivesse perdendo a confiança em si mesma.

As críticas que inibem a criatividade nem sempre têm origem em nós mesmos. As pessoas que se apresentam em público enfrentam uma tarefa particularmente difícil pois estão sempre preocupadas com a opinião do público, mesmo quando ele é invisível, como acontece com quem está produzindo um filme ou um disco. O artista sabe que um determinado público é constituído tanto por fãs como por críticos em potencial. Se a consciência de que o seu trabalho será avaliado por um público se transformar em preocupação em obter a aprovação desse público, isso pode prejudicar o desempenho do artista.

Problema de Avaliação 6

Gene, um violinista promissor, sentia-se pouco à vontade quando seu público era constituído predominantemente por músicos, cuja avaliação lhe era de grande importância. Ele resolveu usar a Libertação para reduzir sua preocupação excessiva com essas platéias constituídas de músicos profissionais.

Visto que cada pessoa encontra maneiras especiais de aplicar a técnica da Libertação, ele achou mais fácil libertar-se de querer *controlar* a aprovação desse público. Para Gene, a frase fundamental era *controlar a aprovação dessas pessoas*. Ele percebeu que estava tentando forçar essas pessoas importantes no mundo da música a aprovarem o seu desempenho. Quando ele parou de tentar mentalmente forçá-las a aprovar o seu desempenho, ficou livre para tocar com mais sensibilidade e profundidade.

O tipo especial de Libertação de Gene era um recurso que ele poderia usar sempre que estivesse enfrentando esse problema. Para garantir que ele conseguiria libertar-se mesmo sob a pressão de uma apresentação particularmente estressante, sugeri que ele ancorasse o sentimento de Libertação, de modo que pudesse recordar-se dele instantaneamente quando isso fosse necessário. Ele conseguiu fazer isso usando o toque entre o polegar e o dedo mínimo, e mantendo esse toque durante alguns segundos ao mesmo tempo que se libertava de querer aprovação. Esse procedimento fez com que ele associasse o sentimento de libertação da aprovação da platéia ao ato de encostar o polegar no dedo mínimo. Depois disso, ao entrar no palco ele poderia simplesmente fazer esse sinal de Libertação e o sentimento de libertação da aprovação da sua platéia iria tomá-lo novamente, deixando-o livre para a sua apresentação. A Libertação é útil para aliviar as pressões associadas a situações de avaliação. Ela neutraliza os efeitos debilitantes de uma excessiva ne-

---

Maneiras de se Libertar da Ansiedade Associada às Avaliações

1. Liberte-se da vontade de querer controlar o *resultado* da sua avaliação.

2. Liberte-se da vontade de querer controlar *o seu próprio comportamento* na situação de avaliação.

3. Liberte-se da vontade de querer a aprovação das outras pessoas (ou de querer *controlar* a aprovação delas).

4. Liberte-se da vontade de querer *a sua própria* aprovação.

5. Ancore a sua libertação tocando algum ponto específico de sua pele (preferivelmente num lugar onde isso possa ser feito com facilidade) no momento em que você sentir uma *libertação plena*. Quando você precisar libertar-se num momento de avaliação (apresentação em público, etc.), reative a sua libertação repetindo a frase de libertação e, simultaneamente, tocando exatamente esse ponto.

cessidade de aprovação e permite que o indivíduo torne-se flexível e capaz de uma recuperação rápida, além de prevenir a necessidade de a pessoa ter um controle excessivo sobre si mesma ou sobre as conseqüências de uma situação. Isso freqüentemente resulta numa melhor avaliação, juntamente com uma diminuição da debilitante situação de ansiedade.

A essa altura do livro, você já leu sobre diversos casos reais em que a Libertação mostrou-se útil. Todavia, não pretendo sugerir — e tampouco acredito — que o método da Libertação seja suficiente para lidar com *todas* as situações difíceis. Ela pode não resolver uma determinada dificuldade, principalmente se isso envolver problemas de personalidade profundamente arraigados. Na maioria dos casos, porém, ela será útil mesmo quando outras terapias forem usadas. A Libertação combina muito bem com a psicoterapia ou com sessões de aconselhamento profissional.

Agora nos voltaremos para uma área em que a técnica da Libertação pode significar a diferença entre nos entregarmos a uma depressão profunda ou podermos lidar com os problemas de forma construtiva, conseqüente e humana. Estamos falando da aplicação do método a questões relacionadas com o sofrimento físico: o ajuste à doença, à dor ou aos problemas criados pela morte e pelo processo que conduz a ela.

Capítulo 16

Libertação Para os Casos de Dor, Doença ou Morte

Situações críticas como doenças, catástrofes naturais ou morte podem causar profundos sentimentos de desesperança. Nessas situações, a Libertação pode nos ajudar a recuperar o controle, capacitando-nos, assim, a sermos mais úteis para nós mesmos e para os outros.

Libertação da Dor

Embora a Libertação comumente não elimine dores fortes causadas por doenças físicas sérias, ela pode ser útil na mudança de atitude da pessoa com relação à dor, de maneira que a intensidade com que a pessoa a percebe é muito reduzida. No caso de dores de menor intensidade, a Libertação muitas vezes faz com que elas desapareçam totalmente.

Os métodos abaixo podem ser aplicados a estados de tensão ou de dor, sendo que a mesma abordagem funciona em ambos os sexos.

Para libertar-se da dor, pense consigo mesmo ou diga em voz alta:

"Eu poderia abrir mão da vontade de querer mudar a minha percepção da dor?"

Como você não está tentando mudar a dor *em si* (algo que talvez lhe pareça impossível), você se sente "à vontade" com este método. Sempre podemos lidar com a nossa percepção acerca de algo. Abrir mão de querer mudar a nossa percepção da dor é tão fácil quanto deixar cair um alfinete. Em conseqüência, você pode "fluir com" a dor sem lutar contra ela, um passo essencial para poder lidar com o problema.

Libertar-se dos Sentimentos Que Acompanham a Dor

Devemos também nos libertar da vontade de querer mudar as emoções de medo ou raiva que possam estar associadas à dor. Embora seja natural ficarmos assustados ou zangados (ou ambos) quando somos feridos, essas emoções provocam o retesamento de nossos músculos e aumentam o fluxo de adrenalina em todo o nosso sistema, aumentando significativamente a dor. Quando abrimos mão da vontade de querer mudar nossa ansiedade ou nosso ressentimento com relação à dor, esta muitas vezes é reduzida significativamente.

Libertar-se da Dor Pelo Exagero

Por mais estranho que possa parecer, ao exagerar a sua sensação de dor, você provavelmente poderá reduzi-la. Ser capaz de exagerar a dor significa que você terá adquirido controle sobre ela. Para usar a tática do exagero, volte sua atenção para a dor e, conscientemente, tente fazê-la parecer mais intensa. Você irá descobrir que a sua percepção da dor terá mudado e isso lhe permitirá lidar com ela de modo bem diferente.

Libertação Sem Palavras

Outra maneira de a pessoa se libertar da dor é parar de se questionar e, em vez disso, concentrar silenciosamente sua atenção na dor, sem fazer nenhuma tentativa de lutar contra ela ou de fazê-la desaparecer. Algumas pessoas descrevem esse processo como uma condição na qual se permitem "amar a dor". Por mais surpreendente que possa parecer, essa atitude de não-resistência pode ser extremamente útil. Se você fluir com a dor, ela poderá perder o poder que possa ter sobre você.

Dividir Para Conquistar

Você também pode usar a tática de dividir para conquistar para lidar com a dor. Para fazer isso, divida mentalmente a dor em diversas áreas pequenas e liberte-se sucessivamente de cada uma delas.

Uma participante de um *workshop* sobre Libertação, que sentia muita dor no braço devido à artrite, descobriu que podia livrar-se da dor começando por um círculo de aproximadamente um centímetro de diâmetro na ponta de seu cotovelo. Ela conseguia abrir mão de querer mudar a sua percepção só nessa pequena área. Em seguida, ela passava para uma série de pontos distintos localizados em outras partes de seu braço e libertava-se da mesma maneira com relação a cada um deles. Ela descobriu que era muito mais fácil fazer isso do que se livrar de toda a dor de uma só vez. Depois de se libertar com relação a essas pequenas áreas, a dor parecia diminuir gradualmente, chegando a um ponto em que ela mal tinha consciência dessa sensação.

A Tática da Dispersão

Uma das estratégias de Libertação mais eficazes para se usar na abordagem da dor é uma manobra que chamo de *tática da dispersão*, pois envolve o desvio sistemático da nossa atenção para longe da dor.

Quando estamos com dor, a nossa atenção se concentra na área do problema. Mesmo se estivermos prestando atenção em alguma outra coisa, no fundo de nossa mente estamos acompanhando a dor o tempo todo.

É claro que essa capacidade de nos concentrarmos intensamente no local da dor tem valor de sobrevivência. Se estivermos feridos e deixarmos de nos concentrar em nosso ferimento, poderíamos não parar para cuidar dele. Em determinadas circunstâncias, essa negligência poderia nos custar a vida. Contudo, se já estamos cuidando do nosso ferimento ou doença e não há nada mais que possamos fazer a respeito, a tendência de nos mantermos agudamente conscientes do problema deixa de ter valor de sobrevivência. Nesse momento, concentrarmo-nos na dor torna-se um problema em si. Nesse caso, a tática da dispersão é útil. Eis como usar essa manobra. Quando você sentir um profundo mal-estar físico, dirija sua atenção para uma outra área do corpo o mais distante possível do local da dor. Observe as sensações que você tem nessa nova área (por mais fracas e indistintas que sejam) e, então, abra mão de querer mudar *essas* sensações. Se você estiver sentindo dor no ombro, por exemplo, você poderia libertar-se de alguma sensação localizada no pé ou na mão. Se você não for capaz de identificar nenhuma sensação numa área distante de seu corpo, imagine uma e abra mão de querer mudá-la. Continue libertando-se das sensações em outras áreas de seu corpo não relacionadas com a fonte original da dor ou mal-estar, até que esta seja reduzida. Isso costuma ser tudo o que você precisa fazer para conseguir uma notável diferença na sua percepção da dor ou, mesmo, para fazê-la desaparecer por completo.

Ao usar a Libertação para lidar com a dor, é bom você ser o mais flexível que puder. Faça tentativas, ponha à prova todas as abordagens e, se voltar a precisar delas no futuro, teste-as novamente. Algumas dessas abordagens serão muito mais eficazes para você do que para outras pessoas. Quando achar a abordagem correta, esta poderá vir a ter um valor inestimável para você.

Assim como as emoções, a dor aumenta quando a combatemos e diminui quando permitimos que ela "exista".

Doença 1

Jim sofria de dores crônicas na região lombar, dores estas que às vezes o deixavam incapacitado durante dias, impedindo-o de trabalhar e causando-lhe *stress* emocional. Sem saber quando o problema com as costas poderia voltar a se manifestar, ele estava sempre com medo de ficar imobilizado. Embora não estivesse com dores nas costas na ocasião em que participou de um seminário sobre Libertação, ao aprender a técnica ele reservou-a para ser usada no futuro.

Não transcorreu muito tempo até que ele tivesse a oportunidade de pôr à prova a Libertação. Ao inclinar-se para amarrar os sapatos, ele teve uma grave recaída do seu problema lombar, o que o deixou de cama, deitado de costas, por várias semanas. Nesse período, embora sentisse uma dor muito forte, Jim obteve alívio através da Libertação.

Para Jim, parecia sensato perguntar a si mesmo se poderia abrir mão de querer mudar a *percepção* da dor (mas não a dor *em si*). Cada vez que fazia isso, ele conseguia se libertar um pouco mais de sua aguda consciência da dor. Assim, ele produzia um relaxamento imediato do espasmo muscular na área afetada. Esse processo funcionou muito bem. Embora a Libertação não tenha impedido o reaparecimento da dor quando mudava de posição, ele descobriu que poderia libertar-se novamente e voltar a obter alívio.

Jim usou a Libertação como um meio para controlar a intensidade emocional da dor e relaxar a área afetada, de modo a conseguir o repouso que lhe era tão necessário. Isso permitiu-lhe dispensar os relaxantes musculares durante boa parte do tempo e, em sua opinião, fez com que suas costas sarassem muito mais depressa. A Libertação parece que desviou sua atenção para longe da dor a fim de que a energia de cura do corpo entrasse em ação e fizesse a sua parte.

O que aconteceu com Jim não é nada surpreendente à luz do que sabemos sobre a distinção entre a nossa percepção mental da dor (que resulta na sensação de dor) e a *experiência* da dor propriamente dita — a sensação pode ser diferente da experiência emocional que a acompanha. Em seu livro sobre o controle da dor,* o dr. David Bresler, diretor do Centro de Controle da Dor da Universidade da Califórnia, em Los Angeles, observa que um soldado ferido gravemente em batalha pode saber que está ferido, mas pode não ter total percepção do que é conhecido como "dor" (e que pode ser quase impossível de suportar). Ele talvez esteja tão aliviado por estar indo para casa vivo, que essa emoção anula a debilitante experiência da dor total. Se, por outro lado, ele tivesse sentido a dor total, isso poderia ter atrapalhado a resposta saudável de cura.

Ao nos libertarmos da percepção da dor, podemos abrir mão do nosso *envolvimento* com os sintomas. Isso faz com que a dor se transforme numa experiência mais superficial e localizada, o que, por sua vez, relaxa a tensão muscular em

---

* Para uma análise extremamente útil sobre a dor, ver a obra de David E. Bresler, *Free Yourself from Pain* (Nova York: Simon & Schuster, 1979).

torno da área do ferimento, aumenta o fluxo de sangue para esse local e afeta outras variáveis fisiológicas fundamentais para a promoção da cura.

Existem diversas maneiras de reduzir a dor por meio da libertação. Cada pessoa encontra aquela que funciona melhor para o seu caso. Se você estiver sofrendo com a dor, é aconselhável tentar *cada uma* das táticas de libertação aqui sugeridas até encontrar aquela que for mais adequada a você. Também é recomendável ter em mente que o que pode funcionar para você num determinado dia talvez não funcione numa outra ocasião — o nosso estado físico e psicológico pode variar acentuadamente de um dia para outro, de uma semana para outra ou de um mês para outro.

Doença 2

Harriet sofrera uma série de dolorosos acidentes durante um período de um ano e seu ressentimento cada vez maior diante dessa situação complicada fazia com que se tornasse difícil para ela lidar com a dor remanescente. Ela sentia como se estivesse perdendo uma batalha que nunca chegava ao fim.

Ao aprender a técnica da Libertação, ela começou a libertar-se da raiva que sentia pela dor. Quando conseguiu abrir mão de querer mudar ou justificar a raiva, esta cedeu o suficiente para que ela reconhecesse o medo subjacente de que ela talvez nunca viesse a se libertar da dor. Harriet descobriu que poderia abrir mão desse medo só por meio de pequenos passos. Primeiramente, ela abriu mão de 1% da vontade de mudar o seu medo de sentir dor; em seguida, ela abriu mão de 2% e, depois, de 5% desse desejo, e continuou a libertar-se, até conseguir abrir mão de 100%.

A essa altura, ela estava se sentindo menos ameaçada e pronta para abrir mão de querer mudar a experiência da dor propriamente dita. Ela optou por fazê-lo usando a *tática da dispersão* — libertar-se da vontade de querer mudar um mal-estar em *alguma outra parte do corpo* (veja página 169). Como ela já se havia libertado dos seus *sentimentos* (a sobrecarga emocional), a libertação da dor propriamente dita (a *sensação*) foi mais fácil e mais eficaz do que teria sido caso ela tivesse começado libertando-se diretamente da sensação em si. Harriet conseguiu ter um considerável alívio com a *tática da dispersão*. A combinação dessa tática com a libertação das emoções que envolviam a sua dor proporcionou-lhe um programa eficaz de controle da dor.

Doença 3

Marie, que estava freqüentando um *workshop* sobre Libertação, queixava-se de uma dor que sentia na cabeça, entre os olhos, e pedi a ela que concentrasse sua atenção no seu pulso direito e observasse qualquer sensação que pudesse ter nessa parte do corpo. A partir de sua descrição, presumi que ela não estava sentindo nenhuma dor no pulso. Eu estava aplicando a tática da dispersão.

Depois de pensar por um momento, ela respondeu que não tinha certeza de sentir algo diferente, mas que talvez houvesse um "leve calor" em seu pulso. Seria suficiente que ela notasse qualquer tipo de sensação (mesmo a mais vaga), de modo que o calor serviria para os nossos propósitos. Pedi que ela abrisse mão da vontade de querer mudá-la. Ela achou fácil fazer isso porque, conforme comentou, antes de mais nada ela queria mesmo mudar essa sensação!

Eu então pedi que ela localizasse uma sensação em seu joelho esquerdo. Uma vez mais, depois de pensar nisso, ela disse que notara uma pequena tensão nesse local. Pedi que ela abrisse mão de mudar essa ligeira tensão. Novamente aqui, ela não teve nenhuma dificuldade para fazer isso, pois pareceu-lhe algo sem importância.

A essa altura, para sua surpresa, Marie descobriu que a sua dor de cabeça havia desaparecido. O sucesso da tática da dispersão apóia-se no fato de que, quando uma parte do nosso corpo está com dor, ela em geral domina a cena. É fácil nos esquecermos de que existe algo mais em nosso corpo além da dor. A tática da dispersão aumenta a percepção das sensações em outras áreas e restaura uma perspectiva mais apropriada.

Essa tática também pode ser útil para neutralizar a tensão. Por mais ilógico que isso possa parecer, se você estiver sofrendo de tensão muscular, um modo de se libertar dela é escolher uma parte do seu corpo que não *pode* estar tensa (como uma unha, os ossos, etc.) e libertar-se da vontade de querer mudar a tensão desse local.

Quando um participante de um *workshop* queixou-se de tensão nos ombros e no pescoço, sugeri que ele abrisse mão de querer mudar a "tensão" em uma das unhas de sua mão — a unha do polegar da mão direita. Expliquei a ele que, pela lógica, isso obviamente não fazia sentido, pois não se esperaria que a unha do polegar estivesse tensa. Contudo, pedi a ele que suspendesse por um momento qualquer julgamento e verificasse se era capaz de abrir mão da tensão na unha de seu polegar dando asas à sua imaginação.

Ele sorriu indulgentemente para mim mas tentou fazer o que eu lhe havia pedido. Apesar de ele estar abrindo mão de algo que não existia (ele sabia que não havia tensão nenhuma na sua unha), ele conseguiu imaginar a si mesmo abrindo mão dessa tensão inexistente. Ao fazer isso, ele sentiu que estava se libertando. Nesse momento, os seus ombros e o pescoço pareciam estar muito mais relaxados.

Como isso parece não fazer nenhum sentido e requer um grande esforço da imaginação, essa tática talvez não agrade a todas as pessoas. Se ela não serve para você, não a use. Todavia, devemos reconhecer que, em se tratando de Libertação, nem sempre é necessário saber *por que* uma coisa funciona para que isso de fato aconteça. Se ela funciona, pode ser valiosa para você. Libertar-se de uma tensão imaginária numa área em que é impossível haver tensão muscular (como na unha do polegar) pode ser uma estratégia eficaz pois serve para nos lembrar de que existem partes do nosso corpo que *nunca* ficam tensas. Ou, então, isso pode funcionar por uma razão totalmente diferente. Eu posso chamar a atenção para o fato de que ela *tem* funcionado para muitas pessoas e sugerir que você a experimente e tire a sua própria conclusão.

Libertar-se em Relação à Própria Doença

Uma doença tem muitos componentes diferentes que podem nos afetar — conquanto a dor possa ser uma delas, mal-estar, fraqueza, náusea, tontura ou vários outros sintomas podem representar problemas em si mesmos. Vale a pena aplicar a tática de dividir para conquistar quando você estiver se libertando de uma doença e, desse modo, libertar-se separadamente de todos os tipos de mal-estar que estiver sentindo.

Libertar-se só uma vez talvez não seja suficiente para produzir um efeito significativo sobre uma doença em curso. Numa situação dessas, você talvez tenha de "abrir mão" repetidas vezes. Cada vez que se libertar, você estará permitindo que o seu corpo combata a doença à sua *própria* maneira, sem a interferência de uma pressão excessiva de sua parte. Você também não será impedido pela ansiedade nem pela raiva — fatores que podem inibir a cura.

Nesse momento, você poderia levantar uma objeção. Não é "bom" combater uma doença? A vontade de viver é um ingrediente essencial para a cura. Por que uma pessoa não deveria estar com raiva de uma doença que é debilitante? Essa raiva não produz a determinação de vencer a doença?

À primeira vista, essa objeção parece razoável, pois tanto a vontade de viver como a reação natural do corpo são necessárias para a cura. Essas duas forças, porém, longe de serem prejudicadas pela Libertação, na verdade são *favorecidas* por ela. Não se combate a doença com sucesso acertando-lhe, figurativamente, "um soco no nariz", mas criando uma sensação de bem-estar, um sentimento de estar se recuperando — exatamente as atitudes que são encorajadas pela Libertação.

Quando ficamos doentes, nosso corpo é ameaçado. Compreensivelmente, queremos fazer tudo o que pudermos para combater os sintomas e adotar medidas que façam com que nos sintamos melhor. Todavia, se fizermos isso como se estivéssemos combatendo desesperadamente um inimigo invisível, nossa sensação de urgência só irá aumentar o poder da doença sobre nós. Isso é verdadeiro mesmo no caso de uma doença em que haja risco de vida. Uma luta encarniçada contra a doença nos enfraquece, deixando-nos mais vulneráveis a ela. Um esforço construtivo para ficarmos bons permite que a nossa força vital flua livremente. Esse processo exige que abramos mão de nossos esforços *frenéticos* para mudar a doença e simplesmente permitir que a cura "aconteça".

Assim como as emoções fortes podem fazer com que o nosso monitor se feche numa emergência, combater furiosamente para subjugar a nossa doença pode reduzir o poder da energia de cura do corpo. Quando o nosso monitor se abre, as opções de promoção da saúde de nosso corpo também se diversificam.

> Para libertar-se de uma doença, pense consigo mesmo ou diga em voz alta:
>
> **"Conquanto fosse bom não ter esta doença, como posso fazer para abrir mão da vontade de *lutar* para mudá-la?... Eu seria capaz de deixá-la "existir" por alguns instantes?**
>
> Deixe que os seus sintomas (a doença) simplesmente "existam" por cerca de 30 segundos. Isso impedirá que a sua energia seja desperdiçada num esforço improdutivo e a deixará livre para participar da restauração do seu corpo doente. Liberdade e integridade são o melhor antídoto para a doença. São essas as forças liberadas quando aplicamos a técnica da Libertação. Desse modo, quando estiver doente você deve procurar libertar-se com a freqüência que o faça sentir-se bem.

Libertar-se em Relação à Doença de Outra Pessoa

Para muitas pessoas, a doença de um ente querido é tão dolorosa, se não mais, do que sua própria doença. É extremamente difícil assistir alguém a quem amamos ser acometido por uma doença grave. A Libertação pode fazer muito para nos ajudar a lidar com essa situação de forma equilibrada, fazendo com que possamos ajudar de maneira mais efetiva a pessoa que estiver doente.

Há vários princípios que devemos ter em mente quando estivermos nos libertando em relação a uma doença que esteja acometendo um ente querido. Embora algumas pessoas considerem ser possível abrir mão de querer mudar o fato de que alguém de quem elas gostam esteja doente (porque elas compreendem que a pergunta: "Eu poderia abrir mão da vontade de querer que ele fique bom?" faz parte do processo de Libertação e, portanto, não deve ser levada ao pé da letra), outras acham impossível responder a essa pergunta afirmativamente. Se for esse o caso, você ainda pode se libertar com respeito a essa situação mudando a formulação da pergunta de Libertação de modo a torná-la compatível com a sua presente estrutura mental. Se você não puder libertar-se prontamente de querer mudar ou "controlar" a doença de uma outra pessoa porque você quer muito que ela se recupere, pense consigo mesmo ou diga em voz alta:

"Será que eu poderia abrir mão da vontade de *me esforçar mentalmente* para mudar a doença?"

Quando a situação é crítica, *esforçar-se mentalmente* é um conceito que, para algumas pessoas, é mais fácil de aceitar do que o *querer* pois não implica pedir a si mesmo para abrir mão de querer que a outra pessoa fique boa. Se pudermos abrir mão de *nos esforçarmos mentalmente*, nós ficaremos mais calmos, e essa calma rapidamente será transferida para a pessoa que está doente. Como o nosso monitor foi aberto pela Libertação, nesse momento, provavelmente, estaremos aptos a pensar em mais coisas que poderíamos fazer para ajudar a pessoa de quem gostamos.

Nessas circunstâncias, uma outra questão útil é:

"Será que eu poderia aceitar 1% da doença (da dor, etc.)?"

Em geral, é possível aceitar essa pequena parte da doença de uma outra pessoa e, ao fazê-lo, você conseguirá se comportar de forma mais útil e construtiva com relação a ela.

Libertação em Relação à Nossa Competência Para Ajudar

A preocupação em saber se estamos ou não fazendo tudo o que podemos para ajudar alguém doente — se isso nos causar preocupação e fizer com que nos sintamos culpados por não estarmos "fazendo o bastante"— pode reduzir a nossa capacidade de ajudar essa pessoa. Se você se vir sob pressão para cuidar melhor da pessoa ou ser um melhor acompanhante, pense consigo mesmo ou diga em voz alta:

"Será que eu poderia abrir mão da vontade de ser um *perfeito* acompanhante, etc.?"

Essa frase ajuda a acabar com qualquer sentimento de culpa restante. Quando a usamos, não precisamos mais nos esforçar para conseguir o impossível. A Libertação tira um peso de nossos ombros e, assim, podemos *realmente* cuidar melhor da pessoa, ser um acompanhante melhor ou o que quer que seja.

Doença 4

Rita sentiu-se impotente quando seu filho foi levado para uma unidade de tratamento intensivo após sofrer um acidente de motocicleta. Tudo o que ela podia fazer era observar as máquinas monitorando os seus sinais vitais enquanto as enfermeiras, apressadas, cuidavam dele. Craig parecia estar em coma mas, interiormente, ela suspeitava que ele sabia de sua presença ao lado do leito.

Enquanto esteve lá, Rita continuou perguntando freneticamente a si mesma: "O que posso fazer a respeito disso? O que pode ser feito?" Então, como havia aprendido a se libertar, ela resolveu usar essa técnica para serenar seus pensamentos agitados. Intuitivamente, ela sentiu que a Libertação poderia ajudá-la a ajudar o filho.

Ela lembrou-se de usar as frases especiais que eu havia citado como sendo as preferidas numa emergência. Ela não podia pedir a si mesma para abrir mão de querer mudar o fato de que Craig havia sido ferido — ela queria desesperadamente que ele estivesse bem. Em vez disso, ela perguntou a si mesma se seria capaz de abrir mão do "excessivo esforço mental" para salvar Craig — aqueles pensamentos obsessivos que estavam em sua mente.

Para seu alívio, ela conseguiu abrir mão dessa sensação de agitação mental e, ao fazer isso, passou a sentir-se mais tranqüila.

O frenético pensamento circular desapareceu e, agora, ela parecia sentir uma espécie de silêncio interior, que permitiu que ela olhasse para dentro de si mesma de uma forma mais sensível.

Com surpreendente calma, ela agora observava o filho deitado na cama. Ao fazer isso, ela notou uma vez mais que todos os músculos do corpo dele estavam tensos, esticados como uma corda de violino prestes a se romper. Ela também observou que o rosto de Craig estava muito vermelho e que ele respirava rapidamente, quase arquejando. Embora ela tivesse visto isso antes, essas observações serviram apenas para fazê-la mergulhar mais fundo em seu desesperado pensamento circular. Nesse momento, ao observar esses sinais de problemas, em seu estado atual de calma interior relativa, uma nova idéia ocorreu-lhe.

Ela lembrou-se de uma palestra que havia freqüentado certa vez, na qual o palestrante descrevera o modo como ajudara um amigo em estado grave orientando delicadamente a sua respiração. Ele fizera isso primeiramente deixando que suas mãos acompanhassem o ritmo do vigoroso padrão respiratório da pessoa doente e, em seguida, mudando o ritmo de suas mãos para influenciar seu amigo a respirar com menos desconforto.

Rita se viu colocando uma das mãos sobre o peito do filho, suavemente, e deixando que os dedos de sua mão se contraíssem e se estendessem no ritmo rápido do padrão respiratório de Craig. Quase imperceptivelmente, ela conseguiu que sua mão entrasse em perfeita sincronia com a respiração do filho, pulsando em harmonia com ele. Então, depois de algum tempo, ela se viu reduzindo gradualmente a velocidade com que os seus dedos se abriam e se fechavam. Quando ela fez isso, Craig, que agora estava respirando no ritmo dos movimentos da mão de sua mãe, começou a reduzir gradualmente a sua freqüência respiratória. Ao fazer isso, sua musculatura pouco a pouco começou a relaxar. Primeiramente, os músculos dos braços e, então, os das mãos e os do rosto começaram a parecer mais relaxados.

Rita prosseguiu delicadamente com sua terapia, atenta ao que estava acontecendo com o filho e sentindo-se em completa harmonia com ele. Era uma harmonia que ela não sentia desde o tempo em que, ainda pequeno, ela o carregava no colo. Era como se, nesse momento, os dois fossem uma só pessoa. Rita sentiu que, graças a isso, ela talvez pudesse conseguir levá-lo para longe do perigo que o ameaçava.

Em mais ou menos quinze minutos, Craig, de fato, parecia estar saindo de uma situação de risco de vida. Sua respiração agora estava muito mais tranqüila; seu rosto não estava tão vermelho e seus músculos estavam mais relaxados. A essa altura, Rita sabia que, independentemente do que estivesse sendo feito para seu filho em termos de medicina, agora o corpo dele aceitaria de forma mais construtiva. A crise passara. O caminho para a cura estava desobstruído.

Abrir mão do nosso esforço mental excessivo numa emergência é uma poderosa técnica que pode ser usada tanto para as doenças da *própria* pessoa como para as doenças de outras pessoas. Muitas vezes, é apenas o nosso esforço mental excessivo que se interpõe entre nós e o uso construtivo do nosso estado durante uma doença ou depois de um acidente. Quando acabamos com esse excesso de esforço, a cura torna-se mais fácil.

Libertar-se da Incapacidade

Freqüentemente me perguntam que efeito tem a Libertação sobre a determinação necessária para superar deficiências ou para aprender novas habilidades, tais como as que são ensinadas em programas de reabilitação física. A força de vontade e a capacidade de seguir em frente, mesmo lutando contra muitas dificuldades, são qualidades importantes para as pessoas com alguma deficiência. À primeira vista, poderia parecer indesejável que as pessoas incapacitadas abrissem mão de seu desejo de ficar boas.

Na verdade, essa conclusão baseia-se num entendimento equivocado da Libertação. As pessoas inválidas ou deficientes fazem um excelente uso dessa técnica porque a determinação, a força de vontade, a persistência e a capacidade de seguir em frente, superando as dificuldades, são aumentadas quando o monitor do indivíduo se abre.

Enquanto a verdadeira força de vontade é fortalecida, o desespero e o empenho excessivos são reduzidos, o que é uma clara vantagem em qualquer programa de reabilitação.

Isso pode ser mais fácil de compreender se fizermos a distinção entre "determinação" e "desespero". As duas palavras não são sinônimos. Quando temos a força de vontade necessária para superar as adversidades, o nosso monitor está aberto e exercemos uma influência direta. Quando nos deixamos dominar por uma insistência cega para superar uma adversidade ou incapacidade, lutamos contra esse fato de modo a envolver raiva, medo, desespero e outras emoções negativas. Nessa situação, o nosso monitor se fecha, o que pode nos levar a agir de forma ineficiente. A técnica da Libertação permite que a pessoa livre-se de seu desespero com relação à deficiência, de modo que uma verdadeira determinação e força de vontade possam surgir, ajudando a pessoa a fazer o que realmente precisa ser feito.

Libertação em Relação à Morte

Em algum momento, inevitavelmente, enfrentamos a perda de uma pessoa querida, através da morte. Nessa situação difícil, a Libertação pode ser imensamente útil. Além das táticas padronizadas de desbloqueio, existem algumas estratégias especiais que podem ser usadas para nos libertarmos em relação ao fato de alguém ter morrido (ou estar correndo risco de vida).

Libertação em Relação ao Nosso Sentimento de Impotência

Uma forma eficaz de você se libertar com relação à ameaça da morte é pensar consigo mesmo ou dizer em voz alta:

> "Será que eu poderia abrir mão da vontade de querer mudar o meu sentimento de impotência?"

Os sentimentos de impotência e desesperança podem causar grande sofrimento em situações de perda. O sentimento de impotência e desamparo só se torna menos opressivo quando paramos de lutar contra ele. Ao nos libertarmos com relação ao nosso sentimento de desesperança, podemos prosseguir com calma e por caminhos que são mais significativos para nós mesmos e para os que estão à nossa volta.

Libertação Pela Aceitação

Uma outra maneira de lidar com a inevitabilidade da morte é mudar a formulação da pergunta de Libertação de modo que, em vez de perguntar a si mesmo se você pode abrir mão de querer mudar a situação (o que é impossível), você pergunta a si mesmo:

> "Será que eu posso aceitar o fato de que (fulano de tal) morreu (ou está morrendo)?"

Ou então, se isso for muito difícil de fazer:

> "Será que posso aceitar 1% desse fato?"

A aceitação pode trazer paz.

Contudo, se você confundir "aceitação" com "resignação", esse conceito pode criar um problema. Resignação implica render-se ao desespero, renunciar à nossa liberdade. Aceitação implica uma atitude ativa, livre e voltada para o futuro. A resignação fecha o monitor, forçando-nos a agir como autômatos. A aceitação abre o monitor e nos permite agir de forma sensível, consciente e humana.

A frase "Posso aceitar" é uma das maneiras mais eficazes de abrir o monitor quando estamos carregando pesados fardos emocionais. Fazer essa pergunta a si mesmo livra-o do esforço de ter de combater o que é inevitável.

Quando estamos combatendo o inevitável, não estamos agindo no sentido de mudar o que pode ser mudado. Quando nos libertamos dessa luta, podemos voltar a seguir em frente.

Libertação em Relação à Compreensão

Há uma última pergunta que pode ser útil quando nos confrontamos com a finalidade da morte ou de qualquer outro fato inalterável. Você pode pensar consigo mesmo ou dizer em voz alta:

> "Conquanto fosse útil compreender por que isso teve de acontecer, será que eu poderia abrir mão da vontade de *querer* compreender?"
> Por que *ele ou ela nasceu deficiente?*
> Por que *ele ou ela tem de sofrer?*
> Por que *ele ou ela teve de morrer?*

Essas perguntas têm sido feitas durante toda a história humana. Quando semelhante "por que" se traduz em maneiras produtivas de mudar a situação humana, de modo a amenizar o sofrimento, isso produz uma contribuição importante para a vida humana. Entretanto, quando o "por que" é usado para o indivíduo torturar a si mesmo e aos outros, então ele é destrutivo. Abrir mão do tipo de "por que" que não leva a nada pode liberar no indivíduo energias que irão ajudá-lo a lidar com o problema de forma construtiva e deixar de sofrer.

Libertar-se de querer "compreender" ou libertar-se de querer que a vida seja "justa" situa-se entre as atitudes mais positivas que você pode tomar quando estiver enfrentando o inevitável. Isso não significa, contudo, que nessas ocasiões você não deva manter contato com os seus sentimentos mais profundos, incluindo os de perplexidade. Estes têm o seu lugar. Isso, na verdade, quer dizer que você pode se abster de fazer perguntas que só servirão para reduzir a sua capacidade. Libertar-se em relação a "compreender" ou libertar-se de lutar contra o inevitável abre caminho para um pesar saudável e para uma genuína tristeza. Essa é uma maneira de você ajudar a si mesmo a se recompor, sentir novamente a sua força interior e tomar consciência do que há de positivo na vida. A Libertação é um expediente que proporciona um meio para que as pessoas possam lidar de forma mais calma e construtiva com um universo em que as coisas muitas vezes não seguem o caminho que desejamos e que raramente tem a boa vontade de nos explicar por que isso aconteceu.

Doença 5

Carl ficou profundamente perturbado com a doença terminal de seu pai. Durante os últimos dias do ancião, o filho passou boa parte do tempo junto dele no hospital. Apesar disso, ele se sentiu fútil, inútil e incapaz de proporcionar-lhe qualquer ajuda efetiva.

Essa reação tinha uma longa história. Carl nunca se sentira bem na presença do seu pai; tanto quanto ele podia se lembrar, os dois sempre tiveram um relacionamento distante. Agora, durante os últimos dias da vida de seu pai, Carl teve a impressão de que essa era a sua última chance de recuperar o tempo perdido. Ele queria desesperadamente estabelecer algum tipo de contato com esse homem que estivera tão absorvido com sua carreira durante a infância de Carl, que havia tido pouca oportunidade de conhecer o próprio filho. Todavia, qualquer tentativa da parte de Carl para criar um vínculo mais íntimo era frustrada pela doença do pai, com o medo e a confusão dela resultantes. Carl não sabia como agir.

Três semanas antes de seu pai ser levado para o hospital em estado crítico, Carl freqüentara um *workshop* sobre Libertação onde havia assimilado boa parte do que foi dito, embora tivesse participado pouco das atividades. Nessa semana seguinte à segunda reunião do *workshop*, ele sentiu que se libertava com relação a diversos problemas de sua vida profissional e familiar, e isso aliviou enormemente o peso que ele estava carregando. No entanto, quando o pai foi levado para o hospital, o monitor de Carl se fechara momentaneamente e ele esqueceu de se libertar. Somente três dias depois, enquanto estava sentado no quarto do hospital observando aquele homem frágil definhando a olhos vistos — ele, que um dia lhe parecera ser uma fortaleza —, foi que Carl se lembrou de que a Libertação pode ser útil nas crises da vida.

Sem saber como começar, Carl chegou à conclusão de que ele estava se lamentando do passado — em termos de Libertação, uma grande necessidade de "reescrever a história". Ele queria desesperadamente ter tido um outro tipo de relacionamento com seu pai. Isso levou-a a abrir mão de querer mudar o fato de que ele e o pai nunca tinham sido íntimos.

Quando ele conseguiu abrir mão, *ainda que de uma pequena parte*, de sua vontade de mudar a história infeliz, Carl sentiu brotar dentro de si uma profunda tristeza. Em seguida, ele abriu mão de querer mudar sua tristeza e simplesmente "deixou-a existir". Isso quer dizer que, por um período de cinco a dez minutos, Carl sentou-se calmamente no quarto de seu pai, no hospital, sentindo a própria tristeza, sem tentar mudá-la. Sozinho com o pai, ele observou os instrumentos de monitoramento piscando, a enfermeira entrando e saindo silenciosamente do quarto e a respiração daquele corpo frágil, que parecia a sombra do homem que ele conhecera.

Enquanto ele permitia que a sua sensação de tristeza simplesmente existisse, sem tentar combatê-la nem afastá-la para longe, Carl começou a sentir uma paz interior, como se a própria tristeza estivesse de alguma maneira ajudando-o e dando-lhe forças. Foi como se permitir que a tristeza "existisse" fosse algo que tivesse de ser feito.

Nesse momento, a tristeza de Carl parecia apropriada; ela não mais lhe parecia ameaçadora. Várias vezes, durante esse intervalo, ele libertou-se de querer mudar a tristeza e, em todas as vezes, descobriu que esse sentimento ia diminuindo aos poucos e sendo substituído por um sentimento de aceitação. Tratava-se de uma aceitação do lamentável abismo que os separara.

A essa altura, Carl conseguiu perguntar a si mesmo se ele poderia abrir mão de querer mudar o fato de que ele e seu pai raramente haviam-se comunicado um com o outro no passado. Nesse momento, ele se viu capaz de fazer isso. Nesse instante, ele sentiu que estava abrindo mão de sua luta para mudar os fatos. Quando fez isso, ele viu o homem doente, na cama à sua frente, como uma pessoa assustada. Ele agora podia ver o pai mais como um ser humano e não como o pai que ele desejara que o velho homem tivesse sido.

Essa foi uma experiência nova para Carl. Ela deixou-o livre para aproximar-se da cama e perguntar ao pai, com uma voz bastante diferente da de antes, se havia alguma coisa que pudesse fazer por ele. Para sua surpresa, seu pai, evidentemente respondendo à mudança no tom de voz de Carl, respondeu, dizendo que havia algo que ele poderia fazer. Ao abrir os olhos pela primeira vez naquele dia e fixá-los nos olhos de Carl, ele falou sobre certas coisas que gostaria que fossem providenciadas com relação ao seu testamento. Ele pareceu aliviado e grato por seu filho poder ajudá-lo com isso.

Carl, por sua vez, sentiu-se confortado por ser capaz de ser útil a seu pai. Ele foi cuidar desses assuntos; inteirou-se a respeito deles e, durante o resto do dia, continuou a libertar-se.

Carl então sentiu-se pronto para abrir mão da vontade de querer mudar o fato de que seu pai estava prestes a morrer. Ele também abriu mão de querer controlar exatamente o modo como seu pai morria e libertou-se por diversas vezes de querer a aprovação de seu pai. Isso trouxe-lhe ainda mais alívio e permitiu que ele continuasse cuidando dos negócios do pai sem se preocupar com o fato de se ele iria recobrar a consciência ou aprovar o que ele tinha feito. Carl também foi capaz de agir de forma construtiva, ao mesmo tempo que continuava a se libertar e abrir ainda mais o seu monitor. Começou a pensar em como iria fazer para entrar em contato com determinados membros da família e reuni-los a fim de ajudar o pai. Sua capacidade de organização fez com que ele tivesse as coisas sob controle.

Mais tarde, naquela noite, quando seu pai morreu serenamente, Carl se viu revisando tudo o que ele sabia sobre o pai e ficou surpreso ao encontrar alguns valores surpreendentes que antes ele não fora capaz de reconhecer. Saber que ele não voltaria a ter a oportunidade de observar essas qualidades novamente deixou-o com um sentimento de perda, embora esses sentimentos naturais de luto e estranheza fossem bastante aliviados com novas libertações. Carl simplesmente perguntou a si mesmo se ele poderia *aceitar* a morte do pai e, então, abriu mão de querer mudar o fato de que nunca mais voltaria a vê-lo. Para ele, a palavra *aceitar* foi útil pois ela não negava simplesmente os seus sentimentos de tristeza e perda. Ele reconheceu o luto como algo natural e, na verdade, libertou-se da vontade de querer modificá-lo.

Conquanto a Libertação tenha ajudado Carl a se sentir em paz durante o período de desorientação que muitas vezes se segue à morte, ele em breve se viu tendo fortes sentimentos de vulnerabilidade pessoal. Ele se sentiu muito mais velho depois da morte do pai e viu a sua própria vida se estendendo diante de si até a sua inevitável conclusão, e isso o deixou perturbado.

Então, calmamente, Carl perguntou a si mesmo se poderia abrir mão de controlar a duração de sua vida e o modo como iria morrer. Com o espírito de libertar-se em relação ao momento presente, ele descobriu que essas coisas eram perfeitamente factíveis. Enquanto libertava-se de querer controlar o seu próprio destino, ele sentiu-se fluir juntamente com a maré de sua vida de uma forma que lhe trouxe de volta uma sensação de vitalidade e de sentido na vida. Ele não precisava mais lutar contra o fato de que a sua vida um dia chegaria ao fim, como para todos nós. Em vez disso, ele se sentiu capaz de aceitar esse fato. Essa atitude deu um sentido de pungência e realidade ao momento presente e fez com que ele tivesse uma sensação de grande vitalidade acerca de tudo isso.

Como acontece freqüentemente com a técnica da Libertação, quando abrimos mão de querer mudar algo negativo, o seu poder sobre nós diminui e nós acabamos com mais sentimentos positivos. Enquanto Carl estava de pé ao lado do túmulo do pai, observando a terra ser jogada com as pás dentro da cova e a superfície ser coberta por flores, ele abriu mão de mudar a realidade da morte. O alívio que isso lhe trouxe foi então expresso por um sentimento de tristeza permeado por uma ternura por todos os seres vivos à sua volta. Então ele estava consciente das flores que havia sobre o túmulo e perto dele, com suas hastes curvando-se ao sopro da brisa, do cheiro da grama recém-cortada ao longo dos lotes do cemitério, e de seus próprios filhos e dos filhos de outros membros da família, de pé e em silêncio à sua volta, símbolos da vida e de sua continuidade.

Por meio da Libertação, Carl conseguiu uma profunda aceitação da morte. Ele havia se libertado da vontade de querer mudar o pai, havia aceitado o pai como ele era e, então, conseguiu aceitar a perda do pai. A Libertação havia contribuído para reunir as forças naturais de cura existentes em Carl e para ajudar essas mesmas forças a assumirem o controle da maneira apropriada. Isso permitiu que ele e sua família passassem por essa crise e saíssem dela tendo aprendido uma nova lição.

A Libertação é útil em momentos de desespero, de dor, de doença ou de desorientação. Trata-se de um instrumento que podemos usar para aliviar o nosso fardo e torná-lo suportável. Libertarmo-nos durante as crises permite que usemos as nossas energias de maneira mais eficiente e mudar, com facilidade e elegância, o que pode ser mudado.

Assim como a Libertação é algo precioso durante os momentos de crise, ela também é útil em situações que são intrinsecamente prazerosas. A mais agradável das atividades pode ser estragada quando nos *obrigamos* a realizá-la. No capítulo seguinte, veremos de que modo algumas pessoas têm usado a Libertação para ficar mais relaxadas e aproveitar melhor os momentos de lazer.

Capítulo 17

Libertação nos Momentos de Lazer

As crianças não são as únicas que gostam de brincadeiras e diversões. Como adultos, esperamos ansiosamente pelas nossas férias e nos esforçamos para encontrar tempo para nos dedicarmos aos nossos *hobbies* ou para a leitura de um novo livro. Buscamos todos os tipos de diversão e muitos praticam esportes com incansável entusiasmo. Nossas atividades de lazer estão entre os nossos momentos mais preciosos e proporcionam uma grande contribuição para a saúde física e mental.

O valor de nossos momentos de lazer, todavia, pode ser anulado por preocupações acerca da nossa competência ou por culpa quanto ao direito de nos divertirmos. A Libertação pode ser imensamente útil nesses momentos, tornando mais divertidas as nossas atividades de lazer.

Libertação nos Esportes

Para algumas pessoas talvez seja difícil conceber que abrir mão do esforço excessivo requerido pelas atividades esportivas possa resultar num melhor desempenho nesse esporte. Existe, porém, um número cada vez maior de evidências de que querer excessivamente sair-se bem pode prejudicar seriamente o desempenho de um atleta, principalmente se ele estiver se dedicando a tarefas complexas que requeiram que a sua atenção seja dividida simultaneamente entre diversos fatores.

Segundo o dr. Robert Nideffer, um especialista em problemas que atingem os atletas, a ansiedade e o estímulo só ajudam quando o indivíduo é solicitado a desempenhar tarefas simples, que requerem um profundo estreitamento no foco da atenção. A ansiedade de fato diminui o foco da atenção e, assim, *algumas vezes*, ajuda a melhorar o desempenho. Mesmo no caso das tarefas mais simples, porém, sentir mais do que um nível moderado de ansiedade faz com que o nosso desempenho piore rapidamente. Quando uma pessoa fica muito ansiosa, ela tende a se desagregar; se o atleta estiver diante de uma tarefa complexa (como acontece na maioria dos jogos), seu desempenho rapidamente se deteriora mesmo diante de um pequeno aumento no nível de ansiedade ou de tensão.

Para examinar os efeitos da excitação sobre o desempenho do atleta, o dr. Nideffer conduziu um estudo com mergulhadores da equipe masculina de natação da Universidade de Rochester. Seu objetivo era analisar o desempenho dos mergulhadores em diferentes níveis de excitação* e ansiedade.

Uma das mudanças fisiológicas associadas a um nível muito alto de excitação é o aumento da transpiração, conforme muitas pessoas ansiosas já notaram consternadas. Esse fato é freqüentemente utilizado na pesquisa psicológica, pois o aumento da transpiração facilita a passagem de correntes elétricas fracas através da pele. Desse modo, ao medir as mudanças na condutância da pele do indivíduo (o que em geral é feito na palma das mãos), torna-se possível estimar as mudanças no nível de excitação. Esse é o mesmo princípio utilizado no chamado "teste do detector de mentiras". Nideffer, portanto, mediu a excitação monitorando os níveis de condutância da pele nos mergulhadores.

Ele e seus colaboradores também mediram o nível percebido de ansiedade (tecnicamente conhecido como "estado de ansiedade") por meio de um teste feito com lápis e papel, realizando todas as avaliações imediatamente antes de cada encontro no qual os mergulhadores da Universidade de Rochester competiam durante toda a temporada. Os resultados foram tomados como indicadores do nível de excitação e ansiedade para aquela reunião. Em seguida, tratava-se simplesmente de examinar a relação entre o nível de excitação e ansiedade e o desempenho dos atletas durante o mergulho. Também foi possível verificar se havia alguma relação entre a complexidade do mergulho e o quanto a excitação afetava *especificamente* esse mergulho.

Os resultados do estudo foram surpreendentes. Os pesquisadores descobriram que, independentemente da complexidade ou da dificuldade do mergulho a ser executado, quanto *menor* o nível de excitação e o nível da ansiedade percebida, *melhor* era o desempenho dos atletas. Além disso, eles descobriram que os mergulhos "opcionais" complexos eram um pouco mais afetados pelo aumento no nível de excitação e ansiedade do que os mergulhos obrigatórios, relativamente mais simples. Isso veio apoiar a suposição de Nideffer de que exercícios físicos complexos são mais facilmente prejudicados por um aumento nos níveis de excitação e de ansiedade.

Se essas importantes descobertas demonstram o efeito nocivo da ansiedade e da tensão quando o indivíduo está empenhado na execução do exercício físico, então por que tantas pessoas deixam de reconhecer as vantagens de um estado de relaxamento e de pouca ansiedade durante competições de atletismo?

Talvez isso ocorra porque deixamos de fazer distinção entre a excitação, o entusiasmo e a expectativa que temos quando estamos esperando por uma competição de atletismo — e os efeitos inibidores do medo e da ansiedade a respeito dessa competição. A expectativa e a excitação positivas, o formigamento estimulante de

---

* Nideffer usa a palavra *excitação* para referir-se a um estado tenso e hiperalerta e *não* para o estado de excitação sexual ou de vigília. Suas descobertas são relatadas em *The Inner Athlete*, de Robert M. Nideffer (Nova York: Thomas Y. Crowell, 1976).

antecipação que o atleta sente quando espera vencer, são coisas que os bons treinadores buscam quando querem fazer com que a sua equipe fique "com o moral alto". Alguns treinadores, entretanto, acham equivocadamente que isso equivale a um elevado nível de tensão. Esse é um erro grave.

Num outro estudo feito na Universidade de Rochester, Nideffer mediu o nível de excitação dos mergulhadores medindo a condutância da pele pouco antes de cada encontro durante a temporada de natação. Uma vez mais, tanto com os nadadores quanto com os mergulhadores, os cientistas descobriram que quanto maior a excitação do mergulhador antes da competição, pior é o seu desempenho. Com efeito, se os nadadores, em seu menor nível de excitação, pudessem competir *consigo* mesmos, em seu maior nível de excitação, eles poderiam reduzir a média do seu tempo em 3,3 segundos. Isso quer dizer que, se um nadador com alto nível de excitação fez 100 jardas em 54 segundos em estilo livre, com um baixo nível de excitação ele poderia nadar as mesmas 100 jardas em estilo livre em 50,7 segundos. De fato, no caso dos nadadores, essa melhora no desempenho era tão consistente que, segundo os cientistas, os escores numa competição entre as duas equipes teria sido de 77 a 10 — ou seja, competindo em baixos níveis de excitação, os nadadores teriam vencido *a si mesmos*, num alto nível de excitação, por um escore de 77 a 10.

Nideffer também descobriu que, nos encontros em que os nadadores estavam menos excitados (mais relaxados e, portanto, tendo mais chances de se saírem bem), o seu treinador pensara que eles estavam "com o moral mais elevado". Isto parecia ocorrer porque, quando estavam menos excitados, os membros da equipe mostravam-se mais falantes; contudo, quando eles estavam fisiologicamente mais excitados (conforme indicavam as medidas de condutância da pele), os nadadores tornavam-se mais calados, tensos e introspectivos. Com efeito, quando os nadadores estavam mais ansiosos, segundo os testes feitos com lápis e papel, os pesquisadores descobriram que muitos deles haviam se convencido, antes do início da competição, de que não tinham chances de vencer.

É essencial ter em mente essa distinção entre uma atitude positiva de entusiasmo, de um lado, e a condição de excitação e ansiedade fisiológicas, de outro. É muito fácil supor que, se a adrenalina estiver fluindo e o atleta estiver fisiologicamente excitado, então ele terá a atitude de um "vencedor". As evidências, contudo, apontam no sentido contrário. Quando as pessoas que se dedicam aos esportes tomarem consciência disso, o desempenho delas irá melhorar.

A Libertação é um excelente instrumento para se reduzir a excitação e a "ansiedade de desempenho", e um bom meio de reduzir a tensão durante uma competição atlética, permitindo que a capacidade natural do esportista bem treinado esteja no comando. Desse modo, a Libertação pode produzir uma surpreendente melhoria no desempenho mesmo quando a estratégia de Libertação não estiver direcionada para esse propósito. Em vez disso, ela pode estar direcionada para que o indivíduo abra mão de *um esforço excessivo* para vencer a partida, para jogar fabulosamente, para se destacar, para obter aprovação ou para diversos outros sentimentos problemáticos. Em virtude de sua eficácia ao neutralizar os fatores que prejudicam o desempenho durante a prática de atividades esportivas, a Libertação está sendo usada como uma ajuda importante por muitas pessoas que fazem exercícios físicos.

Esportista 1

Geralmente se reconhece que o aumento da confiança melhora o desempenho atlético. Ao se libertarem do medo de fracassar, os atletas podem aumentar sua autoconfiança e, conseqüentemente, seu desempenho. Marianne, uma entusiástica praticante de *jogging*, usou a Libertação ao correr num evento esportivo, uma corrida de 10 quilômetros no dia dedicado à memória dos soldados mortos na guerra, competição na qual ela entrou juntamente com o marido e uma amiga com quem costumava correr todas as manhãs. Havia cerca de trinta pessoas na corrida, algumas delas corredores que Marianne já havia visto em outras competições e eram reconhecidamente "bons corredores". Como o seu marido sempre corria mais rápido do que ela, Marianne esperava que ele a deixasse rapidamente para trás; porém, sua amiga tinha lhe dito que iria correr devagar, acompanhando Marianne nos cinco primeiros quilômetros, e provavelmente acelerar nos outros cinco, caso estivesse "sentindo-se bem".

Durante vários dias, antes da corrida, Marianne se sentira ansiosa acerca de como ficaria a sua colocação e, na manhã da corrida, viu-se tremendo de excitação e ansiedade. Praticante experiente da técnica de Libertação, Marianne imediatamente abriu mão de querer mudar o fato de estar nervosa por causa da corrida (que seria a mais longa das que ela até então havia participado) e, assim, acalmou-se.

Quando os participantes começaram a correr, pareceu-lhe que todos partiram tão rápido que ela e sua amiga não conseguiriam acompanhá-los. No decorrer da corrida, as duas mulheres decidiram que iriam alcançar os outros mais adiante pois todos os que partiram correndo rápido provavelmente seriam obrigados a reduzir o ritmo. Para tristeza de ambas, porém, isso não aconteceu. Os outros "corredores eram simplesmente extraordinários".

O marido de Marianne correu com uma outra mulher e ela só voltou a vê-lo depois que ele (e a mulher) tinha terminado a corrida. Isto não a incomodou, pois ela já sabia que ele era bem mais rápido. Segundo Marianne, a parte mais difícil foi quando ela já havia corrido pouco mais de três quilômetros e sua parceira, que havia acabado de dizer que estava sem fôlego, começou a correr à frente dela — no início apenas alguns passos, depois uma quadra de distância e, por fim, tão distante que Marianne perdeu-a de vista. Ela não podia acreditar que essa era a mesma pessoa que sempre correra com ela todas as manhãs, de forma bastante tranqüila. A essa altura, ela sentiu que seria a última colocada e estava se sentindo humilhada (muito embora quatro pessoas tivessem ficado atrás dela durante toda a corrida).

Por um momento, ela pensou em "voltar para casa e esquecer tudo" mas, então, decidiu que preferia chegar em último lugar a desistir. Nesse momento, ela resolveu libertar-se de um esforço excessivo — tentando correr mais rápido do que lhe era fisicamente possível — e também abriu mão da aprovação dos outros quanto ao seu tempo na corrida.

Por fim, Marianne conseguiu, através da Libertação, definir o seu próprio ritmo. Ela resolveu correr em seu próprio ritmo, sem forçar demais. Quando ela se aproximou da linha de chegada, seu marido foi ao seu encontro e correu com ela. Ao fazer isso, ele observou que ela poderia correr mais rápido se quisesse e ela se pegou respondendo calmamente que não tinha de provar nada a ninguém e iria continuar em seu próprio ritmo.

Quando finalmente cruzou a linha de chegada, Marianne teve a oportunidade de conversar com as pessoas que ela considerava serem corredores excepcionais e disse a eles que estava extremamente feliz com o tempo que conseguira, pois nunca mantivera a velocidade de dez minutos por milha durante seis milhas. Os outros corredores comentaram que ela se saíra muito bem, considerando que ela corria havia pouco tempo.

A Libertação havia permitido que Marianne evitasse sentir-se constrangida ou humilhada por ser uma das últimas a cruzar a linha de chegada — sentimentos que, na verdade, não teriam sido realistas pois ela estava correndo numa categoria totalmente diferente da sua. Isso também permitiu que ela chegasse à conclusão de que sua amiga, que cruzara a linha de chegada à sua frente, era "simplesmente uma corredora melhor" e que isso não se refletia na sua própria realização.

Muitas pessoas têm dito que jogam melhor tênis, golfe ou *squash* depois de terem aprendido a se libertar. Isso acontece quer elas tenham ou não usado conscientemente a Libertação durante a atividade esportiva propriamente dita. Para essas pessoas, a Libertação incorporou-se de tal forma à sua rotina, que elas parecem abrir mão automaticamente do empenho excessivo que antes interferia em suas atividades esportivas. O resultado, de modo geral, é um desempenho melhor.

Esportista 2

Ralph, um ávido jogador de tênis, conta que seu jogo está mais vigoroso depois que aprendeu a técnica da Libertação. Ele atribui boa parte disso a uma libertação espontânea, que ele sente ocorrer "subliminarmente" durante a partida. Às vezes, porém, ele se liberta conscientemente durante o jogo. Anteriormente, ele ficava aborrecido quando perdia uma boa oportunidade de marcar um ponto. Como ele era um jogador muito bom, perder essas oportunidades deixava-o inevitavelmente irritado, o que o deixava mais propenso a perder também os dois pontos seguintes.

Hoje, ao errar num lance fácil, ele abre mão de querer mudar esse fato, o que, por sua vez, faz desaparecer a sensação de angústia e lhe dá a oportunidade de um novo começo para os lances seguintes. Isso tem permitido que ele se concentre nas jogadas em vez de se preocupar em querer ganhar.

Essas estratégias poderiam ser aplicadas também a outros esportes. O presidente de uma empresa de seguros, por exemplo, melhorou em várias tacadas o seu escore no golfe ao se libertar antes de cada jogada. Ele abriu mão de querer ser um "jogador de golfe competente".

Mesmo atletas que em geral jogam bem, mesmo quando sob pressão, não estão livres do nervosismo. John McEnroe, o astro do tênis, ocasionalmente põe a mão na garganta depois de perder um lance crucial para indicar que "ficou nervoso". Depois que os atletas se acostumam a aplicar a técnica da Libertação ao seu jogo ou a uma determinada habilidade, uma atitude de Libertação pode tornar-se uma resposta automática quando eles estão jogando, e serve para se contrapor ao "nervosismo". Para tornar as coisas mais fáceis, muitos atletas acham útil estabelecer primeiro um sinal feito com o polegar e o dedo mínimo para a Libertação e, numa ocasião posterior, transferi-lo para um sinal mental, como a palavra *libertação*.

Isso pode ser feito facilmente. Depois que você tiver um sinal bem definido para a Libertação (como o do polegar com o dedo mínimo), ele poderá ser convertido num sinal mental se você pensar (ou pronunciar em voz alta) na palavra *libertação* no *exato momento* em que você executa esse sinal físico para a Libertação. Se você fizer isso vinte vezes seguidas (pensar em *libertação* precisamente no momento em que o polegar encosta no dedo mínimo), você rapidamente vai relacionar a palavra a essa tranqüila sensação de abrir mão e se libertar.

Mais cedo ou mais tarde você conseguirá ter uma forte sensação de libertação simplesmente ao pensar na palavra *libertação* e poderá dispensar o gesto — uma vantagem óbvia para atletas e outras pessoas que tenham necessidade de se libertar rapidamente mesmo quando estiverem totalmente empenhados em agir.

A Libertação, é claro, também pode ser usada nos esportes de equipe. Tive a oportunidade de treinar a equipe de natação feminina da Universidade de Princeton usando esse método. Os membros da equipe aprenderam a se libertar antes e durante as competições universitárias. Embora essas garotas tivessem um grande desejo de vencer (uma excelente *meta*, que elas eram estimuladas a *manter*), quando elas abriam mão de querer controlar os tempos que iriam fazer, qual seria o desempenho de suas companheiras de equipe, como seria o comportamento da equipe e o modo como o corpo delas iria reagir ao desafio, a Libertação fazia com que muitas delas pudessem ter o melhor desempenho possível e, ao mesmo tempo, sentirem-se mais confiantes e relaxadas. As nadadoras que se libertavam também tendiam a ficar mais tranqüilas *entre* as competições.

Libertar-se em Relação aos *Hobbies*

Um *hobby*, por definição, é algo que deve ser encarado como diversão e não como trabalho. Se o espírito competitivo e a preocupação com o prestígio forem muito grandes, então o *hobby* transforma-se em trabalho. Obviamente, não há nenhum problema em transformar um *hobby* em trabalho, desde que a pessoa envolvida não acredite equivocadamente que a atividade continua sendo um *hobby*.

O valor essencial de um *hobby* está em sua liberdade. Ele pode evocar em nós a capacidade de admiração e absorção própria das crianças. A diversão que obtemos quando o mais importante numa atividade é a atividade *em si* mesma é, antes de mais nada, o principal motivo para se ter um *hobby* e a razão pela qual ele pode representar um acréscimo tão benéfico à nossa vida. Essa espontaneidade pode sofrer uma interferência séria quando começamos a nos esforçar excessivamente para alcançar metas numa atividade que, antes, era executada pelo simples prazer que proporcionava.

Hobby 1

Ed era um excelente fotógrafo amador que, para sua consternação, descobriu que o prazer obtido com o seu *hobby* ficou seriamente prejudicado depois que ele ganhou o primeiro prêmio num concurso de fotografias no clube de iatismo local. Antes de isso acontecer, o trabalho de Ed com a câmera era para ele uma fonte de prazer. Ele levava sua câmera para toda parte; aprontava-a rapidamente quando via uma cena interessante e, sem pretensões, procurava capturar uma determinada experiência visual de uma forma original, criativa, engraçada ou vigorosa em sua rudeza. Ele tinha um bom olho para a fotografia e a coleção de *slides* coloridos de suas viagens era tão boa, que amigos e conhecidos aproveitavam avidamente as oportunidades de apreciá-las.

Durante um verão, Ed tirou várias fotografias de pessoas trabalhando em seus barcos e foi persuadido por um amigo a inscrevê-las num concurso no clube de iatismo local. Suas fotografias da vida nos barcos eram um verdadeiro estudo do caráter dos velejadores, descrevendo o intenso (às vezes excessivamente intenso) envolvimento das pessoas com os seus barcos, sua luta com as exigências da marinharia e seus momentos de prazer quando tudo corria bem. Em conjunto, essas fotografias constituíam uma saga pictórica da experiência de manejar um barco a vela, comovente e pessoalmente significativa para muitos membros do clube. Ed mereceu sem dúvida nenhuma o primeiro prêmio do concurso, e junto com ele veio um pequeno troféu, um cordial discurso pós-jantar, e muitos cumprimentos pelas suas fotografias.

Embora o problema não tivesse surgido na época em que Ed venceu o concurso, pouco depois do jantar de entrega do prêmio ele descobriu que o seu *hobby* agora estava se parecendo mais com trabalho do que com diversão. Ele agora sentia que precisava mostrar-se à altura da reputação que adquirira com o prêmio. Todas as vezes em que começava a tirar uma nova fotografia, ele se via tentando reproduzir a originalidade e o bom humor de algumas das fotos que fizera para a primeira mostra.

O resultado foi que a câmera de Ed não lhe dava mais o mesmo prazer de antes. Para piorar as coisas, as fotografias também pareciam ter perdido parte da qualidade. Conquanto ainda fossem tecnicamente boas, havia nelas algo de artificial e estudado, que antes não existia. O caráter informal das suas fotos havia sido uma de suas maiores virtudes mas, agora, quanto mais Ed tentava produzir uma boa foto, piores elas lhe pareciam. Ele conseguiu ganhar um outro concurso local, mas isso trouxe-lhe pouco consolo porque ele sentia que estava "perdendo a mão".

Num *workshop* de Libertação, Ed resolveu libertar-se em relação à fotografia. Primeiramente, ele abriu mão de querer controlar como sairia qualquer fotografia em particular. Em seguida, ele abriu mão de querer aprovação para suas fotografias. Por fim, ele abriu mão de querer controlar o modo como os temas de suas fotos iriam se apresentar e do fato de não ter conseguido obter um determinado instantâneo que ele gostaria de ter podido capturar. Ele, então, treinou a si mesmo para libertar-se todas as vezes que empunhasse a câmera e para libertar-se de cada aspecto da fotografia que lhe viesse à mente.

Os padrões de interferência que Ed havia interposto entre ele mesmo e seu *hobby*, que anteriormente lhe era tão prazeroso, começaram a se dissolver com a Libertação. Quando ele se libertou de querer controlar o modo como suas fotos iriam sair, ele descobriu que, uma vez mais, estava conseguindo *divertir-se* tirando fotografias. Ele não estava mais pensando em concursos de fotografias. A fotografia, como *hobby*, voltara a ser sua.

Libertação nas Férias

Para muitos indivíduos, as férias constituem a experiência suprema em matéria de diversão. Freqüentemente eles esperam por ela com uma intensa expectativa que dura o ano todo.

Precisamente por ser tão esperada, uma temporada de férias, com todas as suas esperanças e expectativas a serem cumpridas, pode frustrar o seu próprio propósito. Você talvez já tenha visto amigos retornando exaustos de dias de folga por causa de seus vigorosos esforços para se divertir. Um descanso da rotina e das obrigações não pode ser excessivamente planejado ou, caso contrário, deixa de ser um descanso e passa a ser um outro tipo de rotina. A libertação pode ser particularmente útil para as pessoas que estão em férias, fazendo que elas se sintam livres e permitindo que fiquem "sem fazer nada" e encontrem prazer nisto.

Quando a família de Lewis finalmente concordou em acampar no Maine durante as férias, ele ficou empolgado. Fazia anos que ele e a esposa não viajavam pelo campo com sua pequena barraca, e ele esperava que férias como essas lhe trouxessem de volta os dias de liberdade no nordeste dos Estados Unidos, época em que os dois, com muito menos dinheiro do que agora, tinham claramente encontrado muito mais oportunidades para usufruir a companhia um do outro. Quando Lewis estava comprando uma nova tenda para acomodar o casal e seus dois filhos adolescentes, ele planejou cuidadosamente as férias.

Logo que a família partiu para as montanhas, porém, eles enfrentaram chuvas torrenciais, o que significava uma permanência mais demorada num hotel antes de seguir viagem. Embora sua esposa e as crianças tivessem aceitado isso muito bem, Lewis sentiu-se inquieto e deprimido. Não era isso que ele havia planejado. Enquanto a família permanecia em Howard Johnson, mastigando salgadinhos e vendo a chuva cair através das janelas, ele sentiu-se compelido a aproveitar da melhor maneira possível mesmo essa infeliz situação. Agudamente cônscio de que tinha apenas quatorze dias para aproveitar suas férias, ele não sabia como fazer isto sentado num hotel de segunda classe numa tarde de chuva. Ele havia feito planos para chegar ao acampamento antes do anoitecer.

Foi nessa altura que Lewis, que havia aprendido a técnica da Libertação num *workshop*, cerca de um mês antes, resolveu abrir mão da vontade de querer controlar o tempo. Depois disto, ele abriu mão de querer controlar exatamente a hora em que iria chegar ao local onde faria acampamento. Então, ele conseguiu "aceitar 1%" da aparência do hotel de segunda classe — pelo menos a vista da janela era bonita, pensou ele. Tão logo ele se libertou em relação a esses diversos aspectos da situação, o seu humor começou a melhorar. Ele agora se viu relaxando enquanto observava a chuva e começou a perceber como aquilo tudo era ridículo. Ele começou a sentir-se feliz ao ver toda a família reunida ("Pelo menos uma vez!", pensou ele), todos contemplando o dilúvio que os estava impedindo de seguir caminho.

Ao reagir a essa nova maneira de encarar a situação, Lewis aproveitou-se do que chamou de "estado de sítio" para conversar com o filho e a filha a respeito de seus amigos e planos para o verão. Ao fazer isso ele viu sua família empenhada num tipo de discussão que não tinha havia muito, pois um de seus filhos estava fazendo universidade fora e o outro passava a maior parte do tempo ocupado com a escola secundária e com seu emprego.

No dia seguinte, porém, Lewis teve de recorrer mais um pouco à técnica da Libertação. Quando chegaram ao local onde iriam acampar, ele estava mais uma vez determinado a divertir-se "exatamente do modo como costumava fazer". Isso trouxe-lhe problemas. Lewis estava vinte e cinco anos mais velho do que quando ele e a esposa viajavam pelo campo e agora tinha problemas de coluna. Isto significava que ele tinha de pedir ajuda ao filho para fazer muitas coisas que antigamente fazia sozinho, e também descobriu que seu filho era melhor do que ele para consertar o carro.

Depois de abrir mão de querer mudar o fato de que não poderia mais fazer as coisas do modo como fazia há alguns anos, Lewis finalmente resolveu enfrentar diretamente a dificuldade e abriu mão de querer mudar a própria idade. Ao fazer isso, ele sentiu um alívio imediato.

A segunda rodada de libertação foi feita naquela noite, quando eles se sentaram em volta da fogueira, no acampamento. Subitamente, ocorreu-lhe que, desta vez, ele estava pressionando excessivamente a família para se divertir nas férias. Uma vez mais, ele resolveu fazer uma libertação direta. Inclinando-se para trás, observando com os olhos semicerrados a fogueira e os hambúrgueres um tanto esturricados, ele pensou consigo mesmo: "Eu poderia abrir mão de querer me divertir?"

Essa pergunta deixou-o sobressaltado, o que, obviamente, tornou-a incomumente eficaz. Tão logo ele abriu mão da vontade de *querer* se divertir, ele passou a ver as coisas de forma radicalmente diferente. Ele agora via as férias como elas realmente eram e percebeu que elas iriam se desenrolar do modo como teriam de ser. Ele começou a lembrar-se de como, no passado, muitos aspectos de suas férias não haviam sido ideais e que, nas ocasiões em que mais havia se divertido, isso ocorrera de forma inesperada.

Enquanto continuava se libertando de querer se divertir, Lewis percebeu que a diversão não pode ser planejada. Podemos planejar aspectos práticos de uma viagem e criar probabilidades de que a diversão possa ocorrer. Todavia, o fato de uma temporada de férias ser ou não divertida depende "do capricho dos deuses". Abrir mão da necessidade de fazer com que aquelas férias fossem "maravilhosas" ou "uma experiência memorável" libertou Lewis para que este começasse a vivenciar as coisas que estavam acontecendo à sua volta.

Pela primeira vez desde que haviam iniciado a viagem, ele foi capaz de vadiar sem nenhum sentimento de culpa e, para sua surpresa, descobriu que era exatamente isso que ele queria fazer! Ele percebeu que estava "morto de cansaço" depois de um ano de trabalho e que a última coisa que desejava fazer era gastar energia antes de ter recuperado as forças. O resultado foram vários dias de relaxamento despreocupado: deitado próximo ao acampamento, lendo livros que queria ler, fazendo curtas caminhadas ou sentado numa canoa enquanto fingia pescar. Isto parecia ser tudo o que ele era capaz de fazer com a energia que lhe restara.

À medida que ele foi se libertando, suas férias começaram a lhe parecer exatamente aquilo de que ele precisava. Da mesma forma, a família, não mais pressionada por ele para andar rápido e fazer as coisas "andarem", também estava relaxando e todos faziam o que tinham vontade de fazer. Se os filhos queriam ir até a cidade mais próxima ou fazer uma excursão a pé pelas montanhas, era isso o que faziam. Se sua esposa queria ir de carro até a cidade e ficar fazendo compras o dia todo, ela o fazia. Quando eles se reuniam à noite, todos estavam de bom humor, amistosos e à vontade.

Conforme os dias se passaram, Lewis começou a ter um pouco mais de energia, fez mais coisas interessantes que gostava de fazer e continuou libertando-se de "querer ter boas férias". O resultado foram férias maravilhosas; não exatamente o que ele tinha esperado mas exatamente o que ele e sua família precisavam. Ao abrir mão da pressão para controlar excessivamente as coisas, Lewis criara condições para que eles tivessem férias de verdade.

Muitas vezes, as viagens e outras experiências agradáveis perdem sua espontaneidade — tornam-se tediosas e não muito divertidas — por causa do excesso de planejamento. Isso reduz o elemento surpresa e faz com que as coisas fiquem desinteressantes. A sensação de liberdade pode ser restaurada quando nos libertamos antecipadamente em relação a uma temporada de férias e também quando estivermos usufruindo as férias propriamente ditas.

Portanto, a pessoa pode se beneficiar libertando-se antecipadamente de querer "se divertir", de querer "ter boas férias" ou de qualquer outra forma de pressão mental que possa surgir à medida que os nossos dias de folga se aproximam. Uma temporada longe do trabalho transforma-se em férias apenas se estivermos livres de pressões internas ou externas.

A Libertação contribui de diversas maneiras para as atividades de lazer dos adultos. Já discutimos de que modo ela pode deixar o indivíduo livre para ser mais espontâneo e divertido nas experiências sexuais e de que modo ela pode liberar o processo criativo para que a alegria volte a fazer parte do ato de criar. Nas atividades esportivas, de forma semelhante, ela pode liberar energias que antes estavam bloqueadas através da eliminação de um esforço excessivo, o qual pode ter efeitos inibitórios; pode retirar dos *hobbies* considerações irrelevantes relativas a controle ou aprovação; e pode criar o relaxamento tranqüilo que se faz necessário para que tenhamos férias de verdade.

A técnica da Libertação, por conseguinte, contribui para que aproveitemos melhor a vida. Na Parte 3 iremos considerar o modo como ela pode ser usada num sentido mais específico, para expandir a nossa capacidade fundamental de obter prazer, e abordaremos detalhes práticos que podem fazer com que a Libertação seja uma parte bem-sucedida da nossa vida cotidiana.

Parte 3
Como Adquirir uma Atitude de Libertação

A Parte 3 deste livro destina-se a ajudá-lo a estabelecer o programa de Libertação como uma parte regular e importante da sua vida. A Libertação é um recurso poderoso — quanto mais você a usa, mais você se beneficia. Nesta seção, você aprenderá diversas estratégias para tornar a Libertação mais fácil, mais agradável e mais efetiva.

O importante nesta parte do livro, todavia, não é dar-lhe a palavra final sobre a sua prática de Libertação. Isto pode ser feito somente por você. Esta seção tem o propósito de dar início a um processo que você mesmo irá desenvolver. Depois de lê-la, talvez lhe ocorram várias maneiras novas e engenhosas de garantir que você continue a praticar a Libertação de maneira regular ou novas e criativas maneiras de se libertar. Neste último caso, você terá tirado o melhor proveito possível deste livro.

Sugiro que você progrida sem esforço ao ler estas últimas páginas, que se liberte da vontade de querer aprender a libertar-se com demasiada rapidez e consiga absorver sem esforço as sugestões aqui feitas. Desse modo, você poderá montar um programa bem-sucedido e adequado às suas necessidades.

Capítulo 18

Sugestões Úteis

Na Parte 2 deste livro você leu a respeito de pessoas que usaram a Libertação para lidar com situações difíceis ou, mesmo, com grandes crises na vida. Obviamente, as crises da vida ou uma pressão contínua em decorrência de problemas não-resolvidos podem causar reações que causam enfraquecimento. As pesquisas clínicas, no entanto, sugerem que um acúmulo de momentos de *stress* freqüentemente pode prejudicar a saúde tanto quanto a ocorrência esporádica de um grande *stress* ou de um acontecimento traumático. Para muitos de nós, essas pequenas doses de *stress* são a regra e não a exceção, e é extremamente importante saber lidar adequadamente com elas.

No decorrer de um único dia, muitas coisas pouco importantes podem dar errado. Os cadarços de seus sapatos arrebentam num momento em que você está com pressa. Alguém fecha seu carro na estrada. A máquina automática de refrigerantes rouba o seu dinheiro. Você perde o ônibus (trem, avião). Você descobre que vai chegar atrasado a um compromisso e não tem como avisar a outra pessoa. Um elevador fica passando direto pelo seu andar. Se você deixar de libertar-se em relação a essas coisas, o *stress* que elas causam vai se acumulando.

Para se beneficiar plenamente da Libertação, você deveria usar esse método diariamente e transformá-lo numa parte regular da sua vida. Isso pode ser feito de diversas maneiras. Você pode usar a técnica da Libertação para ajudá-lo a lidar com o que está acontecendo em determinado momento, com o que *já* aconteceu ou com um problema que você está prevendo para o futuro. Ou então pode ser que você queira usar a Libertação como um procedimento geral de "limpeza" no fim de cada dia.

Libertação Automática

Ao adquirir mais experiência com a Libertação, não se surprenda se você se vir libertando-se automaticamente em relação às situações tão logo elas ocorram ou um ou dois segundos depois. Isso pode acontecer de forma tão espontânea que você não percebe o que está ocorrendo. Por exemplo:

- Alguém telefona para você com um pedido incômodo. Enquanto segura o telefone e ouve o que a outra pessoa está dizendo, você automaticamente pensa: "Eu poderia abrir mão da vontade de querer controlar esta pessoa?" Quando chegar a sua vez de falar, você irá descobrir que agora consegue lidar facilmente com o problema.

- Um abridor de latas não funciona. Tão logo você reconhece que ele está quebrado, em certa medida você *já* se libertou da vontade de querer controlá-lo. Isso aconteceu embora você nem sequer passasse pelo processo de pensar na frase de Libertação. Você simplesmente se descobriu chegando à conclusão de que não vale a pena incomodar-se com isso e pegando outra coisa para comer.

- Você deixa de receber uma carta ansiosamente aguardada e se pergunta se a pessoa que deveria enviá-la realmente se importa com você. Automaticamente, você abre mão da vontade de querer a aprovação dessa pessoa e o incidente aos poucos desaparece de sua mente.

Com esse tipo quase subliminar de Libertação, você talvez venha a fazer novas descobertas e perceba por que o ocorrido na verdade não mereceu que você lhe desse grande importância. De fato, você provavelmente irá notar que pensamentos bastante razoáveis, semelhantes a esses, irão ocorrer-lhe com maior freqüência agora que aprendeu a libertar-se. Como esses pensamentos lhe parecem muito naturais, a relação entre eles e o processo de Libertação poderá passar despercebida. Você terá simplesmente adquirido uma atitude de libertação em relação à vida e, assim, conseguirá lidar facilmente com problemas que antes o deixavam aborrecido.

Em geral, irão ocorrer todos os dias diversas situações em que você precisará usar a Libertação de forma consciente e deliberada. Na maioria das vezes, basta um ou dois segundos para você se libertar, e o pequeno esforço envolvido é amplamente recompensado. Para algumas dessas ocasiões, você precisará utilizar as táticas de abertura. Você leu a respeito dessas técnicas de solução de problemas na Parte 1 deste livro e aprendeu como outros as utilizaram na Parte 2. Os métodos estão resumidos na "Tabela de Táticas", no final deste livro. Quando você não conseguir se libertar prontamente de uma situação, consulte essa tabela, passe os olhos pela lista de táticas e experimente várias delas até conseguir libertar-se. Determinadas táticas provavelmente irão se tornar as suas favoritas, e você tenderá a usá-las muito mais do que as outras. Entretanto, todas as táticas poderão vir a ser úteis para você em algum momento ou lugar, de modo que é importante reler essa lista freqüentemente.

Você também irá descobrir que vale a pena ler novamente ou rever alguns trechos selecionados da Parte 1 deste livro de tempos em tempos. Você talvez não tenha compreendido bem determinados pontos na primeira vez que leu a respeito deles porque estava empenhado em aprender a técnica básica. Essas sutilezas irão lhe parecer muito mais importantes depois que você estiver praticando regularmente a Libertação. Elas podem melhorar muito a eficácia do método.

Libertação Após o Fato

Quando você se vê numa situação emocionalmente perturbadora, o seu monitor pode se fechar de tal forma que talvez não lhe ocorra usar a técnica da Libertação — ou, quem sabe, não haja tempo para fazê-lo. Nesse caso, vale a pena libertar-se o mais cedo possível *após* o fato. Embora uma situação desagradável possa requerer algumas táticas de desbloqueamento antes de ser completamente neutralizada, as vantagens de se arranjar tempo para trabalhá-la imediatamente podem perfeitamente superar as desvantagens. Como o seu monitor será aberto pela libertação, você talvez venha até a se sentir *melhor*, depois de se libertar da situação, do que antes de isso ter acontecido! Em certo sentido, podemos encarar os incidentes perturbadores que ocorrem ao longo do dia como uma fonte de oportunidade para nos libertarmos, eliminando do nosso sistema os fardos emocionais desnecessários.

Libertação Antecipada

Embora algumas coisas que nos perturbam ao longo do dia sejam totalmente inesperadas, outras podem ser previstas. Quando esperamos que um determinado acontecimento seja desagradável, o nosso medo das conseqüências pode torná-lo ainda pior, quando ele finalmente ocorre — o efeito da assim chamada "profecia autorealizável". A libertação antecipada pode ser de grande valor para preparar o terreno, de modo que o "pior" não ocorra.

Para libertar-se antecipadamente, ensaie mentalmente a situação esperada e se desapegue da idéia de querer mudar (controlar) os aspectos dela que lhe são perturbadores. Um modo eficaz de libertar-se em relação a uma situação esperada é imaginar o *pior* que poderia acontecer e, então, libertar-se em relação a *isso*. Se você se libertar quanto às suas reações à pior possibilidade, aquilo que de fato irá acontecer não o deixará aborrecido.

Revisão da Libertação

Na maioria dos dias, ocorrem muitos incidentes frustrantes que não reconhecemos como sendo particularmente perturbadores no *momento* em que eles têm lugar. Conquanto eles possam passar despercebidos, podem cobrar um elevado tributo ao causarem um acúmulo do *stress* residual. Felizmente, existe uma forma de neutralizar esse problema — realizar um "revisão da Libertação" no final do dia.

Para fazer isso, reserve um intervalo de tempo, de preferência num mesmo horário, todos os dias. Esse período será dedicado especificamente à sua revisão da Libertação. Algumas pessoas preferem fazer a revisão logo antes de irem embora, mas você talvez queira fazer a sua quando estiver voltando para casa ou em alguma outra ocasião que lhe seja conveniente. Experimente vários horários, escolha aquele que funciona melhor para você e se fixe nele.

Para fazer a sua revisão da Libertação, sente-se calmamente num lugar onde você provavelmente não será interrompido e deixe que seus pensamentos se voltem aos acontecimentos do dia. O objetivo é capturar, como se faz com uma rede, as coisas que ainda não estão resolvidas em sua mente, os problemas que ficaram pendentes naquele dia — e libertar-se em relação a cada uma destas coisas à medida que elas forem vindo à tona. Quais acontecimentos do dia ainda lhe despertam ressentimento? Quais deixam você ansioso? Quais o deixam deprimido?

Você não precisa ser sistemático. Simplesmente relaxe e deixe que os pensamentos venham. Nossa mente parece querer lidar com as nossas tensões se lhe proporcionarmos tempo e um lugar onde ela possa fazer isso. Você irá descobrir que, nesse período tranquilo, vários incidentes não-resolvidos poderão vir à superfície. Alguns destes você talvez nem sequer tenha achado perturbadores no momento em que ocorreram. Essas são as irritações subliminares do dia.

À medida que esses problemas remanescentes forem sendo conhecidos, liberte-se sucessivamente em relação a cada um deles. Em seguida, deixe a sua mente fluir uma vez mais. Se outros incidentes perturbadores vierem à superfície, liberte-se também em relação a eles.

Algumas pessoas gostam de carregar consigo um caderno de Libertação ou um cartão durante o dia para anotar os acontecimentos em relação aos quais elas gostariam de se libertar posteriormente. Depois, elas voltam a essas anotações durante sua revisão da Libertação. Qualquer que seja o método que você venha a utilizar — fazer anotações ou deixar o pensamento fluir para trazer os incidentes à tona — a revisão da Libertação pode representar um importante acréscimo à sua vida. Ela pode lhe proporcionar a mesma satisfação que você sente quando pega uma escrivaninha com uma grande pilha de papéis e termina tudo o que estava pendente. Após a revisão, você está pronto para abordar novas questões em sua vida. Muitas pessoas têm relatado que, para elas, a revisão da Libertação é uma das experiências mais valiosas do dia.

Libertação nos Momentos de Espera

Freqüentemente há momentos durante o dia nos quais alguma coisa está nos causando problema e temos de esperar até que a situação seja resolvida. Estas são oportunidades propícias para a libertação.

Imagine-se esperando numa fila quando você está com pressa. Levará cinco ou dez minutos para chegar a sua vez. Você pode se aborrrecer ou usar esta situação efetivamente para libertar-se. Você poderia abrir mão de querer acelerar a fila ou aproveitar o tempo para libertar-se em relação às dificuldades que você enfrentou desde o início do dia. Esse intervalo para Libertação poderia lhe proporcionar um recomeço para o restante do dia.

Ou, então, imagine-se telefonando para alguém e a secretária dessa pessoa dizendo: "Ela está no telefone. Espere, por favor." Antes que você possa responder: "Peça que ela ligue para mim", você se vê esperando na linha. Essa é uma boa oportunidade para libertar-se — abrir mão de querer mudar o que acabou de acontecer ou os sentimentos gerados pelo ocorrido. Ou, ainda, você poderia resolver usar essa espera forçada libertando-se mentalmente em relação a outras coisas.

O tempo gasto em semáforos, elevadores, ônibus, indo e voltando entre a casa e o trabalho ou em qualquer outra coisa, pode ser dedicado à libertação, proporcionando-lhe dois benefícios. Ao agir assim você elimina a irritação da espera e proporciona a si mesmo uma oportunidade de adiantar as libertações pendentes.

Um Parceiro da Libertação

Nos *workshops* sobre Libertação, sempre acabamos juntando cada participante com um parceiro da Libertação. O par, então, tem conversas diárias pelo telefone sobre experiências com essa técnica. Esta é uma medida importante e muito divertida.

Para iniciar um programa desse tipo, escolha um amigo ou parente que tenha aprendido a técnica da Libertação e combinem de conversar a respeito uma vez por dia por telefone num horário previamente determinado.

Sempre que possível, as conversas sobre a Libertação devem ser feitas por telefone e não pessoalmente. Os encontros pessoais tendem a se transformar em ocasiões informais, em que muitos outros assuntos acabam entrando na conversa. Quando uma chamada telefônica é feita especificamente com o propósito de trocar informações sobre a Libertação, ambas as partes podem concordar antecipadamente em se restringirem a este assunto e excluírem outros tópicos da conversação, pelo menos até que o principal objetivo da chamada tenha sido alcançado. Se isso for feito, não existe absolutamente nenhuma razão para que pessoas que vivam na mesma casa não possam trabalhar juntas como parceiras.

Casais que aprenderam a técnica da Libertação podem concordar em ligar um para o outro num momento previamente combinado para conversar sobre a Libertação. Existe algo de agradável em receber o telefonema de uma pessoa próxima para trabalharem juntos num projeto construtivo. Uma mulher que já participou de um dos meus *workshops* relata que foi um acréscimo importante à sua vida saber que seu marido vai lhe telefonar do escritório em determinado horário do dia, discutir com ela suas experiências de Libertação e ajudá-la com as dela. Esse arranjo contribuiu para aproximar o casal.

Durante a conversa telefônica, o seu parceiro de Libertação poderá ajudá-lo a pensar em novas maneiras de se libertar acerca de determinado incidente ou conduzi-lo através de uma libertação (desde que, obviamente, isso seja algo que você queira que ele faça). Um dos aspectos mais valiosos dessa libertação mútua é o fato de que, enquanto um parceiro se liberta, o outro parceiro, simultaneamente, também faz a mesma coisa. Muitas vezes é mais fácil você libertar-se em relação aos problemas do seu parceiro do que acerca dos seus próprios problemas (você não está tão envolvido com eles). Isso significa que vocês obtêm um bocado de libertações "grátis" cada vez que trabalham juntos, uma maneira de reduzir ainda mais as tensões para ambos. Conheço um homem que tem aplicado a técnica regularmente com seu parceiro, por telefone, há vários anos e que acha que suas melhores libertações são feitas desta forma. Os dois estão decididos a continuar com essa prática indefinidamente.

Reuniões de Libertação

Se vários de seus amigos aprenderam a técnica da Libertação, pode ser construtivo e divertido fazer periodicamente festas de Libertação. Nesses encontros, os que estiverem presentes poderão se revezar libertando-se em voz alta de um problema específico, enquanto o restante do grupo atua como técnico. Pode-se também eleger um membro do grupo para dirigir os participantes ao longo da libertação e fazer um rodízio na liderança.

Um importante benefício desses encontros são as libertações indiretas que os participantes experimentam no momento em que as outras pessoas conduzem as suas libertações. Mesmo pessoas que talvez falem pouco durante o encontro ou que simplesmente limitam-se a sentar e observar freqüentemente se beneficiam tanto quanto os membros mais ativos. Pode-se criar uma atmosfera de Libertação de tanta intensidade que, após uma dessas sessões, os problemas de determinado indivíduo poderão lhe parecer muito mais fáceis de administrar.

Se preferirem ter uma agenda para esse encontro, vocês podem escolher um tema específico para um determinado dia: libertação acerca de problemas relacionados ao trabalho ou ao relacionamento entre pais e filhos, o uso da estratégia de tomada de decisões, métodos de libertação do desconforto físico. Temas como estes podem ocupar toda uma reunião, e as variações são infinitas.

O programa também pode incluir um procedimento geral de limpeza, em que a pessoa que atua como líder pergunta ao grupo: "Aconteceu alguma coisa nesta semana que vocês gostariam de mudar?... Vocês poderiam abrir mão da vontade de mudá-la?... Aconteceu mais alguma coisa que vocês gostariam de mudar?" Os outros participantes, em silêncio, abrem mão da vontade de querer mudar esses acontecimentos. Da mesma forma, o líder poderia perguntar: "Nesta semana vocês se encontraram com alguma pessoa de quem vocês gostariam de receber aprovação?... Vocês poderiam abrir mão da vontade de querer receber essa aprovação?"

Recomendo os encontros de Libertação como uma forma para aumentar os benefícios que você obtém com a técnica e como eventos sociais bastante agradáveis. Eles também são uma ótima maneira de mantê-lo interessado na Libertação. Para muitas pessoas, participar de um grupo tem a vantagem de fazer com que elas pratiquem regularmente a libertação.

Anotando os Benefícios da Libertação

Pode ser muito útil anotar os benefícios que você obteve com a Libertação antes que eles desapareçam de sua mente. Existem diversas maneiras de registrá-los.

Você talvez queira manter um caderno de anotações ou trazer algumas fichas de arquivo no bolso para anotar as informações acerca das suas libertações à medida que elas forem sendo feitas ao longo do dia. Ou, então, você poderia manter um diário em casa e anotar suas libertações no final do dia.

Abaixo, apresentamos um típico registro num diário de benefícios da Libertação, escrito por uma ex-participante de *workshops* que usa a inicial "L" para representar "libertação".

Situação	Libertação	Benefício da Libertação
Joe chega cedo do escritório. Mal-humorado, difícil de suportar.	L em relação a querer controlar o humor dele. L em relação a querer sua aprovação.	Fico mais calma. Posso continuar a preparar o jantar. Ele mostrou-se amável, depois. Benefício da L = *briga* evitada!
Filhos chegam tarde para o jantar. Kathy não chegou e não telefonou. Preparei bifes demais.	L em relação à minha raiva. L em relação a querer controlar Kathy.	Joe e eu fizemos uma agradável refeição juntos. Tive a idéia de usar os bifes para preparar um ensopado amanhã.
Blanche ligou para se queixar do "mau comportamento" de Ted, seu marido. Um tédio. Ela não pára de falar. O que ela quer de mim?	L em relação a minha raiva. Ponho-me no lugar de Blanche e liberto-me em relação ao seu desejo de querer controlar-me.	Problema resolvido. Consegui ficar quieta enquanto ela falava e, delicadamente, fiz com que ela visse que Ted também tinha um pouco de razão. Acho que ela compreendeu a mensagem e que isto pode tê-la ajudado.
Pia da cozinha cheia de louça. Alguém deixou uma colher cair no fundo e ela ficou presa no triturador. Joe saiu	L em relação a querer reescrever a história e mudar o fato de que a colher caiu no triturador. L em relação a querer mudar o fato de que	Senti-me bem. Qual o problema se a pia continuar entupida? Só vou precisar da louça amanhã.

novamente e eu não consegui consertar a máquina.

Joe não estava aqui para consertá-lo. L em relação a querer mudar toda a situação.

Os Benefícios Gerais da Libertação que Tenho Observado

- Não fico mais irritada quando as coisas dão errado.
- Vi-me trabalhando vigorosamente, coisa incomum para mim.
- As tarefas me parecem mais simples e eu as executo com mais facilidade. Consigo resolver melhor os problemas quando me liberto antecipadamente em relação a eles. Faço mais coisas em menos tempo.

Depois da descrição dos benefícios específicos proporcionados pela Libertação a cada dia, seria útil escrever um sumário dos benefícios mais gerais que você está notando em sua vida, tal como foi feito acima. Muitos aspectos da sua vida irão mudar em conseqüência da prática regular da libertação, e o seu diário de Benefícios da Libertação será um importante registro dessas mudanças. Vale a pena relê-lo periodicamente para você se lembrar das mudanças que ocorreram em sua vida.

Agora, nós nos voltaremos para aquelas medidas práticas que podem fazer com que a sua prática da Libertação torne-se mais eficaz.

Faça Frases Curtas

É uma boa idéia fazer com que as perguntas de Libertação se mantenham o mais possível curtas. Depois da frase "Eu poderia abrir mão de querer mudar (controlar, ter a aprovação, etc.)", procure não acrescentar mais do que cinco a dez palavras. Obviamente, às vezes é necessário acrescentar uma outra frase (como, por exemplo, "Você conseguiria simplesmente deixar que isto continue a existir?"), mas essa medida é para aquelas ocasiões em que você está se sentindo bloqueado. Para a libertação quotidiana, você não quer complicar as coisas. Um número excessivo de palavras pode ser difícil de lembrar. De maneira geral, quanto menor a pergunta de Libertação, maior será o seu impacto.

Use o Caminho Mais Curto

Aprovação e controle são questões tão básicas que um ou ambos os conceitos irão se aplicar a quase qualquer situação. Para evitar a necessidade de analisar a situação, tente libertar-se em relação ao *controle* e à *aprovação* em geral.

Suponha, por exemplo, que você se sentiu vagamente deprimido sem saber por que isso estava acontecendo. Você poderia pensar consigo mesmo ou dizer em voz alta:

"Eu poderia abrir mão da vontade de querer aprovação?"

Ou:

"Eu poderia abrir mão da vontade de querer *controlar*?"

Se aprovação ou controle estiverem envolvidos (como quase sempre acontece), isso pode acarretar uma libertação imediata. Por mais estranho que isso possa parecer, a libertação em relação a um conceito geral (sem ao menos saber o que ou a quem você quer controlar ou de quem você deseja receber aprovação) muitas vezes será tudo o que você precisará fazer.

Usar a técnica da Libertação dessa forma geral tem outras vantagens. Quando você se liberta em relação ao controle em geral, a sua libertação pode afetar toda a "rede" de controle. Toda uma série de situações relacionadas pode, então, ser trabalhada em seu cérebro — libertação...libertação...libertação. Você não precisa saber quais são elas e, mesmo assim, irá sentir os benefícios. O mesmo princípio se aplica à aprovação. A Libertação no que diz respeito à aprovação, de maneira geral, pode alterar toda a rede de aprovação.

Libertar-se em relação ao controle ou à aprovação em geral *poderá funcionar tão bem que não serão necessárias mais libertações.*

O atalho supremo, todavia, é pensar consigo mesmo na palavra "Libertação". Se você estiver acostumado a se libertar, isso talvez seja *tudo* o que você precisará fazer!

Faça Perguntas Simples e Vigorosas

Quando você estiver se libertando, cuide para que as perguntas que faz a si mesmo sejam as mais simples possíveis. A linguagem cotidiana é melhor do que a linguagem complicada. Você deve usar as palavras que sejam mais significativas para você. Conquanto em geral seja aconselhável você se limitar às frases básicas que apresentei neste livro, este formato lhe proporciona uma boa margem para a improvisação. Seja criativo!

Você também pode variar de vez em quando a sua pergunta de Libertação para que, vez por outra, ela o surpreenda. Tente não usar exatamente as mesmas frases o tempo todo. A surpresa é muito útil quando você estiver se libertando.

Vá Até o Fim

Um importante princípio da Libertação é continuar sistematicamente cada libertação até chegar ao fim. Se for até o fim, ao libertar-se você se sentirá recompensado. Em alguns aspectos, todos somos como Oscar, a foca treinada, no sentido de que, quando obtemos uma recompensa por fazer alguma coisa, tornamo-nos mais propensos a fazer de novo a mesma coisa. Assim como o peixe de que Oscar tanto gostava, mesmo uma libertação parcial pode ser um importante fator de motivação. Certifique-se de consegui-la todas as vezes.

Da mesma forma, tente não se libertar quando estiver pensando em meia dúzia de coisas ao mesmo tempo. Se você fizer isso, sua mente se afastará da Libertação e você tenderá a não terminar o processo. Se você leva a libertação a sério, prossiga com cada libertação até chegar ao fim e certifique-se de ter concluído o processo. Dessa maneira, você terá em suas mãos um método muito poderoso.

Seja Específico

A Libertação é mais eficaz quando você trabalha com uma situação específica. Se, por exemplo, você estivesse tentando libertar-se acerca de um "relacionamento", isso poderia ser excessivamente vago. Mas se você estiver tentando libertar-se daquilo que o deixou aborrecido enquanto estava tomando o seu café da manhã de hoje, e abrisse mão de controlar o ocorrido, isso poderia ter um impacto sobre muitos aspectos do seu relacionamento com a pessoa que compartilhou a mesa com você.

Outra vantagem de ser específico é que isso lhe permite reconstituir mentalmente o ocorrido com mais facilidade. Não é nada complicado voltar à cena da mesa do café da manhã em sua imaginação e verificar como você se sente após a libertação. Não é de modo algum tão simples rever mentalmente todo um relacionamento e verificar qual é a impressão que você tem acerca de *dele* agora. Ser específico na sua libertação e usar situações concretas é na verdade um modo de usar eficazmente a estratégia de dividir para conquistar.

Liberte-se Primeiro do Que For Mais Fácil

Quando você precisar libertar-se em relação a diversos aspectos de uma situação, em geral é aconselhável libertar-se primeiro em relação àquilo que lhe parecer mais fácil. Isso faz com que a bola comece a rolar. Libertar-se em relação ao que for mais fácil muitas vezes é tudo o que você precisa para libertar-se em relação a toda uma situação — as outras partes da situação poderão resolver-se por si mesmas porque uma cadeia de libertações foi iniciada.

Quando Você Se Sentir Bloqueado

Se você já experimentou todas as táticas comuns de desbloqueio mas continua sentindo-se impotente diante de uma determinada situação, é recomendável pensar consigo mesmo ou dizer em voz alta:

"Eu poderia abrir mão da vontade de querer mudar o fato de estar me sentindo impotente?"

Isso pode abrir o seu monitor para que o processo de Libertação se reinicie.

Outra opção é telefonar para um amigo que tenha experiência com a Libertação (talvez o seu parceiro de Libertação) e conversar com ele acerca da situação. Uma opinião objetiva pode ser de grande ajuda. Se você não tiver ninguém com quem conversar (ou não queira compartilhar esse seu problema com outra pessoa), tente libertar-se em voz alta. O som da sua voz ao longo do processo de Libertação talvez o faça deixar de sentir-se impotente.

Outra estratégia útil para lidar com situações contra as quais é difícil lutar consiste em rever a sua pasta de Benefícios da Libertação, particularmente os mais importantes — os sucessos dramáticos que você obteve nas ocasiões em que conseguiu libertar-se em relação a situações muito difíceis. Ao ler a respeito de situações em relação às quais você se libertou no passado, provavelmente sentirá que as coisas começam novamente a andar e começará a libertar-se uma vez mais.

Se tudo o mais falhar, liberte-se de *querer libertar-se*. Isso alivia a pressão, abre o seu monitor e pode por si mesmo conduzir a uma libertação.

Quando Você Não Quer Se Libertar

Pode haver ocasiões em que são tão fortes os seus sentimentos acerca de uma situação que você resiste à idéia de se libertar, apesar de compreender que seria benéfico fazê-lo. Quando isso acontecer, e se você ainda quiser obter os benefícios de uma libertação, você deve:

- Libertar-se em relação à vontade de "não querer se libertar".
- Tomar nota por escrito da situação e, então, *continuar* resistindo a tudo o que você quiser. Suas anotações servirão como um lembrete e você poderá libertar-se em relação a esse assunto posteriormente.
- Proibir a si mesmo de libertar-se! (A tática da proibição discutida no capítulo 5).

Pensamento Circular

Shakespeare descreve Hamlet como alguém tolhido por um traço de caráter que o impedia de agir, "... um escrúpulo abjeto de ponderar com demasiado rigor o ocorrido".

Se você se vir "ponderando com demasiado rigor o ocorrido":

- Identifique o sentimento envolvido e liberte-se em relação a ele, ignorando razões, argumentos ou pensamentos. Afinal de contas, o sentimento constitui a essência do que está lhe acontecendo.

- Liberte-se em relação à vontade de querer mudar o fato de que você "está pensando demais". Uma libertação é uma libertação. Ela é sempre valiosa, não importa o modo como você a conseguiu.
- Liberte-se em relação a *dez coisas* que não tenham nada que ver com a questão com a qual você está preocupado. Quando o seu monitor estiver aberto, todos os problemas serão vistos de uma forma diferente.

Se Você Se Sentir Inseguro

Algumas pessoas estão mais inclinadas do que outras a terem dúvidas acerca da Libertação. Se você não souber se conseguiu se libertar em relação a uma situação, tente fazer o seguinte:

- Liberte-se em relação à vontade de querer saber se você conseguiu ou não se libertar.
- Liberte-se em relação à vontade de querer mudar sua incerteza a respeito da libertação (ou aceite 1% da sua incerteza).
- Releia o diário de Benefícios da Libertação.
- Continue a libertar-se mesmo se você não souber para onde isso o está levando. Mais cedo ou mais tarde, você avistará uma luz no fim do túnel.

Se Você Se Sentir Insatisfeito

Todos nós, de vez em quando, tentamos libertações que dão a impressão de não funcionar. Se isso acontecer com você, abra mão de querer controlar os resultados. A libertação acontece à sua própria maneira. Quando você deixa as coisas correrem livremente, ela funciona.

Se Você Estiver Desanimado

Existem ocasiões em que qualquer programa de autodesenvolvimento, quer envolva exercícios físicos, dieta ou a aquisição de uma nova habilidade, sofre uma paralisação temporária. Nessas fases, os participantes podem ficar desanimados e abandonar o programa.

Você poderá vir a enfrentar esse tipo de problema também com a Libertação. Há uma probabilidade maior de que isso venha a acontecer caso você esteja extremamente ocupado e não tenha se lembrado de libertar-se com freqüência ou se estiver enfrentando muitos problemas difíceis, de modo que o seu monitor tenha se fechado. O problema agora é recomeçar. Eis aqui algumas coisas que poderão ajudá-lo.

- Releia os Benefícios da Libertação. Os sucessos do passado são poderosos elementos de persuasão.
- Selecione um período durante o qual você irá se libertar em relação a tudo o que você pensar ou sentir. Se fizer isso, você provavelmente irá descobrir que alguma coisa interessante aconteceu. É difícil continuar desiludido com um processo que funciona.
- Verifique se você está levando suas libertações até o fim. Se você estiver perdendo parte do seu interesse pela Libertação, selecione uma situação simples — sem emoções fortes — para libertar-se em relação a ela, e prossiga com o processo até obter *pelo menos* uma libertação parcial. Em seguida, procure não se esquecer de levar o processo até o fim sempre que você efetuar uma libertação.

Lembrando de Se Libertar

Quando o seu monitor se fecha, você poderá esquecer de se libertar. Eis aqui algumas soluções que ex-participantes de *workshops* sugeriram para este problema:

- Afixe lembretes de Libertação em locais onde você possa vê-los. Você poderá afixar na porta da geladeira, no espelho do banheiro ou ao lado de sua cama. Talvez você queira colocar um lembrete num quadro de avisos, em sua escrivaninha ou em algum outro ponto bastante visível. O lembrete poderá conter uma pequena nota, citação ou provérbio que irá fazer com que você se lembre de libertar-se.
- Coloque uma representação de pessoa ou animal, que você irá chamar de "estátua da Libertação", num local de destaque em sua casa. Você saberá o seu significado e, todas as vezes que olhar para ela, lembrará de se libertar.
- Se você tiver uma agenda onde anota os seus compromissos, escreva a palavra "LIBERTAÇÃO" em letras grandes no alto de todas as páginas do restante do ano e, em seguida, faça um círculo vermelho em torno de todas essas palavras. Sempre que olhar para a sua agenda, a primeira coisa que você verá será a palavra "LIBERTAÇÃO" — um poderoso lembrete.
- Cole uma etiqueta adesiva no lado do seu telefone residencial ou profissional que fica de *frente* para você e nela escreva um "L".
- Deixe uma cópia deste livro num local onde você possa vê-lo com facilidade. Este será um lembrete automático para você se libertar.
- Carregue com você, durante o dia, uma cópia do Cartão de Libertação que se encontra no final deste livro. Ele servirá como um excelente lembrete para você se libertar e também lhe proporcionará um resumo das principais táticas de desbloqueio.
- Faça diariamente uma Revisão de Libertação. Isto irá proteger você do acúmulo de problemas em relação aos quais você ainda não se libertou.

Procurando Libertações

Se você procurar o maior número possível de oportunidades para se libertar, você progredirá mais rapidamente no seu programa. Uma forma de fazer isto é considerar cada frustração que ocorrer ao longo do dia não apenas como um aborrecimento mas também como uma oportunidade. Quanto maior a frustração, mais você terá de recorrer às libertações para neutralizá-las, e maior será a sua recompensa no restante do dia.

Quando você criar o hábito de reconhecer as oportunidades para libertação em situações frustrantes, as próprias frustrações, quando ocorrerem, poderão desencadear o processo de Libertação.

Ou, então, você pode tomar a decisão de, em determinado dia, libertar-se antes de atender cada telefonema, abrindo mão de querer controlar o resultado da chamada. Esta é uma excelente prática e mantém azeitadas as engrenagens do processo de Libertação; deste modo, se alguma coisa grave ocorrer numa ocasião posterior, você provavelmente poderá libertar-se em relação a ela com pouca ou nenhuma dificuldade.

Quando Você Quer Que Alguma Outra Pessoa Se Liberte

Os que aprenderam a técnica da Libertação muitas vezes observam outras pessoas passando por situações nas quais a Libertação poderia beneficiá-las. Se a outra pessoa souber libertar-se, pode ser grande a tentação de sugerir que ela *liberte-se* em relação ao problema que estiver enfrentando.

Todavia, a não ser que abordemos essa tarefa com uma atitude de total libertação da nossa parte, essas sugestões provavelmente produzirão efeito contrário. Isso com certeza irá acontecer se fizermos uma sugestão desse tipo quando estivermos tendo uma discussão com uma outra pessoa.

Se uma pessoa aborrecida conosco diz: "Você deveria se libertar!", isso provavelmente não fará com que nos sintamos mais inclinados a nos libertarmos. Com efeito, agora podemos estar menos propensos a nos libertar do que antes da sugestão ter sido feita!

A Libertação não pode ser usada para controlar. Se você tentar usá-la dessa maneira, isso fará com que as coisas fiquem ainda piores.

Se uma outra pessoa lhe der a impressão de ter se esquecido de usar a técnica e você quiser lembrá-la de levar a efeito uma libertação, o mais apropriado será, antes de mais nada, você se libertar em relação a querer controlar o *fato de que a outra pessoa irá ou não se libertar.* Se você agir assim antes de falar, isso irá eliminar a questão do controle. Agora, ao sugerir que a outra pessoa se liberte, você estará lhe dando a oportunidade de escolher livremente. Ela irá perceber isto e, a essa altura, a sua oferta de conduzi-la ao longo de uma libertação poderá ser aceita com gratidão.

Se necessário, enquanto estiver discutindo com ela a questão da libertação, você também poderia aproveitar o tempo para se libertar mais algumas vezes em relação à sua necessidade de controlar a situação. Isto irá ajudar você a não dizer à outra pessoa que ela *deveria* libertar-se — o que, como já vimos, seria uma manobra fútil.

Um exemplo vale mil palavras. A esta altura, você será um bom exemplo de Libertação.

Agora que você já usou a Libertação para lidar com problemas, você está pronto para considerar um aspecto revolucionário dessa técnica — a sua capacidade de ter uma nova espécie de percepção. O capítulo seguinte trata dessa possibilidade.

Capítulo 19

Além das Fronteiras

Até aqui, você tem usado a Libertação para lidar com problemas. Entretanto, existem outros benefícios que podem ser alcançados com o uso dessa técnica. A Libertação pode ser usada para ajudá-lo a aumentar a sua sensibilidade, explorar novas fronteiras internas e externas e para expandir a sua percepção. Eis aqui algumas dessas maneiras:

Libertar-se em Relação a "Tudo"

Uma variação da técnica que você talvez queira experimentar é libertar-se sistematicamente, por um período determinado, em relação a *cada* atividade que você executar ou a cada coisa que acontecer, por mais insignificante que ela possa parecer. Você poderia, por exemplo, abrir mão consecutivamente de querer controlar tudo o que ocorrer durante determinada meia hora. Isso poderia incluir o fato de o telefone estar tocando, o modo como você segura o aparelho, quem está do outro lado da linha, o seu jantar, cada alimento que for servido, o comportamento de uma outra pessoa, um eletrodoméstico que não está funcionando, o modo como um livro se abre quando você o ergue ou o modo como o livro deve ser lido. Em outra ocasião, você poderia abrir mão de querer controlar o modo como você escova os dentes, a sensação tátil produzida pelo seu cobertor ou se você vai ou não adormecer rapidamente. A meta é abrir mão de querer controlar todos os eventos que ocorrerem durante o intervalo de tempo selecionado.

O propósito deste exercício é mudar a sua perspectiva. Podemos ficar tão envolvidos com o planejamento, que limitamos a consciência das nossas atividades àquilo que queremos que seja feito e ao modo como a atividade em questão se encaixa em nossos planos. Em virtude disso, freqüentemente temos apenas uma percepção indistinta da atividade propriamente dita. Nós não percebemos que cada vez que pegamos um lápis para escrever, cada vez que calçamos os sapatos, cada vez que ingerimos um bocado de comida, um fenômeno único está ocorrendo. Isso não aconteceu antes e não voltará a acontecer de novo exatamente da mesma maneira. Quando tentamos controlar um acontecimento fazendo com que ele se torne parte dos nossos planos, sacrificamos suas qualidades especiais.

Quando você pratica a libertação em relação a todas as coisas que ocorrerem num determinado período de tempo, você pode descobrir que quase todas as coisas que vem fazendo até o momento foram excessivamente controladas e, portanto, prejudicadas. Quando você se liberta em relação a querer controlar tudo o que faz, descobre uma nova harmonia em seus movimentos e em suas interações com as coisas e pessoas. Esse senso de harmonia pode aumentar enormemente o seu prazer. Os antolhos terão sido removidos.

Uma ex-participante de um *workshop* que tem usado esse método conta que ela agora se liberta em relação a tudo o que ocorre enquanto ela está dirigindo o carro. Enquanto está ao volante, ela pergunta regularmente a si mesma se pode abrir mão de querer controlar os freios... o pisca-pisca... a direção... o acelerador... o carro que está à frente dela... os sinais vermelhos... a estrada e assim por diante em relação a tudo o que estiver ao alcance de sua visão. Desde que começou a fazer isso, ela tem percebido o quanto costumava lutar para manter o controle sobre estas ações rotineiras. Ela sente que, anteriormente, ficava "brigando com o carro" todas as vezes em que dirigia.

Libertar-se enquanto está dirigindo também permitiu que ela tivesse uma nova percepção dos outros carros da estrada e aquilo que ela chama de uma maneira mais "gentil" de pensar em relação aos outros motoristas. Paradoxalmente, isso também fez com que ela se tornasse quase insensível à rudeza ou às tentativas dos outros motoristas para controlá-*la*. Um motorista impaciente tocando a buzina atrás dela, num momento em que ela própria está dirigindo numa velocidade razoável e não está infringindo nenhuma regra de trânsito, agora não faz com que ela se sinta nervosa, incomodada nem com vontade de dar o troco. Ela encara isso como algo simplesmente irrelevante.

Quando abrimos mão da vontade de querer controlar, não podemos mais ser controlados.

Quando nos libertamos da vontade de querer controlar as exigências da vida, isso também atua como uma técnica de relaxamento. O excesso de tensão muscular decorre da nossa luta para fazermos com que os nossos atos produzam o resultado que desejamos ou para que o mundo se comporte de uma determinada maneira. Quando nos libertamos em relação a essa luta (mesmo que acerca de coisas pouco importantes), sentimos a tensão diminuir.

A tranqüilidade que se segue à libertação também pode trazer uma onda de energia. Cada vez que nos libertamos em relação a algo (seja uma coisa importante ou não), recuperamos um *quantum* de energia para aquilo que poderia ser chamado de nosso "fundo central de energia". Essa energia armazenada também pode ser usada por nossos sistemas para o crescimento interior, permitindo que nos tornemos mais inventivos, eficazes, amorosos e alegres. Ela pode também estar envolvida na cura física.

A cada nova libertação, o acúmulo gradual de energia no nosso "fundo central" faz com que fique muito mais fácil lidar com o próximo problema. O resultado é que, à medida que continuamos a nos libertar, o balanço pouco a pouco começa a mudar para o lado positivo, e a vida nos parece mais fácil.

Libertação Repetitiva

Uma variação da técnica que acabei de descrever consiste em nos envolvermos numa atividade rotineira e, enquanto executamos essa rotina, nos libertamos em relação a querer controlar cada ato ou cada objeto nela envolvidos.

Imagine-se, por exemplo, lavando pratos em sua pia. Ao pegar o primeiro prato, você pergunta a si mesmo. "Eu poderia abrir mão de querer controlar esse prato (xícara, pires, etc.)?" Você, então, repete a mesma pergunta para si mesmo ao pegar cada prato. Esse processo continua até que você se veja libertando-se automaticamente em relação a cada peça de louça ou até que você tenha acabado de lavar os pratos. Quando você se liberta dessa maneira em relação a atividades rotineiras, mesmo que elas sejam monótonas ou irritantes, elas podem se tornar tranqüilas e confortadoras.

Recentemente, libertei-me dessa maneira enquanto estava usando uma copiadora no escritório. Quando o fiz, cada folha de papel tornou-se interessante. Cada uma delas era sentida de forma diferente, reagia de uma maneira especial ao meu toque, tinha uma forma peculiar de dobrar-se e acomodar-se na gaveta da copiadora.

Quando conferi as folhas, libertei-me mais uma vez em relação a querer controlar cada folha de papel. Para minha surpresa, os meus dedos tinham mais sensibilidade para perceber as bordas do papel. Todo o processo tornou-se mais fácil.

Quando respeitamos os objetos com os quais trabalhamos, fica mais fácil trabalhar com eles.

A Libertação repetitiva pode ser aplicada em algum momento quase todos os dias. Você pode libertar-se em relação a cada prego que você faz penetrar na madeira, a cada raquetada durante um jogo de tênis, a cada tacada no golfe, a cada três braçadas enquanto estiver nadando, a cada dois passos quando estiver caminhando... As possibilidades são infinitas.

Libertando-se em Relação a Grandes Categorias

Embora seja possível nos beneficiarmos libertando-nos em relação a detalhes triviais em nossa vida, podemos também nos libertarmos produtivamente em relação a grandes categorias da nossa experiência. Eis algumas maneiras.

Libertação em Relação aos Esportes

Além de nos libertarmos em relação à vontade de querer controlar cada componente individual da atividade esportiva, existem maneiras de nos libertarmos em relação aos esportes ou aos exercícios físicos de maneira geral, o que pode fazer com que essas experiências se tornem mais significativas para nós. Para fazer isto você deve, antes de começar o exercício ou partida, pensar consigo mesmo ou dizer em voz alta:

"**Eu poderia abrir mão de querer** _____?"
(Insira a palavra ou frase apropriadas)

Relação de possíveis palavras ou frases
VENCER
DAR A IMPRESSÃO DE SER BOM
AGÜENTAR ATÉ O FIM
FAZER DO JEITO CERTO
MARCAR PONTOS
SAIR-ME MELHOR DO QUE ONTEM
CONTROLAR O FATO DE COMETER OU NÃO UM ERRO CRASSO
CONTROLAR O FATO DE SER OU NÃO RETIRADO DO JOGO POR TER COMETIDO MUITOS ERROS
(Preencha os espaços em branco com categorias que sejam importantes para você.)

_____   _____
_____   _____
_____   _____
_____   _____

Libertar-se em Relação à Criatividade

A criatividade requer um livre fluxo de idéias e ausência de timidez, os quais podem ser substancialmente aumentados quando nos libertamos em relação a querer controlar a atividade criativa. Participantes de *workshops* falam de resultados excelentes ao se libertarem antes ou enquanto estão ocupados pintando, escrevendo, tocando um instrumento musical ou empenhados em dar continuidade a alguma outra forma de trabalho criativo.

Para libertar-se em relação à sua criatividade, pense consigo mesmo ou diga em voz alta:

"**Eu poderia abrir mão da vontade de querer controlar** _____?"

Lista de possíveis categorias
AS LINHAS
AS CORES
A PINTURA

O PINCEL
AS PALAVRAS
O TEXTO
AS SENTENÇAS
AS MINHAS IDÉIAS
COMO ISTO SOA
A APARÊNCIA QUE ISTO TEM
AS TECLAS DO PIANO
MINHA MÃO DIREITA
MINHA MÃO ESQUERDA
OS TONS
MINHA VELOCIDADE
O MODO COMO FAÇO
O MODO COMO "ELES" GOSTARIAM QUE EU FIZESSE

Libertando-se em Relação à Apreciação

A libertação também pode ser usada para aumentar o seu gosto por atividades que implicam certa possibilidade, como ir a um museu ou teatro, ouvir música ou assistir a jogos esportivos. Para libertar-se em relação a estas atividades, pense consigo mesmo ou diga em voz alta:

"**Eu poderia abrir mão da vontade de controlar** _____?"

Lista de possíveis categorias
A MÚSICA
AS NOTAS
AS CORES DESTA PINTURA (LIBERTE-SE EM RELAÇÃO A CADA COR SEPARADAMENTE)
O MODO COMO A LUZ INCIDE SOBRE ELA
O MODO COMO ELA ESTÁ SENDO EXIBIDA
ESTE ATOR (ATRIZ)
A PEÇA
MEUS SENTIMENTOS
O QUE OS OUTROS IRÃO PENSAR A RESPEITO DO MEU GOSTO
A AUDIÊNCIA
O TIME DE BEISEBOL
CADA JOGADOR
QUEM GANHA (Lembre-se de que você não precisa abrir mão de sua *meta* de desejar que um ou outro time vença!)

Libertar-se em Relação às Atitudes

A libertação pode ser usada para alterar atitudes básicas como respostas específicas. Com esse objetivo, são omitidas as frases comuns de Libertação e você vai diretamente para o tópico geral, usando palavras que falam diretamente a você.

Algumas palavras podem ser úteis para a sua própria libertação mas terão pouco significado para as outras pessoas. Todavia, existem palavras que são apropriadas para quase todo mundo. Para lhe dar uma idéia das possibilidades, tenho colecionado frases que me foram sugeridas por pessoas que participam de *workshops* sobre Libertação. A maioria das pessoas prefere usar um dos quatro formatos básicos. Apresentarei sucessivamente cada um deles, com uma lista de categorias que poderão ser úteis para você.

Formato 1. "Eu poderia abrir mão da vontade de querer que (ele/ela/eles) seja/sejam ou esteja/estejam _____?"
(adjetivo descrevendo a qualidade desejada)

(Use uma palavra ou frase positiva que descreva o que você *quer* da outra pessoa e não o que você *não* quer.)

Lista de palavras ou expressões úteis:

SENSATO	CORAJOSO
ATENCIOSO	ATRAENTE
AMÁVEL	DIVERTIDO
JUSTO	BEM
RECEPTIVO	ENERGÉTICO
RESPONSÁVEL	CRIATIVO
SOLIDÁRIO	PONTUAL
RAZOÁVEL	EQUILIBRADO
COMPREENSIVO	DIFERENTE
	(do modo como é atualmente)
HONESTO	_____
COOPERATIVO	_____
INTELIGENTE	_____
AMBICIOSO	_____

- -

Formato 2. "Eu poderia abrir mão da vontade de querer que ele/ela/eles _____?"
(palavra ou frase que descreve a ação desejada)

Lista de palavras ou frases:

CONCORDE	COMPREENDA	PRESTE ATENÇÃO
RESPONDA	COOPERE	AME-ME
OBEDEÇA-ME	FALE A VERDADE	_____

ELOGIE-ME	SEJA COMO EU	_____
OUÇA	FIQUE QUIETO	_____
RESPEITE-ME	DIVIRTA-SE	_____

Formato 3. "Eu poderia abrir mão da vontade de querer _____**?"**
(palavra ou frase que se refira ao objeto ou qualidade desejados)

Lista de palavras ou frases:

AMOR	UM MARIDO	MAIS TEMPO
SEGURANÇA	UMA ESPOSA	FELICIDADE
VINGANÇA	UM AMANTE	QUE O MEU RELACIO-NAMENTO FUNCIONE
RIQUEZA	UM FILHO	BOA SAÚDE
SUCESSO	RECONHECIMENTO	_____
ELOGIOS	JUVENTUDE	_____
VENCER	QUE AS COISAS SEJAM FÁCEIS	_____

Formato 4. "Eu poderia abrir mão da vontade de querer ser ou estar _____**?"**
(adjetivo referente a você mesmo)

Lista de palavras ou frases úteis:

PERFEITO	MAIS JOVEM
RAZOÁVEL	DIFERENTE
	(do modo como sou)
QUERIDO	ESPECIAL
AMADO	O MELHOR
COMPREENDIDO	PONTUAL
FELIZ	ÚNICO
CERTO	TALENTOSO
RICO	PODEROSO
BRILHANTE	ESTIMADO
BEM-SUCEDIDO	_____
ADMIRADO	_____
MAGRO	_____
BONITO	_____

Algumas pessoas gostam de reservar um período especial todos os dias para se libertarem quanto às atitudes. Você pode usar as listas acima ou fazer a sua. Ao fazer isso, liberte-se apenas em relação a umas poucas categorias a cada dia. Lembre-se de que você não está necessariamente abrindo mão da meta de alcançar algumas dessas coisas. O seu propósito é apenas abrir mão de um excessivo esforço para alcançá-las.

Como a libertação em relação às atitudes pode representar um desafio fundamental para o seu modo comum de pensar, você talvez precise usar, antes de mais nada, as táticas do desbloqueio. Depois de você ter se libertado em relação a diversas atitudes, você começará a reconhecer que consegue libertar-se sem dificuldade mesmo em relação às categorias mais fundamentais. Isso pode tirar um peso dos seus ombros.

Além das Fronteiras

Por mais surpreendente que possa parecer, a Libertação pode ser usada para aumentar as experiências de vida que *já* são positivas e satisfatórias, fazendo com que elas se tornem ainda mais agradáveis. Isso ocorre porque um acontecimento que nos satisfaz raramente nos proporciona um prazer puro. Ele comumente apresenta elementos ocultos que servem para contaminar a alegria — sentimentos de dúvida, ansiedade ou culpa. Quando nos libertamos em relação a um acontecimento agradável, eliminamos da situação esses aspectos indesejáveis *sem querer saber quais são eles*. O que sobra é o núcleo, a experiência positiva. A libertação em relação a coisas positivas é uma das medidas mais profundamente satisfatórias que podemos tomar quando *já estamos felizes*. Existem diversas maneiras de fazer isso.

Libertação em Relação a Eventos Agradáveis

Uma forma prática de começar a libertar-se em relação aos aspectos positivos da sua vida é reservar um período de tempo, como uma manhã ou tarde, por exemplo, durante o qual você faz questão de notar *todas as coisas* positivas que acontecem com você. Cada vez que você identificar um acontecimento positivo durante esse período, pense consigo mesmo ou diga em voz alta:

"Eu poderia abrir mão da vontade de querer controlar (o acontecimento desagradável)?"

Essa técnica pode fornecer-lhe importantes descobertas. A maioria de nós passa muito tempo tentando controlar, administrar ou, de alguma outra maneira, manipular tudo o que acontece conosco — incluindo as coisas boas. Essa manipulação pode manifestar-se quando procuramos imaginar como fazer para manter uma boa experiência, aumentá-la ou repeti-la. Pode ser também que nos preocupemos com a possibilidade de vir a perder uma boa experiência e tentemos imaginar formas de nos proteger contra isto. Todas essas manobras de controle roubam parte da beleza do momento e prejudicam o prazer e a satisfação proporcionados pelo que quer que "esteja indo bem".

Para aplicar a Libertação às situações positivas, liberte-se ao acaso em relação aos acontecimentos positivos que ocorrem ao longo do dia. Por exemplo:

- Uma carta encantadora chega à sua caixa de correspondência. Abra mão da vontade de querer mudar o fato de que a carta chegou. (*Pouco importa que, para começo de conversa, você não queira mudar este fato. Simplesmente liberte-se! O que acontece poderá surpreender você.*)
- Alguém saúda você com um sorriso radiante. Abra mão da vontade de mudar o fato de que essa pessoa o saudou de forma tão calorosa!
- Depois de muitas tentativas, você finalmente resolveu um problema urgente. Abra mão da vontade de querer mudar o fato de que você o *solucionou*.

Por mais estranho que isso possa parecer, quando você abre mão da vontade de querer mudar uma experiência positiva, ela entra em sua consciência de uma nova maneira. Um momento de felicidade foi-lhe concedido sem que estivesse programado numa agenda oculta. Você libertou-se em relação a isso e, como uma bolha de sabão flutuando ao sol — suavemente e refletindo a miríade de cores do arco-íris — este momento de felicidade durará o quanto ele quiser durar e, durante sua breve existência, absorverá toda a sua atenção.

Um ex-participante de um *workshop* sobre Libertação experimentou fazer isso depois de ter recebido a boa notícia de que sua filha estava voltando da universidade para casa para um período de férias inesperado. Ela estudava numa cidade distante. Quando ele abriu mão de querer *mudar* o fato de que ela em breve estaria chegando em casa (por menos razoável que fosse essa manobra, pois ele estava encantado com a idéia), ele se viu mais confiante de que ela realmente *viria* para casa. A visita tão ansiosamente esperada pareceu-lhe mais real e o dia dele tornou-se mais feliz.

Libertação em Relação a Acontecimentos Que Trazem Alívio

Freqüentemente, nos preocupamos com coisas que não se concretizam. Podemos recear que uma dor abdominal venha a requerer cirurgia — e isso vem a ser uma simples reação a algo que comemos. Podemos ter medo de não conseguirmos pagar uma conta inesperada — e descobrimos que, com um pouco de malabarismo, conseguimos nos arranjar sem problemas. Talvez estejamos preocupados acerca de um relacionamento — entramos em contato com a pessoa em questão e ficamos sabendo que o problema pode ser facilmente solucionado.

Como alguém certa vez comentou, "95% das crises da vida nunca acontecem!" As piores eventualidades geralmente são administradas ou evitadas e, portanto, temos oportunidades para mitigar cada dia da nossa vida. Infelizmente, porém, a maioria de nós deixa de aproveitar essas oportunidades. Tendemos a nos apegar ao problema original, como se ele não tivesse sido solucionado. Libertarmo-nos em relação a eventos que *já foram solucionados* pode contribuir enormemente para que tenhamos uma sensação de bem-estar e relaxamento.

Uma ex-participante de *workshop* usou essa tática quando uma colega de classe de sua filha contraiu uma doença séria. Embora sua filha estivesse perfeitamente sadia, a notícia arruinou-lhe o dia, pois ela ficou preocupada com a possibilidade de que a filha contraísse a doença. Permanecia o fato, porém, de que a sua filha estava com excelente saúde.

Para lidar com o problema essa mulher resolveu libertar-se em relação aos aspectos "positivos" da situação. Ela o fez perguntando a si mesma se poderia abrir mão de querer *mudar* o fato de que sua filha, naquele momento, estava feliz e cheia de energia. Por mais estranho que isso possa parecer (esta *é* uma manobra ilógica), quando ela se libertou desta maneira foi como se uma carga tivesse sido tirada de seus ombros. Ela manteve de pé os seus planos de levar a filha para ser examinada por um pediatra mas, agora, ela via a filha tal como estava pela manhã, "transbordando de vitalidade". Ela quase chegara a convencer-se de que a filha estava com aspecto pálido e doentio, quando na verdade nada disso correspondia à realidade. Quando ela se libertou em relação a querer *mudar* o pensamento de que a sua filha estava saudável, ela permitiu-se *aceitar* plenamente o fato de que sua filha estava gozando de boa saúde naquele momento!

Existem muitas situações nas quais podemos usar esse método de Libertação... Eu poderia abrir mão de querer mudar o fato de que *não fomos feridos* quando o nosso carro derrapou? Que ainda temos algum dinheiro no banco? Que não fomos demitidos? Que um adversário irado *não fez* prevalecer o seu ponto de vista? Os pensamentos tranqüilizadores podem ser muito mais úteis quando nos libertamos em relação a querermos *mudar* a tranqüilidade que eles nos proporcionam!

Para libertar-se em relação a situações de alívio, você talvez queira reservar para pensar em problemas que foram recentemente resolvidos ou em catástrofes que não se materializaram. Busque conscientemente áreas de "alívio". Em seguida, liberte-se em relação a querer *mudar* o resultado tranqüilizador. Você poderá ficar surpreso com os benefícios que isto pode lhe trazer.

Libertação em Relação a uma Outra Pessoa

Libertar-se em relação aos atributos de uma outra pessoa pode melhorar sensivelmente o seu relacionamento com ela. Para fazer isto, reserve um período de tempo para pensar calmamente sobre alguém. Tente lembrar-se de tudo o que você puder a respeito dessa pessoa — aparência, comportamento típico, qualidades especiais. Em seguida, comece a libertar-se em relação a essas lembranças. Você pode começar por qualquer parte e, então, abrir mão de querer mudar cada um de seus atributos ou comportamentos. Inclua características positivas, características neutras e características negativas, libertando-se em relação a todas elas.

Quando uma participante de um *workshop* se libertou em relação a um importante homem em sua vida, ela abriu mão de querer mudar o modo como ele continuava a ler o jornal enquanto ela estava falando, o som característico de sua tosse (diferente daquele de qualquer outra pessoa), o modo como os seus olhos se apertavam ao sol, o modo como ele penteava o cabelo, passava horas assistindo à televisão ou movia-se com a música quando dançava, o tom especial de voz que ele usava ao criticá-la, o modo como ele ria subitamente, o modo como os seus olhos brilhavam ao achar graça de alguma coisa, o modo como ele empilhava papéis na mesa da sala de jantar, o modo como ele estava "sempre" atrasado para os compromissos, o modo como ele cantava ao trabalhar com carpintaria, o modo como ele fazia amor, o modo como ele conversava com o cachorro, sua aparência ao sair gotejando da água, quando acabava de nadar, o modo como ele preparava um rápido café da manhã, vociferava ao falar sobre o futuro do mundo e tocava a mesma música no bandolim vezes e vezes seguidas...

Você pode continuar acrescentando itens a uma lista como essa enquanto sentir que ela está sendo produtiva. O objetivo é libertar-se repetidamente de querer mudar todo e qualquer detalhe relacionado à outra pessoa. Quando você tiver terminado uma sessão de Libertação em relação a uma pessoa, você terá aprendido algumas coisas novas acerca do seu relacionamento com ela. Você talvez resolva conceder a ela o seu próprio espaço pessoal de um modo como você nunca fez antes, e isso também pode fazer com que você se sinta menos pressionado por ela.

A Libertação é uma via de mão dupla e afeta ambas as partes. Quando você se liberta em relação a alguém, é como se a outra pessoa tivesse se libertado em relação a você. Quando a outra pessoa se liberta em relação a você, é como se você também tivesse se libertado em relação a ela.

Libertação em Relação à Vontade de Querer "Apegar-se" à Própria Sorte

Uma das maneiras mais produtivas de libertar-se em relação a coisas positivas é fazer isso quando você estiver preocupado com a perda de vantagens que você já conquistou ou recear que uma coisa boa que está acontecendo em sua vida chegue ao fim.

Suponha que você esteja se sentindo à vontade, livre de preocupações ou aborrecimentos. De repente um pensamento passa por sua mente: "Quando esta sensação maravilhosa vai terminar?" Quando isso acontecer, uma providência útil consistirá em libertar-se em relação à vontade de querer agarrar-se aos seus benefícios. Para fazer isso, pense consigo mesmo ou diga em voz alta:

"Eu poderia abrir mão da vontade de querer *me apegar* a esse sentimento agradável (período, acontecimento, etc.)?"

Ao abrir mão da vontade de querer apegar-se à vantagem, você cria condições para conservar a sensação agradável (pessoa, acontecimento, etc.) por mais tempo.

Depois que se libertar, você também pode abrir mão de querer apegar-se aos benefícios da Libertação. Ao fazê-lo, você provavelmente irá conservá-*los* por muito mais tempo.

A cena seguinte é representativa daquilo que pode acontecer quando você se liberta em relação a querer "apegar-se".

Você é um corredor e está correndo colina acima num dia fresco e revigorante de outono. Perto do topo há um espaço aberto e, abaixo de você, pastagens com suaves elevações e depressões, florestas e silêncio. Você se sente extremamente bem, mas essa sensação agradável é maculada pela tristeza quando você reconhece que as suas férias estão chegando ao fim e que a beleza do dia, o ar puro, as florestas, você e o seu corpo aquecido pelo exercício em breve irão fazer parte do passado. Você se liberta em relação a querer manter consigo a sensação agradável. Agora, ela pertence a você.

Durante a maior parte do tempo, somos criaturas voltadas para o futuro. Assim, estamos constantemente tentando forçar os momentos presentes a se tornarem momentos futuros.

"Se ao menos o meu bebê ficasse para sempre nesta idade."
"Se ao menos este amor perdurasse."
"Se o dia de hoje nunca terminasse."
"Se eu pudesse conservar este estado de espírito."

As coisas que você tem medo de que acabem, mudem e se desmantelem, mais cedo ou mais tarde, obviamente, irão acabar, mudar e se desmantelar. Quando você abre mão de se apegar a elas, no entanto, pelo menos o presente *é* seu.

Quando renunciamos ao momento, ele passa a nos pertencer.

Para ficar mais próximo das coisas mais adoráveis da vida, basta você parar de lutar para conservá-las.

Abra mão de querer apegar-se àquele trecho musical fantástico. Abra mão de querer apegar-se ao toque daquela pessoa amada. Abra mão de querer apegar-se ao vigor de seu corpo forçado até o limite. Abra mão de querer apegar-se ao último dia do verão.

Abra mão de apegar-se a essas coisas, e elas serão suas.

Libertação e Meditação

A meditação moderna é uma simples técnica mental usada para lidar com o *stress* e aumentar a satisfação pessoal. Ao praticá-la, a pessoa senta-se em silêncio e presta intensa atenção a uma única fonte de estímulo. O objeto dessa atenção pode ser um som repetido mentalmente, a própria respiração da pessoa que está meditando, a chama de uma vela ou o farfalhar do vento nas árvores — ou qualquer um dentre diversos outros elementos apropriados para servirem como centros focais para os quais se volta a atenção; o objeto usado depende do sistema de meditação específico que estiver sendo usado. Quando a atenção do meditador vagueia, ele volta a trazê-la para o centro focal. O objetivo desta tarefa repetitiva é silenciar a "tagarelice interior" dos pensamentos, permitindo que a mente e o corpo atinjam um estado de profundo repouso.

Existe um sutil relacionamento entre Libertação e meditação. Cada uma dessas práticas nos ajuda a sentir menos pressa, e a nos tornarmos mais abertos e atentos às nossas necessidades e às das outras pessoas. O seu programa de Libertação, portanto, pode ser ainda mais produtivo quando combinado com a prática regular da meditação.

Muitas pessoas contam que, quando meditam logo antes de se libertar em relação a uma situação difícil, a libertação subseqüente torna-se mais fácil. Se você tem planos de fazer uma libertação prolongada, meditar durante cinco minutos antes de começar a libertar-se pode ser uma excelente preparação.

Essa facilitação parece funcionar nos dois sentidos. Muitos de nós, que aprendemos a técnica da Libertação, notamos que as nossas sessões de meditação são muito intensificadas pelas libertações espontâneas que tendem a ocorrer *durante* a meditação. Pensamentos banais estão presentes em toda sorte de meditação, e esses pensamentos muitas vezes trazem à superfície problemas que, nesse momento, parecem ser administrados de alguma forma pelo processo meditativo. Quando esses problemas surgem durante a meditação, existe certa tendência para nos libertarmos automaticamente em relação a eles, de modo que o calmo estado meditativo é restaurado uma vez mais.

Algumas formas de meditação fazem uso de um "mantra", um som repetido mentalmente com o propósito de produzir um efeito calmante. Se você pratica a meditação com mantra, talvez queira experimentar pensar em seu mantra uma vez *ao se libertar*. Um participante de *workshop* relatou ter achado útil respirar fundo, soltar o ar e pensar em seu mantra *ao mesmo tempo em que se libertava*. Ao fazer isso, a libertação se aprofundou. Essa maneira de usar um mantra tem um fundamento similar ao da recomendação de associar a sensação de libertação a um toque na pele e, então, usar essa âncora para evocar a disposição de espírito da libertação.

Se você pratica alguma forma de meditação, você talvez já tenha conhecido maneiras pelas quais a libertação e a meditação complementam-se mutuamente. Se você não faz meditação, você talvez queira aprender uma forma moderna de meditação para intensificar o processo de Libertação. Se for este o seu caso, você poderia considerar a possibilidade de aprender a Meditação Clinicamente Padronizada (*Clinically Standardized Meditation* — CSM), a qual eu ensino através de fitas cassete de áudio no *Learn to Meditate Kit*.* Originariamente, desenvolvi essa forma moderna de meditação para atender a necessidade que existia de um sistema de meditação simples e científico, sem mistérios nem rituais secretos, conveniente para o estilo de vida dos tempos modernos. A CSM tem sido usada com sucesso por organizações, centros médicos e indivíduos em muitos países diferentes para reduzir o *stress* e melhorar a qualidade de vida.

---

* P. Carrington, *Learn to Meditate Kit* (Shaftesbury: Element Books, 1998).

Esse método é flexível, adequando-se às necessidades de cada pessoa, e pode ser praticado quase em todo lugar — num trem, ônibus, avião, como passageiro num carro, na sala de espera de um aeroporto ou na de um consultório médico — sempre que você dispuser de alguns minutos que, de outra forma, poderiam ser "desperdiçados". Com esse método, já depois da primeira sessão de instrução você estará meditando sozinho. Ao final de uma semana, você já terá dominado completamente a técnica. A CSM funciona muito bem em conjunto com a Libertação e muitas pessoas com quem tenho trabalhado costumam combinar as duas abordagens, usando a Libertação para lidar com situações específicas e a meditação para reduzir a tensão ao longo do dia. No Apêndice E você encontrará métodos específicos para associar a Libertação à meditação.

A Libertação e o Estado de Espírito na Meditação

Além de poder ser usada juntamente com a meditação formal, a Libertação pode evocar aquilo que chamo de "estado de espírito da meditação", um estado mental caracterizado por pensamentos que flutuam suavemente e por uma profunda sensação de calma. Essa disposição de espírito tem propriedades terapêuticas e pode influenciar positivamente e em diversos níveis a sua saúde e o seu senso de bem-estar.*

Para usar a Libertação com a finalidade de evocar o estado de espírito da meditação, sente-se tranqüilamente num lugar onde você provavelmente não será perturbado e selecione um objeto simples ao seu redor para nele fixar o olhar. O objeto não precisa ser bonito nem lhe inspirar coisas. Não precisa sequer ser particularmente agradável; qualquer coisa serve — um travesseiro, um relógio, um telefone, uma tira de papel, um lápis, um frasco com clipes de papel, algumas flores, uma lâmpada — qualquer coisa para a qual você dirija o olhar.

Quando você tiver selecionado o objeto, abra mão de querer "mudá-lo". Você não precisa sentir *conscientemente* que você quer mudá-lo para praticar a meditação. Gastamos tanto tempo querendo inconscientemente mudar todas as coisas à nossa volta que, ao abrirmos mão de nosso impulso para controlar as coisas, isto automaticamente altera as nossas atitudes.

Quando você tiver se libertado, verifique como os objetos lhe parecem. Você poderá ficar surpreso com o que aconteceu. Ao libertar-se sucessivamente em relação a cada objeto à sua volta, você irá descobrir que existe um mundo diferente bem ao seu alcance. Você agora poderá notar que existe algo de especial em cada coisa. Só depois de você ter aberto mão de querer mudar determinada coisa é que você poderá perceber realmente a sua natureza.

---

* Para uma descrição detalhada dos benefícios da meditação, ver P. Carrington, *The Book of Meditation* (Shaftesbury: Element Books, 1998).

Só podemos ter plena consciência daquilo que não tentamos controlar. Quando tentamos controlar, estamos conscientes principalmente da nossa tendência para controlar.

Quando nos libertamos em relação à vontade de querer mudar os objetos que nos rodeiam, é restaurado o senso de admiração que torna a vida tão fascinante para uma criança pequena. Reservar algum tempo para nos libertarmos em relação às coisas que estão ao nosso redor restaura a revigorante simplicidade de nosso relacionamento com todas as coisas que influenciam a nossa vida. Depois desse tipo positivo de Libertação, você também terá mais facilidade para libertar-se em relação aos inevitáveis problemas que surgirão ao longo do dia. Em comparação com a harmonia que sentiu em relação ao mundo à sua volta quando você se libertou, a natureza das perturbações artificiais e "fora de sincronia" talvez lhe pareçam irrelevantes.

A Libertação pode abrir-lhe uma perspectiva mais ampla e promissora. Ela promove o que há de positivo em sua vida e também o ajuda a lidar com as dificuldades da vida. Agora o método está à sua disposição para você usá-lo da forma como quiser. Espero que a sua experiência com ele seja rica e satisfatória.

Apêndices

APÊNDICE A

Para confeccionar uma TABELA DE LIBERTAÇÃO, pegue uma folha de papel em branco e copie o modelo apresentado abaixo. A tabela é constituída por duas colunas, sendo a da esquerda mais larga do que a da direita. Acima da coluna da esquerda há o cabeçalho "Metas Desejadas". Acima da coluna da direita, o cabeçalho "Sentimentos".

TABELA DE LIBERTAÇÃO

METAS DESEJADAS	SENTIMENTOS

Suponha que você esteja esperando alguma boa notícia mas ainda não tenha tido notícia da pessoa envolvida e esteja começando a ficar impaciente e ansioso. Se você fosse preencher a sua tabela de libertação numa situação dessas, ela seria mais ou menos assim:

METAS DESEJADAS	SENTIMENTOS
1. Saber as novidades (F)	Impaciência
2. Ter o seu desejo de saber as novidades respeitado pela outra pessoa (F)	Ansiedade

Você deve ter notado que duas metas diferentes foram anotadas em sua tabela. Freqüentemente, desejaríamos obter mais do que um resultado a partir de determinada situação. Quando isso acontecer, tome nota de cada uma das metas desejadas, uma embaixo da outra.

Você irá notar um (F) escrito depois de cada meta. Isso significa "Futuro". A meta em relação à qual precisamos nos libertar pode estar situada no passado ou no futuro. Metas "Passadas" são indicadas na tabela por um (P) e metas "Futuras" por um (F). Indique a localização temporal da meta escrevendo um (F) ou um (P) diante dela.

Na coluna da direita, você deve relacionar os seus sentimentos acerca da situação. Isso o ajudará a identificar os sentimentos envolvidos, de modo que você possa se libertar em relação a eles.

Como exemplo de meta localizada no passado, suponha que você pretendia dar um telefonema importante no início do dia de hoje mas se esqueceu de fazê-lo. Agora é tarde demais para ligar para a pessoa em questão porque ela saiu da cidade. Ao perceber o seu esquecimento você se aborrece consigo mesmo e fica um pouco apreensivo quanto às conseqüências. A sua TABELA DE LIBERTAÇÃO para esta situação poderia ser mais ou menos assim:

METAS DESEJADAS	SENTIMENTOS
1. Ter-me lembrado de telefonar (P)	Aborrecimento Ansiedade

Você irá notar que a meta desejada, tal como foi escrita, declara aquilo que você gostaria que *tivesse acontecido*. Ela não sugere nenhum plano prático para o futuro, como obter o endereço da pessoa ou saber para onde ela viajou, de modo que você possa entrar em contato com ela. Tais considerações tornam-se importantes apenas após você ter conseguido libertar-se em relação à situação (caso contrário, provavelmente não teria sequer sentido necessidade de libertar-se em relação a isso). Aquilo que você relaciona sob o item "metas desejadas" é uma afirmação que expressa as suas *preocupações* — o *querer* que assume o controle de sua mente e faz com que você deixe de enxergar alternativas práticas.

A sua TABELA DE LIBERTAÇÃO lhe diz se as suas metas acham-se localizadas no passado ou no futuro, registra as diferentes "camadas" de Libertações e serve como um guia para você se libertar em relação aos seus sentimentos. Pode ser muito útil elaborar uma tabela sempre que você tiver dificuldade para se libertar.

Lembrete: Não se liberte com o propósito de tentar controlar as outras pessoas.

Além disso, é melhor você se libertar em relação a metas futuras que pareçam *realistas* para você.

Perceber que você pode conservar-se fiel à sua intenção, ao mesmo tempo que abre mão dos seus desejos é, em si mesmo, uma libertação!

APÊNDICE B

Ao fazer a pergunta de Libertação, algumas pessoas *dizem* a si mesmas "abra mão" em vez de se perguntar "Eu *poderia* abrir mão?" Se elas disserem isso para si mesmas de uma forma calma, casual e tranqüila, não há problema. Todavia, se elas pensarem na expressão "abrir mão" de uma forma imperativa, isso não funcionará. Se você costuma fazer isso, observe que tal lhe *parece* a sua voz interior. Se o tom for amistoso e não denotar nenhuma ordem ou exigência, então esta estratégia irá funcionar porque se trata de uma forma amável de lembrar a si mesmo de se libertar. Caso contrário, volte a usar a forma "Eu poderia abrir mão...?"

APÊNDICE C

Ao pensar na pergunta de Libertação, alguns a formulam para si mesmos como se estivessem falando com outra pessoa. Em vez de pensar "*Eu* poderia abrir mão disso e daquilo?", eles dizem para si mesmos "*Você* poderia abrir mão disso e daquilo?"

Se você age assim e isto funciona para você, muito bem. A Libertação é um processo que você pode adaptar às suas próprias necessidades. Tudo o que você precisa fazer é respeitar os princípios básicos da formulação da pergunta, conforme você aprendeu, e prosseguir a partir daí.

APÊNDICE D

Representações Físicas da Libertação

Quando você demonstra para si mesmo que pode "abrir mão" facilmente num nível físico, uma libertação mental freqüentemente ocorre com facilidade logo em seguida, por mais bloqueado que o processo de Libertação tivesse estado apenas um minuto antes.

Quando você estiver muito "travado" e não conseguir se libertar ou, então, simplesmente para facilitar o processo, caso você esteja tentando se libertar em relação a um problema complexo ou, ainda, para usar uma tática alternativa de destravagem, experimente fazer o seguinte:

Respiração com os ombros

As respirações feitas com os ombros constituem um excelente equivalente físico para o processo de Libertação mental. Algumas pessoas usam este exercício regularmente junto com a prática da Libertação. Outros o reservam para as circunstâncias particularmente difíceis.

Instruções:

1. Com os olhos abertos, e sem fixar os olhos em nenhum ponto específico, inspire e, ao expirar, simplesmente deixe que seus ombros fiquem um pouco mais caídos do que estavam antes, afastando-se das suas orelhas.
2. Agora, inspire mais três vezes, no seu próprio ritmo; a cada expiração, solte os ombros um pouco mais. É surpreendente o modo como os seus ombros parecem se soltar cada vez mais; deixe que eles façam isso.
3. Cada vez que você soltar os ombros mentalmente, repita para si mesmo as palavras "abrir mão".
4. Depois de ter executado este exercício três vezes, faça de novo para si mesmo a pergunta original de Libertação — a pergunta em relação à qual você teve dificuldade para libertar-se. Esse exercício simples em geral "lubrifica a engrenagem", permitindo que uma libertação plena ocorra de forma fácil e natural mesmo que anteriormente você tenha encontrado dificuldade para alcançá-la.
5. Se três inspirações não forem suficientes para você relaxar por completo, prossiga com este exercício e continue deixando os seus ombros caírem a cada expiração.

As respirações feitas com os ombros são particularmente valiosas porque ninguém irá notar que você está fazendo isso. Você pode realizá-las prontamente mesmo quando estiver na presença de outras pessoas.

Respiração na região do diafragma

Sente-se, fique de pé ou deite-se confortavelmente, colocando uma das mãos sobre o abdome, logo abaixo do umbigo. Coloque a outra mão sobre o centro da parte superior do peito.

Agora, finja que está *respirando a partir da barriga*. Trague o ar lentamente e, ao fazê-lo, sinta a barriga expandindo-se a cada inspiração. A parte superior de seu peito deve estar relativamente imóvel enquanto você respira; não cabe a ela a maior parte do trabalho e, por isso, a mão colocada ali mal deve mover-se.

Aproveite a energia proporcionada por essas respirações plenas e profundas, realizadas com a barriga. Imagine-se inalando uma adorável fragrância natural, como o cheiro de uma floresta de pinheiros, de grama recém-cortada, de flores, de montanhas ou do mar. Inspire profundamente essa fragrância imaginária e delicie-se plenamente com ela.

Ao expirar plena e confortavelmente, a mão colocada sobre o abdome deve mover-se para dentro, em direção ao seu corpo.

A cada inspiração você talvez queira repetir mentalmente para si mesmo as palavras "assimilar" ou "criar", e a cada expiração repetirá mentalmente para si mesmo as palavras "abrir mão". Algumas pessoas preferem pensar em "abrir mão" na fase final da expiração, e isto é tudo. Observe como é fácil deixar o ar de seu corpo após você ter sentido a satisfação de tê-lo inspirado de forma tão plena. O ar vem, vai e volta novamente. Este é um processo natural.

Você pode continuar a realizar a respiração na região do diafragma com facilidade e conforto durante vários minutos, ou pode parar quando quiser. Esse exercício por si só pode restaurar uma perspectiva surpreendente, proporcionar-lhe energia renovada e uma sensação de profunda calma.

Conclua o exercício formulando mais uma vez para si mesmo a pergunta de Libertação que causou a dificuldade. Agora você talvez possa libertar-se plena e confortavelmente em relação a ela.

APÊNDICE E

COMBINANDO MEDITAÇÃO COM LIBERTAÇÃO

Existem várias maneiras de combinar meditação com a prática da Libertação:

1. Antes de se libertar em relação a um problema difícil, medite seguindo a rotina de meditação com que você está acostumado. Não tente resolver o referido problema nem libertar-se em relação a ele durante a meditação — simplesmente deixe-se levar pelo processo. Quando você tiver concluído a sua meditação, de forma calma e descuidada, simplesmente volte a colocar para si mesmo a difícil pergunta de Libertação. Agora você terá muito mais facilidade para libertar-se.

2. Ao ter se libertado com sucesso em relação a um problema difícil, realize uma sessão de meditação imediatamente *depois* desse feito. A meditação pode remover os últimos remanescentes do seu problema e permitir que a sua libertação torne-se permanente.

3. Quando você se vir muito tolhido ao tentar lidar com um problema, pare de tentar libertar-se e, em vez disso, faça uma mini-sessão de meditação de dois ou três minutos.* Depois de ter concluído a sua minimeditação, volte a formular para si mesmo a pergunta de Libertação com a qual você teve dificuldade. A minimeditação, por si só e sem nada mais, muitas vezes pode atuar como uma tática de desbloqueio eficaz.

---

* Se você não souber meditar ou precisar de orientação quanto ao modo de realizar as minimeditações, veja uma descrição em *The Book of Meditation*, de P. Carrington (Shaftesbury: Element Books, 1998) ou instruções em fitas de áudio no *Learn to Meditate Kit* (Shaftesbury: Element Books, 1998).

APÊNDICE F

PARA AS PESSOAS QUE ESTÃO TOMANDO MEDICAMENTOS PRESCRITOS POR UM MÉDICO

Um dos freqüentes benefícios da técnica de Libertação é a redução do *stress*. Assim, você deve observar algumas precauções sensatas em qualquer programa de redução do *stress*.

Durante a execução de um programa desse tipo, pode ser necessário uma redução da dose de alguns medicamentos que lhe tenham sido prescritos. Se você atualmente estiver sofrendo de alguma doença física que necessite de medicamentos, é aconselhável que o seu médico avalie o seu estado físico após você ter aprendido a libertar-se. Aqueles que necessitam de medicamentos para abaixar a pressão arterial, por exemplo, talvez descubram que necessitam de uma dose menor de medicamentos graças à Libertação, e algumas pessoas que sofrem de diabete podem vir a necessitar de uma redução na dose de insulina. De forma semelhante, a necessidade de medicamentos contra a ansiedade (tranqüilizantes) ou de antidepressivos talvez seja reduzida devido à Libertação. A Libertação poderá permitir também uma redução na dose de outros medicamentos ou, mesmo, possibilitar ocasionalmente uma completa suspensão do medicamento. Todavia, é o seu médico que deverá tomar essa decisão. Desse modo, você deve comunicar ao seu médico quaisquer mudanças que você tenha notado em seus sintomas depois de ter começado a libertar-se.

PARA AS PESSOAS QUE NECESSITAM DE PSICOTERAPIA

Embora a Libertação possa ser altamente eficiente para reduzir o *stress* emocional, ela não é uma forma de psicoterapia. Se você tem problemas psiquiátricos que lhe causam desconforto, tais como depressão, fobias ou dependência de drogas, você deve consultar um profissional qualificado na área de saúde mental — um psiquiatra, psicólogo ou algum outro profissional da área — e ser orientado por ele. Contudo, a Libertação pode ser um excelente complemento à psicoterapia, e você talvez queira emprestar este livro ao profissional de saúde mental com quem você estiver se tratando para que ele possa ajudá-lo a utilizar a Libertação como adjuvante do seu tratamento.

Tabela de Táticas

O QUE FAZER CASO NÃO CONSIGA SE LIBERTAR PRONTAMENTE

1. Recorde-se da sensação de Libertação (ou use o seu sinal de Libertação).
2. Abra mão de apenas 1 ou 2% do querer mudar a situação (ou *aceite* 1% da situação).
3. Abra mão do *querer* por apenas um ou dois segundos — e então volte a fazê-lo (se assim o desejar).
4. Abra mão da *sensação* de querer ("apenas da *sensação*").
5. Liberte-se em relação a detalhes pouco importantes e, depois, volte a ocupar-se da situação como um todo (se você ainda não tiver se libertado automaticamente em relação a ela).
6. Identifique os *sentimentos* envolvidos na situação e liberte-se primeiramente em relação a eles.
7. Ao lidar com um sentimento incômodo, peça a si mesmo para abrir mão de querer mudá-lo — deixe-o simplesmente "existir", sem justificá-lo.
Ou então:
Simplesmente *abra mão* do sentimento.
8. Exagere-o (queira mudá-lo — continue querendo mudá-lo — aumente sua vontade de querer mudá-lo).
9. Proíba a si mesmo de se libertar.
10. Pergunte a si mesmo se a situação tem que ver com o desejo de obter aprovação ou controle — em seguida, abra mão diretamente de querer aprovação ou controle. (Se desejar aprovação, verifique se você está desejando a sua própria aprovação ou a de outras pessoa e liberte-se em relação a isto. Veja também as táticas adicionais de destravagem a respeito da aprovação, no capítulo 8.)
11. Verifique se você se lembra de que pode continuar apegando-se à sua intenção e, ainda assim, se libertar. Caso contrário:
    a. Formule a sua pergunta de Libertação pensando consigo mesmo: "Seria útil (bom, etc.) se isto e aquilo acontecesse mas..."
    b. Escreva numa ficha: "Posso *apegar-me* à minha razoável meta de _____." Olhe para a ficha enquanto você se liberta em relação ao querer.
12. Identifique as categorias *gerais* envolvidas (vingança, amor, justiça, etc.) e abra mão de querê-las.
13. Mude a formulação da pergunta que você faz a si mesmo da seguinte forma:
    a. Use a palavra *mudar* em vez de *controlar* (ou vice-versa).

b. Se o problema for aprovação, pergunte a si mesmo se você pode abrir mão de querer controlar a aprovação de tais e tais pessoas, ou se você pode "aceitar a perda de 1% da aprovação dessas pessoas".
c. Se para você é inconcebível deixar de querer a mudança de determinada situação, pergunte a si mesmo se você consegue abrir mão de "forçar mentalmente" a mudança — ou se você consegue aceitar ainda que apenas 1% da situação.
14. Liberte-se em relação a alguma outra coisa que seja muito menos importante para você — ou a várias dessas coisas — e, então, retorne ao seu problema original.
15. Faça alguma coisa inteiramente diferente — exercício físico, etc. Em seguida, volte a libertar-se em relação ao seu problema.
16. Liberte-se em relação a querer *libertar-se*.
17. Se a situação já tiver ocorrido, abra mão de querer "reescrever o passado".
18. Se a situação estiver por acontecer, liberte-se em relação ao *pior* que você recear que possa vir a ocorrer.
19. Use uma forma de exercício físico que demonstre de modo tangível a sua capacidade de libertar-se (ver o Apêndice D) e, em seguida, formule novamente para si mesmo a sua pergunta de Libertação que se encontra "travada".

Para situações especiais

Discussões

1. Liberte-se em relação à vontade de querer mudar (controlar) o comportamento do seu adversário.
2. Liberte-se em relação a detalhes pouco importantes do oponente (aparência, etc.).
3. Liberte-se em relação à vontade de querer proteger a si mesmo (mas continue fiel à sua intenção de permanecer em segurança).
4. Liberte-se em relação às emoções criadas pela discussão (raiva, medo, etc.).
5. Liberte-se em relação à vontade de querer a aprovação do seu oponente (ou a sua própria).
6. Liberte-se em relação à vontade de querer que o seu oponente seja "justo" ("racional", etc.).
7. Finja que você é o seu oponente; em seguida, liberte-se em relação à vontade de querer controlar o seu próprio comportamento — do ponto de vista dele.

Dor

1. Abra mão da vontade de querer mudar a dor.
2. Liberte-se em relação à vontade de querer mudar as emoções (medo, raiva, depressão, etc.) que acompanham a dor.

3. "Deixe-se levar" pela dor, silenciosamente.
4. Divida mentalmente a dor e liberte-se em relação a cada uma de suas partes.
5. Identifique sensações corporais situadas longe do ponto dolorido e liberte-se em relação à vontade de querer mudá-las.

Doença

1. Liberte-se em relação a cada aspecto da doença.
2. Liberte-se em relação à vontade de *lutar* por modificar a doença.
3. Liberte-se em relação a seu *esforço mental* por mudar a doença.
4. Pergunte a si mesmo se você consegue "aceitar" a doença (ou 1% dela).
5. Liberte-se em relação à vontade de querer ser "perfeito" como enfermeiro, acompanhante, etc.

Morte

1. Liberte-se em relação à vontade de querer mudar o sentimento de *impotência*.
2. Pergunte a si mesmo se você consegue "aceitar" a morte (já ocorrida ou iminente) da pessoa em questão ou aceitar apenas 1% dessa realidade.
3. Liberte-se em relação à sua necessidade de "compreender".

Estados Especiais

1. *Confundido pela Libertação*
   Liberte-se em relação à vontade de querer modificar a confusão (incerteza, etc.).
2. *Dominado por Sentimentos Fortes*
   Liberte-se em relação à vontade de querer mudar a sensação de estar sendo dominado.
3. *Não Querer Libertar-se*
   a. Liberte-se em relação à vontade de querer mudar o fato de que você não quer se libertar.
   b. Anote a situação que o está incomodando e liberte-se em relação a ela numa ocasião *posterior*.
   c. Proíba a si mesmo de se libertar.
4. *Pensar Demais Sobre uma Situação em Relação à Qual Você Não Consegue se Libertar*
   a. Em vez disso, liberte-se em relação às emoções envolvidas.
   b. Liberte-se em relação à vontade de querer mudar o fato de que você está pensando demais.
   c. Liberte-se em relação a *dez* coisas irrelevantes para o problema em questão.

5. *Não Saber com Certeza se Você Conseguiu se Libertar*
    a. Liberte-se em relação à vontade de controlar o fato de você ter ou não se libertado.
    b. Continue tentando libertar-se.
    c. Volte a ler o seu diário de Benefícios da Libertação.
6. *Desanimado com o Processo*
    a. Verifique se você vem levando suas libertações até o final. Você está se dedicando seriamente à libertação?
    b. Liberte-se em relação a *tudo* o que acontecer durante um determinado período de tempo, quer você *queira* ou não mudar aquilo que tiver ocorrido.
    c. Releia o seu diário de Benefícios da Libertação.

Nunca se esqueça de verificar que tal a situação lhe parece depois da libertação. Houve alguma mudança de perspectiva? Existem problemas residuais em relação aos quais você ainda precisa libertar-se? Se for este o caso, liberte-se.

Fontes

1. Os leitores podem conseguir duas fitas-cassete em que a doutora Carrington demonstra o tom de voz e a abordagem que ela julga particularmente eficientes para a Libertação. Nas fitas, ela conduz o ouvinte por meio de demonstrações de táticas de abertura, libertação quanto a emoções indesejadas e diversas novas abordagens para a técnica da Libertação. Para mais informações sobre as fitas de Libertação, entre em contato com as fontes arroladas abaixo.

2. Os leitores interessados em aprender uma forma moderna de meditação a ser usada junto com sua prática de Libertação podem obter um curso no método da doutora Carrington, "Clinically Standardized Meditation" (CSM) dado em quatro fitas-cassete e num manual com cada passo do processo em *Learn to Meditate Kit* (Shaftesbury: Element Books, 1998). Ambos podem ser encontrados numa livraria local ou podem ser pedidos nos endereços arrolados abaixo.

Fitas-cassete e livros de Patricia Carrington, Ph. D. Para conseguir informações sobre as fitas de Libertação descritas acima, ou qualquer outro material de treinamento da doutora Carrington, entre em contato com os seguintes centros nos Estados Unidos ou no Reino Unido:

Pace Educational Systems, Inc.
61 Kingsley Road
Kendall Park
NJ 08824
USA
Ligação gratuita tel.: 1 800 297 9897
Fax: 732 297 0778
E-mail: Carring101@aol.com

Learning for Life Ltd
The Coach House
Chinewood Manor
32 Manor Road
Bournemouth BH1 3EZ
UK
Tel/Fax: 01202 390008

CARREGUE UMA FOTOCÓPIA DISTO COM VOCÊ
COMO UM LEMBRETE PARA A LIBERTAÇÃO

CARTÃO DE LIBERTAÇÃO

- Recorde a sensação de Libertação no passado (ou use um sinal de Libertação)
- Abra mão do *sentimento* de querer mudar — mantenha-se fiel à intenção
- Solução do 1% (abra mão de apenas 1% ou "aceite" 1%)
- Tática da "suspensão" (abra mão por apenas 2 segundos)
- Divida-e-volte-a-dividir (Liberte-se em relação a pequenos detalhes da situação)
- Efeito do exagero
- Tática da proibição
- Frase qualificativa ("Seria bom ter, *mas...*")
- Liberte-se com relação ao *sentimento* envolvido (deixe que o sentimento "exista" ou simplesmente abra mão dele)
- Liberte-se em relação à categoria geral envolvida (vingança, amor, justiça, etc).
- Liberte-se em relação ao "esforço mental"
- Liberte-se em relação a alguma outra coisa mais fácil
- Faça uma pausa e volte a insistir
- Liberte-se em relação a querer *libertar-se*
- Liberte-se em relação a querer "reescrever a história"
- Liberte-se em relação aos seus piores temores
- Use exercícios físicos para demonstrar a Libertação (Apêndice D)
- Faça uma minimeditação

(dobra)

Para libertar-se numa discussão:
a. Liberte-se em relação aos seguintes aspectos do seu oponente:
   i comportamento
   ii aprovação
   iii 'justiça'
b. Liberte-se em relação a detalhes acerca dessa pessoa
c. Liberte-se em relação a querer proteger-se
d. Liberte-se em relação aos seus sentimentos
e. Troque de lugar com o seu oponente; liberte-se em relação ao seu próprio comportamento

Para libertar-se em relação à dor, à doença, etc.:
a. Liberte-se em relação a querer mudar a dor
b. Liberte-se em relação a querer mudar os seus sentimentos.
c. "Deixe-se levar" pela dor, silenciosamente
d. Divida mentalmente a dor — liberte-se em relação a cada parte
e. Tática da dispersão — identifique sensações distantes do lugar da dor e liberte-se em relação a elas
f. Liberte-se em relação a um esforço mental para mudar a doença, etc.
g. Pergunte a si mesmo se você pode "aceitar" a situação (ou 1% dela)
h. Liberte-se em relação a querer ser perfeito como enfermeiro, acompanhante, etc.
i. Liberte-se em relação ao sentimento de impotência
j. Liberte-se em relação à necessidade de "entender"